学前教育高职高专系列教材

丛书主编 虞永平

本册主编 张亚杰

Textbooks for Preschool Education in Vocational and Technical Colleges

本册副主编 李美芳 滑婧旸 邓 萍 张 凯

学前儿童数学教育与活动指导

南京师范大学出版社

图书在版编目(CIP)数据

学前儿童数学教育与活动指导 / 张亚杰主编. 南京 ：南京师范大学出版社，2025. 4. -- (学前教育高职高专系列教材 / 虞永平主编). -- ISBN 978 - 7 - 5651 - 6820 - 8

Ⅰ. G613.4

中国国家版本馆 CIP 数据核字第 2025JP6443 号

丛 书 名	学前教育高职高专系列教材
书　　名	学前儿童数学教育与活动指导
丛书主编	虞永平
本册主编	张亚杰
丛书策划	徐益民
责任编辑	王　瑾
出版发行	南京师范大学出版社
地　　址	江苏省南京市玄武区后宰门西村 9 号(邮编:210016)
电　　话	(025)83598919(总编办)　83598412(营销部)
网　　址	http：//press.njnu.edu.cn
电子信箱	nspzbb@njnu.edu.cn
照　　排	南京开卷文化传媒有限公司
印　　刷	南京迅驰彩色印刷有限公司
开　　本	890 毫米×1240 毫米　1/16
印　　张	16.75
字　　数	440 千
版　　次	2025 年 4 月第 1 版
印　　次	2025 年 4 月第 1 次印刷
书　　号	ISBN 978 - 7 - 5651 - 6820 - 8
定　　价	48.00 元

出 版 人　张　鹏

总　序

牢筑师范教育的生命线

随着社会的不断进步和教育事业的蓬勃发展，学前教育作为国民教育体系的重要组成部分，其重要性日益凸显。《教育强国建设规划纲要(2024—2035年)》指出，到2035年，我国将全面普及学前三年教育，构建覆盖城乡的学前教育公共服务体系，并形成完善的学前教育管理体制、办园体制和政策保障体系。优质教育是未来发展的重要方向，普及普惠安全优质是未来追求的目标。为了实现这一目标，必须加强高等院校学前教育专业的建设，建设高素质专业化教师队伍，以专业认证为抓手，不断提高学前教育专业的专业性，提高学前教师教育的质量，牢筑教育强国根基。

当前，我国已形成了完整的幼儿园教师培养层次和体系，包括综合性大学、师范院校和职业院校等。这些学校不管是不是叫师范院校，实际都在进行着师范教育。我国师范教育诞生100多年来，尤其是高等学前师范教育诞生80多年来，为国家培养了大批的专业人才。高等师范教育承担了传播知识、传播思想、传播真理的历史使命，同时又肩负着塑造灵魂、塑造生命、塑造人的时代重任，它是教育发展的第一资源，也是国家强盛、民族振兴、人民幸福的重要基石。有没有高质量的师范教育，有没有一支专业过硬的师资队伍，关系到所设定的2035年的目标能不能真正实现。

但同时，我们也看到，很多高等院校在课程设置、培养目标、师资配备等方面还存在不少问题，不少院校对学前师范教育的专业性存在误区。这也进一步引导我们思考：学前师范教育的特殊性在哪？推进师范教育的关键举措是什么？师范教育跟职业技术教育的区别在哪？

基于以上背景，我们在广泛征求意见和调查研究的基础上，从全国本科及高等专科院校遴选、组织了一批思想政治觉悟高、教育理论和教学实践经验丰富、专业能力强的专家学者及一线教师，组成教材研发、编写队伍，策划出版了一套反映课程改革新成果，凸显师范教育专业性、师范性特点，具有较强针对性、实践性，主要针对高职高专院校学前教育专业的教材。在教材编写过程中，我们坚持凸显以下几点。

1. 呼唤专业性

学前教育是一门科学，是整个教育科学系统的一个部分，有自身的特点和规律，也有自己的理论和实践体系。那么，学前教师教育或者幼儿园教师培养，必然也是一门科学，必然要坚持专业性，所以必须坚持由专业的院校和专业的师资来构建专业的课程体系，用专业的态度和专业的精神来培养符合国家要求的、符合幼儿园教师专业标准基本要求的幼儿园教师。

幼儿园没有固定的课程，幼儿教师更多的是要关注幼儿的兴趣和需要，关注幼儿的实际表现，因此教师教什么、怎么教，都是根据幼儿的身心发展特点来决定的。理解和了解幼儿是幼儿园教育的起点，要把这样一种精神放在高等师范教育体系里面，让学前教育专业学生真正理解什么叫以学定教。幼儿园教师的核心职责是在观察分析的基础之上，引导幼儿进行多样化的活动，使幼儿获得愉悦的经验，所以幼儿园教师的工作没有固定的模式，需要灵活地整合，用多样化的方法和策略，有效地去支持幼儿的学习。这就意味着幼儿园教师更需要创造性，要针对幼儿的具体情况，采取适宜的措施去支持、促进幼儿的活动。这些工作都需要教师有专业的智慧、专业的素养。

当然，幼儿教师的专业性并不是到了工作岗位上才开始培养的，专业性的培养贯穿在学前师范教育的整个过程中，高等师范教育要根据《幼儿园教师专业标准（试行）》（以下简称《专业标准》）的要求，充分发挥《专业标准》的引领和导向作用，重视幼儿园教师职业特点，加强学前教育学科和专业建设，深化教师教育改革，建立教师教育质量保障体系，强化未来幼儿园教师的专业态度、专业知识和专业能力，不断提高幼儿园教师培养质量。

2. 坚持师范性

《教师教育课程标准（试行）》（以下简称《课程标准》）指出，幼儿教师是幼儿发展的促进者，教师教育课程应引导未来教师树立正确的儿童观、学生观、教师观与教育观，引导未来教师因材施教，关心和帮助每个幼儿逐步树立正确的世界观、人生观、价值观，培养社会责任感、创新精神和实践能力。也就是说，高等院校培养的幼儿园教师不仅要有专业的知识和技能，还要承担立德树人的使命，因此可以说，师范教育是塑造人的教育。

所以，无论什么学校，师范的或者非师范的，只要是在培养幼儿园教师，都应该坚持师范性，这是由学校的职能决定的。师范性跟学习相关，更与品德相关，它能够引导育人方向和教育实践，它是使未来教师感悟到内心支撑跟前行的榜样。有很多幼儿园教师，遇到困难的时候，经常能够想到在师范院校里面老师怎么指导他的，老师是怎么做榜样的，他能够从老师这些行为当中得到支撑，这就是师范性的意义。

师范教育的成效会显现在几代人的身上，所以要始终把培养人格完满的一代代新人当作教育的根本追求。一个社会的文明程度怎么样，从根本意义上来讲是由师范教育决定的。师范教育关系到社会的根基，一个社会有没有创新，有没有进取心，跟师范教育紧密相关，每一个跨出校门的人身上都折射出师范教育的质量印记。所以师范教育不只是关系到教师的数量够不够，质量高不高，还关系到整个社会中的每一个人，尤其是年轻一代的精神面貌、生活态度。师范教育的本质是完满性，所以师范教育的核心就是造就一代代完满的人，这是教育的美好期待。

《教育强国建设规划纲要（2024—2035 年）》提出，要实施教育家精神铸魂强师行动，推动教育家精神融入教师培养培训全过程，贯穿课堂教学、科学研究、社会实践各环节。教育家精神既是对教师个人素养提出了要求，更是对整个教师队伍在理想信念、道德情操、实践态度等方面的引领，也对高等师范教育在培养未来教师方面明确了方向。

3. 强调实践性

无论是专业性，还是师范性，最终都会落实到教育实践中。一名幼儿园教师踏上工作岗位面对的即是一群幼小的儿童，既要关注他们的身体，还要关注他们的情绪、行为；既要关注他们的生活，也要关注他们的学习、游戏；既要有专业的活动组织能力，还要有专业的课程建设能力。所以幼儿园教师需要比母亲更有耐心，以更专业的态度和能力，回应幼儿需求，激发幼儿思维，给予幼儿宽容。幼儿教师不仅是全科教师，需要广博的知识，还是全程、全能的教师。

所以我们的师范教育不是要培养以传播知识为主要任务的教师，而是要培养能够引发孩子积极活动的教师，能够不断在现实的生活当中去发现课程的教师，能够不断支持和促进儿童发展、具有课程建设能力的教师。课程建设能力就意味着要去设计课程、实施课程、评价课程，要去挖掘资源、创设环境、建设课程文化。高等职业教育就要为这些未来幼儿园教师打好基础，在课程设计、实践活动、见习实习、目标设计等方面落实《专业标准》《课程标准》等培养目标，让这些未来的幼儿园教师有一些基本的专业能力，为其未来的职业发展奠定基础。

本套丛书主要包含 0—3 岁阶段的幼儿教师培养和 3—6 岁阶段的幼儿教师培养两个大系列。每个系列根据各年龄段幼儿身心发展特点和养育教育特点，主要分为专业基础课程、专业核心课程、专业技能课程三个块面。教材在编写过程中遵循以下原则。

1. 科学性原则

教材是育人的载体，关系人才培养的方向和质量。本套教材以习近平新时代中国特色社会主义思想为指导，结合《幼儿园教育指导纲要（试行）》《3—6 岁儿童学习与发展指南》精神，根据幼儿园教师培养目标设计丛书整体框架，体系完整，逻辑清晰。教材编写力求基本知识、概念正确，能代表学术界对学科知识的基本理解和普遍共识，努力反映各学科、各领域的理论前沿和新成果。

2. 适宜性原则

教材定位清晰，内容深入浅出，符合高等职业院校学生年龄和身心特点，难易程度适合学生学习水平，利于学生理解和运用。教材设计了丰富的栏目，每个主题有“主题目标”“内容脉络”“主题自测”三个大栏目，帮助学生理清学习思路。各主题分为若干模块，各模块设“情境导入”“知识演绎”“案例研讨”三个必选栏目，有生动的情境，有真实的案例，阅读性强。各模块还设有“趣味研究”“实践项目”“延伸阅读”“观点讨论”等可选择的栏目，学生可根据自身学习水平和兴趣进行阅读和实践。

3. 可操作性原则

教材包括教育学、心理学、卫生学等基础学科理论课程，以及幼儿园各学科活动设计，幼儿园环境创设，幼儿园课程资源开发利用，0—3 岁婴幼儿饮食、喂养、疾病预防、卫生保健、见习实习等专业核心能力课程。学生在掌握基本理论知识的基础上，可以了解幼儿园一日生活流程，了解幼儿教师的日常工作和需要具备的专业能力，知道“怎么做”“为什么这么做”，为走上工作岗位做好准备。

本教材的编写和出版，得到了很多院校、幼儿园以及一线教师的大力支持，在此一并表示感谢。由于各种原因，本套教材难免有不完善之处，敬请广大师生不吝指正，使其日臻完善。

虞永平

2025 年 4 月

目　录

总　序 ………… 001

前　言 ………… 001

主题一　学前儿童数学教育概述 ………… 001

模块一　学前儿童数学教育的概念 ………… 003

模块二　学前儿童数学教育的含义和任务 ………… 015

模块三　学前儿童数学教育的基本理论 ………… 023

主题二　学前儿童数学教育的组织与实施 ………… 035

模块一　学前儿童数学教育的目标与内容 ………… 037

模块二　学前儿童数学教育的途径与方法 ………… 043

主题三　学前儿童感知集合活动的设计与实施 ………… 057

模块一　感知集合 ………… 059

模块二　分类 ………… 069

模块三　集合比较 ………… 084

模块四　模式 ………… 095

主题四　学前儿童数概念和运算活动的设计与实施 ………… 105

模块一　数和数字 ………… 107

模块二　计数 ………… 115

模块三　数的分解与组合 ………… 123

模块四　运算 ………… 129

主题五　学前儿童空间和时间活动的设计与实施 …… 137
模块一　几何形体 …… 139
模块二　空间方位 …… 152
模块三　时间 …… 164

主题六　学前儿童测量与统计活动的设计与实施 …… 175
模块一　量的认知 …… 177
模块二　测量 …… 189
模块三　统计 …… 204

主题七　学前儿童数学教育的评价 …… 219
模块一　学前儿童数学教育评价概述 …… 221
模块二　学前儿童数学能力的评价 …… 227
模块三　学前儿童数学活动的评价 …… 236

附录:幼儿园数学各领域关键经验 …… 245

前　言

学前儿童数学学习对儿童的思维发展有着重要的作用。学前儿童数学教育是了解学前儿童数学认知的发展特点及年龄特征，遵循学前儿童数学教育与学习的规律，明确学前儿童数学教育的目标、内容、途径、方法，培养学习者的学前儿童数学教育能力的一门学科。本教材立足于基础性和实践性特征，以《幼儿园教育指导纲要（试行）》和《3—6岁儿童学习与发展指南》中的基本理念为出发点，强调学前儿童数学教育的教学法性质，关注理论指导下的实践方法和教育指导策略的应用。本教材在系统论述早期数学教育的基本性质及早期儿童数学学习的基本特点的基础上，重点从幼儿园数学教育活动的理论和实践两个方面，分别阐述和讨论了早期儿童数学能力发展与教育的基本理论，幼儿园数学教育活动设计和组织实施的基本原理，以及幼儿园数学教育中关键经验内容教育活动的设计与实施策略。教材从教学法的特征出发，分析了幼儿园数学教育活动中所涉及的关键经验和幼儿在这些关键经验上的发展序列，提出幼儿园教育活动的具体设计和实施策略。教材中的数学活动不仅仅以教学活动、区域活动的形式展开，同时强调生活中的数学、各领域中的数学与 STEM 活动中的数学。本教材还包含了编者近些年来的一些实践成果，如教学活动设计、区域材料的序列性投放、STEM 活动中的数学等，希望在实践层面为学生以及幼儿园教师提供更广阔的思路。

本教材的编写者均是直接从事学前儿童数学认知发展与教育领域的研究和教学工作的一线教师，具有扎实的专业基础和数学教育领域的实践经验。其中两位教师师从华东师范大学的周欣教授，对学前儿童数学教育的认识和思考一脉相承。主题一的模块一，主题五的模块二、模块三，主题六的模块一、模块二，附录部分由张亚杰博士编写；主题三的模块一、模块二，主题七由李美芳博士编写；主题一的模块二、模块三，主题四由滑婧旸编写；主题二，主题三的模块三由邓萍编写；主题三的模块四，主题五的模块一，主题六的模块三由张凯编写；编委：毛宁、张书明、吴慧玲、刘辉、陈向荣、张岩、丁喜玲、蒋予红、赵玲、常明、冯军、徐春茜、陈瑜辉、马灵君、姜冬玲。各位编委提供了本书的案例部分。本书的整体架构、纲目拟定和修改，以及统稿工作由张亚杰完成。

本教材的出版是全体编写人员共同努力的结果。我们力图使教材能够吸收同类教材的优点，弥补相关教材的一些不足，汇集前人的研究成果以及最新的实践成果。但我们也深知由于能力有限，本教材肯定有需要进一步改进和完善的地方，我们恳请所有使用该教材的师生提出宝贵的意见，这将成为我们继续努力的方向和动力。

本教材参考和引用了国内外学者的著作和研究成果，引用了一些网络中的资源和案例，在此一并表示感谢。特别感谢南京师范大学出版社为本教材提供的出版平台，感谢张莉老师从策划到成书所付出的努力。感谢编辑在本教材出版过程中所做的细致而辛苦的工作。

编者

主题一　学前儿童数学教育概述

主题目标

数学学习不仅是儿童感知和认识外部世界的需要，也是其思维发展的重要途径。通过本主题的学习，学习者应当完成以下目标：

1. 了解数学的起源与发展。
2. 了解数学的基本特点及价值。
3. 掌握学前儿童思维发展特点及学前儿童数学学习的特点。
4. 掌握学前儿童数学教育的意义和任务。
5. 了解学前儿童数学教育的基本理论。

内容脉络

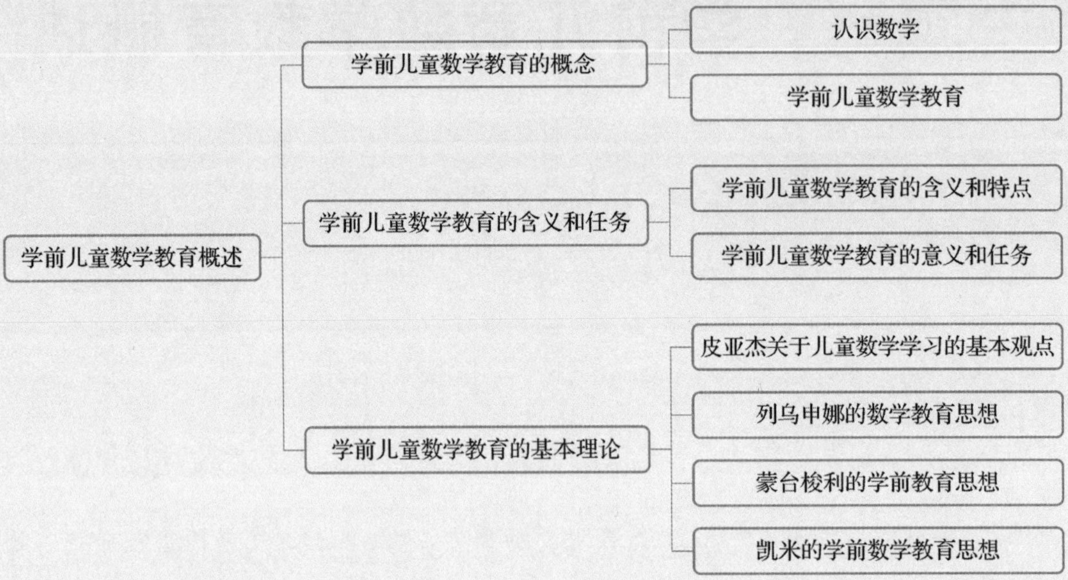
学前儿童数学教育概述
学前儿童数学教育的概念
认识数学
学前儿童数学教育
学前儿童数学教育的含义和任务
学前儿童数学教育的含义和特点
学前儿童数学教育的意义和任务
学前儿童数学教育的基本理论
皮亚杰关于儿童数学学习的基本观点
列乌申娜的数学教育思想
蒙台梭利的学前教育思想
凯米的学前数学教育思想

模块一　学前儿童数学教育的概念

情境导入

妈妈和小轩(3岁半,小班)经常玩藏东西的游戏。妈妈拿出5个小橘子给小轩看,然后一只手里面放3个,另一只手拿着2个小橘子背到后面,问小轩:“妈妈手里原来有5个小橘子,你猜妈妈藏起来几个?”小轩看到妈妈手里的3个小橘子,想了一下,说藏起来2个。过了一段时间,5个橘子小轩已经玩得很熟了。妈妈跟姥爷说,小轩玩藏橘子的游戏很熟练了。姥爷说:“我问问,小轩,2加3等于几?”小轩说:“不知道!”扭头跑了。姥爷很奇怪:“你不是说他会了吗?”

点评:3岁半的幼儿在实物水平上能够依赖于动作,解决5以内的数的分合,这个阶段幼儿的思维发展是经由动作性思维进入表象性思维,再由表象性思维逐渐过渡到符号性思维,抽象水平的逻辑来源于对动作水平的逻辑的概括和内化。因此,不理解抽象的2加3等于几是正常的。

知识演绎

一、认识数学

(一) 数学的起源与发展

数学是研究客观世界中数量关系和空间形式的科学,作为一门基础性和工具性学科,具有高度抽象性、严密逻辑性和广泛应用性。同时,在人的成长和发展中,在整个人类社会的发展中,数学也发挥着重要的作用和功能,主要体现在数学的应用价值、思维价值、科学价值、文化价值、审美价值和教育价值上。

数学学习不仅是儿童感知和认识外部世界的需要,也是其思维发展的重要途径。幼儿具有独特的思维发展特点，依据其思维发展的规律，幼儿的数学学习也具有自身的特点。早期儿童的数学教育只有遵循幼儿数学学习的特点和规律，才能有效地完成儿童的数学启蒙教育，发展儿童对数学的兴趣和探究欲，才能更好地发展其数学思维能力，建立对初浅数学知识和概念的理解，为其入学打下良好的基础。

从数学的起源来看，数学和其他科学知识一样，是人类在自身的发展过程中，在同自然界博弈和较量的过程中，对具体事物进行经验性的总结和提取的产物。数和数学是人类的伟大发明。数学的诞生，标志着人类的逻辑智慧和抽象能力的发展达到了成熟的水平。[①] 数学发展划分为四个时期：数学萌芽期（公元前 6 世纪以前）；初等数学时期（公元前 6 世纪至 17 世纪中叶）；变量数学时期（17 世纪中叶至 19 世纪 20 年代）；现代数学时期（19 世纪 20 年代以来）。

在 20 世纪的数学发展中，现代数学呈现出更加抽象高深和庞大复杂的特点，人们对于数学的认识也发生了根本的改变，数学成为研究数与形、运动与变化，以及研究数学自身问题的学问，从而形成了纯粹数学和应用数学的分裂。特别是电子计算机的出现，为数学的应用研究开辟了广阔的天地，20 世纪五六十年代以来，数学扩展到自然科学、技术科学和人文社会科学等领域，不仅促进了物理数学、生物数学、经济数学等新的边缘学科的诞生，而且使现代数学的新的理论和思想在实践应用中进一步推动着数学的发展。

数学处于动态发展不断变化的过程中。第一，它是一个探究和认识的过程，是人类不断创造发明的广阔领域，是不会终结的产物。第二，数学的产生与发展始终贯穿人类对自然界及生活世界的实践性探索，生活实践与技术发展的需要是推动数学发展的根本源泉。第三，数学是抽象知识的结合体，这些知识可供个体学习或再发现，提高知识本身。第四，数与形是数学中相辅相成的两个部分，数是在对物质世界的形的特征的考察过程中逐步抽象和演进的，而数的发展又推动了人类对自然界中形的问题的深入认知。第五，数学产生于问题，表达了一定时期人们的需要。数学的发展始终贯穿着问题的解决和广泛的应用，数学发展的过程就是人类探寻数学方法以解决各种自然科学问题的科学数学化过程，从牛顿以来的三百多年中，数学中的许多重要的问题时常是科学提出来的。

（二）数学的基本特点

尽管不同的人对数学的本质有不同的认识，对数学知识有不同的分类，但不可否认的是，数学知识与其他知识相比具有其自身的特征。

1. 抽象性

数学知识是人们对现实世界抽象的结果。数学知识的抽象性反映在数学对象、数学方法和数学符号等诸多方面。数学的本质特征就是在从模式化的个体作抽象的过程中对模式进行研究。拿数字符号来说，儿童对数字 5 的认识，虽然源自于现实世界中的 5 根手指、5 本书、5 朵花等，但 5 这个数量属性并不与任何一朵花或任何一本书的特征（大小、颜色、味道等）有关，

---

① 张慧和.学前儿童数学教育[M].重庆：西南师范大学出版社，2001：2.

而是存在于花朵与花朵、书与书的相互关系之中，是对 5 根手指的关系、5 本书的关系、5 朵花的关系进行抽象以后所获得的属性，它反映的是数量为“5”的一个整体所具有的属性。儿童掌握数量 5，不仅要去除手指、书、花朵等具体物的无关特征而抽取其数量关系特征，而且这种具体物的关系特征还要继续抽象到普遍的数学关系，即 5 可以表示任何数量是“5”的物体的数量特征。

2. 逻辑性

数学揭示的是客观世界的逻辑关系，数学知识本身的体系也具有严密的逻辑性。逻辑推断和证明是数学研究的基本方法和原则。数学的概念、定理和法则均是彼此紧密联系的，它们构成了一个严密的体系，具有逻辑的严格性。数学知识的严格性正是依赖于它的演绎的逻辑性特征。以数概念为例，数关系就是各种逻辑关系的集中体现，其中既有对应关系，又有序列关系和包含关系。如在计数时，就首先必须保证口述动作和手点动作的协调一致，这就涉及一一对应的逻辑观念。其次是序列关系的正确，口述的数序与点物的动作序列必须是连续而有序的，不能有遗漏或重复。最后要把所有的动作合起来形成一个总数。这就涉及整体和部分的包含关系。

数学知识的严格性表现在数学定义的准确性、推理和计算的逻辑严格性以及数学结论的确定无疑。但数学的逻辑严格性也不是绝对的、一成不变的，而是相对的、发展着的。数学探索和学习的过程成为一种积极思维的有意义、有趣味的过程。数学知识从简单到复杂，知识演进层层递进，环环相扣。儿童只有掌握了数学知识之间的逻辑关系，建立逻辑观念，才能理解和把握数学知识的体系。当然，儿童也正是在发现逻辑关系、形成抽象概念和运用数学方法解决实际问题的数学探索和学习过程中不断锻炼和提升自己的逻辑判断和思维能力。

3. 精确性

数学作为一种语言符号，具有精确性。数学的精确性主要指数学定义的精确性、逻辑的严密性和数学结论的确定性。数学的精确性是其他学科无法比拟的。“数学语言追求的是精密性和确定性，即用简练的、抽象的符号反映严密的逻辑推理，并获得确定的结果。”①数学的这种精确性特征，要求学习者必须通过严谨的、严密的思维来解决问题。这也使我们能够更为准确地认识世界。

4. 应用性

数学生命力的源泉在于它的概念和结论尽管极为抽象，但却是从现实中抽取出来的，并且在其他科学中、技术中、全部的生活实践中都有广泛的应用。这一点，对于了解数学是最主要的。数学应用非常广泛也是它的特点之一。我们几乎每时每刻地在生产中、在社会生活中运用最普通的数学概念和结论，甚至并不意识到这一点。如果离开数学，全部现代技术都是不可能出现的。几乎所有科学部门都多多少少很实质地利用着数学。不仅自然科学，各门社会科

① 张慧和.学前儿童数学教育[M].重庆:西南师范大学出版社,2001:5.

学也同样地不断求助于数学，如经济学、管理学、政治科学、心理学、社会学、人类学等。数学家已经清醒地认识到，并不是数学像细流一样渗透到应用之中去，数学与科学是一对同等的伙伴，互相向对方提供思想、概念、问题及解决办法。

（三）数学的价值

从数学的产生与发展的历史，以及对数学基本特征的分析来看，作为一门系统的科学，数学的应用价值、思维价值和科学价值是数学的重要价值，这已经成为人们的共识。但随着人们对数学教育的不断反思，以及对数学本质的深入理解，数学的文化价值、审美价值和教育价值也逐步为人们所挖掘和理解。

1. 应用价值

所谓数学的应用价值是指“数学对于人类认识世界和改造世界的实践活动所具有的重要作用和价值”[①]。数学作为一种方法，它既是一种思维的方法，也是一种解决问题的方法。它是人们解决现实问题和科学问题所必须使用、精通的工具与手段。在现代，数学更是与各个学科研究领域乃至整个人类的生活息息相关，一些高精尖的技术领域所用的方法归根结底都是数学在起作用。因此，让儿童认识到数学与其他学科乃至社会生产生活是紧密相关的，让儿童认识到数学是有具体应用价值的学问，能激发他们对数学学习的兴趣和认同感。

2. 思维价值

数学是一种思维方式，它被认为是“思维的体操”和“思维的工具”。国际数学教育委员会在《90 年代的中小学数学》这一报告中指出：许多世纪以来，数学一直被看作是训练思维能力的最佳学科，数学教学的目标是保证每一个孩子都能数学地思考，必须将数学思维的发展作为数学教育的首要目标。所谓数学的思维方式，著名数学家赫尔曼·外尔（Hermann Weyl）认为，“首先是指数学用以渗入到研究外部世界的科学，例如物理学、化学、生物学、经济学等，甚至渗入到我们关于人类事务的日常思维活动中的那种推理形式，其次是数学家留给自己应用于自己领域中的推理形式”[②]。数学除了提供定理和理论外，还提供了有特色的思维方式，包括建立模式、抽象化、最优化、逻辑分析、推断，以及运用符号等，这是普遍适用并且强有力的思考方式。发展人的思维能力是数学重要的文化功能，没有数学就不会有有组织的逻辑思维。数学思维可以帮助我们由日常思维过渡到形式思维。数学思维的训练，能够让我们增强思维本领，提高抽象能力、逻辑推理能力和辩证思维能力。数学使思维产生活力，并使思维不受偏见、轻信与迷信的影响和干扰。数学保持着精确，并使精细的分析和显式的计算成为可能。精确的数学语言让我们有条不紊地思考复杂的决策，而不是只凭轶事、猜测和雄辩。

3. 科学价值

数学的科学价值，是指数学对自然科学的产生与发展的作用和意义，自 19 世纪 20 年代以

---

① 黄瑾.幼儿园数学教育与活动设计[M].北京：高等教育出版社，2010：6.

② Hermann Weyl.数学的思维方式[J].数学译林，1982(4).

来，数学的研究对象和方法在本质上越来越凸显与自然科学的区别，数学也就从科学中分离出来，自成体系。当今时代，科学技术迅猛发展，科学数学化的趋势越来越明显，现代科学正朝着广泛应用数学的方向发展。数学是科学的主要术语。科学与数学结合也产生了一些交叉和边缘学科，如数学物理、生物数学、数学生态等。丘成桐指出，“数学的本性决定了，它会随着科学研究的需求而拓宽自身的领域，并会随着综合分析而更为深入。在这个新世纪，数学将成为所有科学的中心”①。

4. 文化价值

文化是人类在社会历史实践过程中所创造的物质财富与精神财富的总和。数学对象并非在物质世界中真实存在，而是人类抽象思维的产物，是“社会的建构”，在此意义下数学是一种文化。数学的文化价值是指“数学作为一种理性文化，对人类文化的构成以及人类精神世界的影响所具有的重要的作用和价值”②。数学一直是文明和文化的重要组成部分，代表人类心灵最高成就之一。数学也是形成现代文化的主要力量，是现代文化极其重要的因素。数学活动就其性质来说是社会性的。作为人类精神最原始的创造，只有音乐堪与数学媲美。数学本身就是一个充满活力的繁荣的文化分支。它以其抽象性和逻辑性的本质特征成为理性文化中的核心。数学是人类共同创造、共同享受的文化，它打有各民族的文化烙印，在过去和现在都大大地促进了人类思想的解放。科学史表明，一些划时代的科学理论成就的出现，无一不借助于数学的力量。数学对人类文化的发展有着重要影响。众所周知，希腊几何学哺育了柏拉图的理想主义哲学，事实上，如果不从数学在西方思想史上所起的重要作用方面了解它，就不可能完全理解人文学科、自然学科，人的所有创造和人类世界。数学的理性精神对人内心世界的开掘与对人生价值、人生理想追求的倡导，提供了强大的精神动力，它以丰富的内涵，使学生在沟通情感中引起共鸣、共通，在思想中形成共识、共进。这是数学文化力量的真正所在，也是数学文化价值的精髓。

5. 审美价值

数学的理论价值和实用价值已经被人们广泛地接受，但是数学的审美价值尚没有被人们广泛地认同和接受。因为在很多人的眼中，数学是一些符号与文字的结合，是抽象的、枯燥的。他们根本感觉不到美在哪里。但数学确实存在着美。数学美就是反映自然界在数量关系与空间形式上合目的性和合规律性的和谐统一，它表现出人们在实践活动中发现和理解数学规律、内涵与结果时产生的愉悦、兴奋、激动等强烈的感受。数学巧妙和谐的体系，严密而无懈可击的说服力，以及它在解决实际问题时所表现出来的神奇力量，是使许多人倾心于数学的根本原因。自古希腊以来的若干世纪里，数学一直是一门艺术，数学工作必须满足审美要求，它的发展总是起源于美学准则、受其指导、据以评价的。

---

① 丘成桐，曹启升，陆柱家.数学与科技[J].数学译林，2004(2).
② 黄瑾.幼儿园数学教育与活动设计[M].北京：高等教育出版社，2010：8.

6. 教育价值

数学的教育价值是指数学对人的发展，特别是对人的认识能力和思维品质的提升所具有的重要作用。数学以它的思维性、理性精神和优美性成为当今社会文化生活中的一个基础组成部分。一个人如果不知道数学为何物，理性思维贫乏而又缺乏审美意识，那么他的整体素质、洞察能力、判断能力以及创造能力必将受到很大的影响。首先，数学学科高度的抽象性和逻辑性特征，使得数学具有很高的思维价值。而这种思维价值，正揭示了数学在人的思维发展中的重要作用。数学概念的形成、定理的确立等都是伴随着逻辑推断、分析比较、归纳论证等一系列思维过程。因而数学对于训练和培养人的逻辑思维能力无疑是最好的材料。其次，数学的教育价值还体现在数学的文化价值、科学价值和应用价值上。具体表现为数学在形成和发展人的理性精神、科学态度、世界观、道德素养和个性特征方面所具有的教育作用和意义。数学学科所具有的科学性、准确性、严谨性的特点对培养学生的思想、品质，启迪学生的智慧有着重要的意义和作用。最后，数学的教育价值也体现在其所具有的美育价值上，即数学在培养审美情趣和能力方面所具有的教育作用和意义。

二、学前儿童数学教育

学前儿童学习数学，必须具备一定的概括能力和逻辑思维能力，这是儿童学习数学的重要准备。

（一）学前儿童思维发展特点

按照皮亚杰思维发展理论的分析，儿童的思维发展是经由动作性思维进入表象性思维，再由表象性思维逐渐过渡到符号性思维，在这种转化过程中，思维工具的概括性水平逐渐提高，因而思维的抽象概括程度也越来越高。学前儿童的思维发展过程是表象性思维替代了动作性思维成为思维的主体，而又以此为基础萌发了抽象逻辑思维。所以，学前儿童的思维发展具有以下特点。

1. 思维发展依赖于动作

学前儿童的思维具有很大的局限性。无论是其概括化水平还是逻辑推理的水平都是无法脱离自己的行动和具体的物体的。皮亚杰认为，儿童的思维起源于动作，抽象水平的逻辑思维能力来自对动作水平进行具有逻辑意义的概括和内化。

从儿童逻辑的起源来看，皮亚杰认为，幼儿通过反省抽象所获得的逻辑数理知识正是其逻辑的来源。这种反省抽象就是对作用于物体的一系列动作之间的协调与抽象。儿童的逻辑包含两个层面，即动作的层面和抽象的层面。儿童逻辑的发展遵循着从动作的层面向抽象的层面转化的规律。幼儿基本的逻辑结构主要体现为对应结构、序列结构和类包含结构，幼儿的这些心理逻辑也正是与数学知识的逻辑相对应的。如幼儿的一一对应观念形成于小班中期（3 岁半以后)，起源于幼儿对应的操作。起初，幼儿可能会在对应物的操作中感受到某种秩序，并未将其作为集合比较的方法。但他们在操作中会逐渐发现，通过一一对应来比较物体常常是一种可靠的方法，这样幼儿就会建立起一种牢固的一一对应的观念。但这种一一对应的观念并没有进入到高度抽象概括的水平。如皮亚杰采用"放珠子"实验说明了幼儿的一一对应逻辑还不能脱离具体的动作和物体。实验者给幼儿出示两个盒子，一个盛有许多珠子，让幼儿把珠子一个一个放到另一个空盒，并问幼儿如果一直放下去，两个盒子里是不是会一样多，幼儿不能确认。这说明该年龄段的幼儿在没有具体的动作和物体支持时，无法在头脑中将两个盒子里的珠子作一一对应的比较。再比如幼儿序列观念的形成，也是在对操作材料进行多次比较后，逐渐获得了某种传递性关系的经验。同样，关于类包含的观念，幼儿也是在对具体事物的分类活动中逐渐形成了类与子类之间的层级性关系。

从思维的抽象性来看，抽象的思维起源于具体的动作。抽象水平的逻辑来源于对动作水平的逻辑的概括和内化。幼儿在形成客体永久性概念以后，在 1 岁半左右思维就具备了表象性功能，这就使得儿童的思维可以脱离具体的实物而进行思考。幼儿能够借助于头脑中的关于事物的表象，对已经不在此时此地的事物进行间接的思考。能够摆脱时间和空间的限制而在头脑中进行思考，这是幼儿抽象思维发展的开始。儿童的这种抽象首先是在动作水平上建立起来的，儿童在与周围事物的互动中，逐渐会把一些动作概括化为解决问题的目的性动作，然后儿童逐渐可以摆脱时间和空间的限制在表象水平上对动作和事物进行概括，最后发展到抽象的符号形式的概括。然而，儿童要在头脑中完全达到一种抽象的逻辑的思考，则要到十几岁以后。儿童不仅需要将动作内化于头脑中，还要能将这些内化了的动作在头脑中自如地加以逆转，即达到一种可逆性。

2. 思维具有过渡性

从儿童抽象逻辑的发展来看，儿童逻辑的发展应该包含三种工具水平的逻辑，即动作层面的逻辑、表象层面的逻辑和符号层面的逻辑。儿童逻辑的发展就是要从动作逻辑走向符号逻辑。而其间，表象性思维是幼儿思维的一个重要特点。幼儿时期的表象性能力发展迅速，这对于他们在头脑中进行抽象的逻辑思考有着重要的作用。但从根本上来说，表象仅是提供了幼儿进行抽象思维的具体材料，儿童的抽象逻辑思维取决于他们在头脑中建构事物之间关系的能力。而实际上，幼儿思维抽象性的发展伴随着两个方面的内化过程，一个是外部的具体的形象内化为头脑中的表象，另一个是施加于外部具体形象的外在的动作内化为头脑中的思考。后者是思维的根本。当然，表象性思维是儿童由动作性思维进入到高度抽象的符号性思维的必经阶段。

(二) 学前儿童数学学习特点

幼儿思维的发展为他们进行数学学习提供了一定的心理准备。同时，幼儿逻辑思维发展的特点又造成了他们在建构抽象的数学知识时存在困难。因此，幼儿必须借助于具体的事物和动作，在头脑中逐步建构一个抽象的逻辑体系。而幼儿在学习数学的过程中又必须不断努力摆脱具体事物和动作的影响，使那些和具体事物相联系的知识能够内化为头脑中的经验，成为具有一定概括性意义的数学知识。这样，幼儿学习数学的心理特点可以概括为以下几点。

1. 儿童早期数学概念的发展是一个渐进的体验过程

对学前儿童来说，早期数学概念的发展离不开儿童在具体环境和生活中对具体事物的动手操作和体验，它是儿童在与物打交道的过程中不断积累感性经验，并借助于具体事物的形象在头脑中建构起一个抽象逻辑概念的渐进性发展过程。在这一过程中，儿童既要依赖于具体的事物和针对事物的具体动作，同时又要努力摆脱具体事物的其他无关特征，而去抽取事物内部或事物和事物之间的一般化、抽象化的数量特征，并能够逐步采用抽象的符号去理解和表征这些特征，它是一个不断进行内化、抽象和概括的思维过程。因而，在儿童早期数学学习的渐进性过程中，受思维发展所影响，表现出一些具有过渡性质的特点。①

(1) 从具体到抽象。

学前儿童的思维发展主要表现为以具体形象思维替代感知动作思维成为思维的主体。他们对于事物的认识和理解往往离不开直接的、具体的物体和材料，也离不开施加于这些具体物体和材料上的具体动作。而数学知识是表征事物之间关系的，它需要抽离事物自身的一些无关的具体特征，以抽象的符号概念来表征和理解。这就使得儿童在获取和理解数学概念的过程中有一个源于具体事物而又要逐步摆脱具体事物的过渡性过程。如小年龄的幼儿在面对“家里有几个人?”的问题时，能够准确地回答出“有爸爸、妈妈、爷爷、奶奶和自己”，但却不能用数字“5”来概括出共有几个人，随着儿童数数能力的发展，儿童可以用5根手指表示出来，再后来逐渐发展到用数字“5”来表示。这一发展变化过程说明，学前儿童数学学习从具体走向抽象的渐进过程依赖于幼儿的心理和生理的成熟、数学经验的不断积累和思维水平的发展。

(2) 从个别到一般。

学前儿童数学概念形成由具体走向抽象的过程也伴随着儿童对数学关系的理解是从对个别的具体事物和现象的理解走向对其一般和普遍意义的理解。例如儿童在学习集合概念的时候，刚开始是与个别的具体事物相联系的，随着理解的深入，儿童可以把集合概念扩展到任何事物上。儿童对集合概念的理解从一类相同事物扩展到一类不同的事物，再扩展到不同类的事物可以共组集合。这就是一个从个别到一般的过程，这样儿童对数量关系的意义理解就由个别化的意义扩展到一般性的普遍化的意义了。

(3) 从外部动作到内部动作。

儿童思维发展的过程就是由外部动作为源起，逐渐走向内化动作的过程。因而，幼儿在数学学习过程中也正是经历着这样一个动作转化的过渡过程。比如小班时期的幼儿在完成点数的时候，常常要借助于外显的动作，用手一一对应地去摸着物体点数，而后动作会逐渐转化为凌空点数，手指已不需要接触物体，再后来，儿童就隐去了手指点数的外部动作，开始在心里默

① 黄瑾.幼儿园数学教育与活动设计[M].北京:高等教育出版社,2010:14－16.

数。这一过程真实地反映了幼儿在数学学习过程中思维由外部动作向内部动作转化的过渡过程。可见，对于学前儿童来说，对数学概念的理解和学习是一个从外显的、具体的动作表征水平逐渐向内化的、抽象的心理运算水平过渡的过程。因而，在数学学习过程中应该给年幼儿童尽可能提供动作水平上的操作，它既符合幼儿学习数学的心理需要，也更有助于幼儿完成对数学概念意义理解的心理转化。

（4）从不自觉到自觉。

由于幼儿大脑的生理发育需要一个时间过程，因而幼儿思维发展也就遵循这样的一种过程。年幼的幼儿由于大脑发育不够完善和外部经验的缺乏，他们外部的动作还没有完全内化，对事物的判断和思考还停留在具体动作的水平，而没有上升到抽象的思维水平。因而，他们对自己的思维过程常常缺乏自我意识。幼儿思维的自觉程度是和其动作的内化程度有关的，随着机体的成熟和经验的增加，幼儿会从认识过程的不自觉状态逐渐过渡到自觉的状态。如小年龄的幼儿在用语言归纳或表述自己的“数行动”或操作结果时，常常会出现“言不由衷”的不一致情况，但随着年龄的增长和经验的增加，儿童逐渐能够清晰地描述自己的思维过程。这说明对年幼的幼儿来说，他们在掌握数学概念的过程中还不能从具体的事物中抽取出本质的数量特征，而常常会停留在具体的经验和外部动作上。随着思维和语言的发展，动作逐渐内化，幼儿就会不断提升对其动作和思维过程的意识程度。

（5）从自我中心到社会化。

学前儿童“去自我中心”，即从自我中心到社会化，是其思维抽象性发展的重要标志之一。因而，幼儿在数学学习过程中也会表现出这样的过渡性特征。年幼的学前儿童由于其认知和思维的“自觉”程度不高，概括和内化水平有限，常常会表现出思维上的“自我中心”化特征。他们常常仅关注于自己的动作，不能把自己的动作和同伴的动作进行比较和协调，且不能有效地去监控自己的动作过程，所以也就难以与同伴形成合作交流。因此，帮助幼儿在发展数学认知能力的过程中逐渐完成“去自我中心”，提高儿童的社会化程度是非常重要和关键的。

2. 儿童早期数学学习起始于动作

皮亚杰理论认为，儿童的思维发展起源于动作，抽象水平的逻辑思维能力来自对动作水平进行具有逻辑意义的概括和内化。由于数学关系是一种数理逻辑知识，它不直接体现在事物本身，因而也无法直接感知而获得，必须通过对施加于具体事物的动作的协调和组织才能完成建构。因此，对学前儿童来说，其数学概念的获取也就离不开对具体事物和材料的感性体验，感性体验和操作是幼儿数学认知发展的基础。幼儿在数学学习中会表现出许多外部的动作，这些外部动作协调着事物之间的关系，对于他们理解和建构数学中的关系的意义是不可或缺的。基于材料的操作和多感官参与的行动过程是学前儿童建构数学概念的必经之路。

3. 幼儿数学知识的内化过程需要借助于表象的作用

表象性思维是幼儿思维发展中的一个重要特征，学前儿童的思维发展过程就是表象性思维替代了动作性思维成为思维的主体。因而表象在幼儿数学学习中也起着非常重要的作用。幼儿对数学概念的理解和建构起始于外部的动作，但要把这些外部的动作进行组织与协调，把它们变成头脑中抽象的数学关系和数学概念，这还有赖于动作的内化过程，即在头脑中组织和协调动作之间的逻辑关系。而表象的作用就在于帮助幼儿完成这样的内化过程。

4. 儿童早期数学概念的获得是一种主动建构和社会性互动的过程

数学知识是一种抽象的关系，既包含数理逻辑知识，也包含社会性知识。儿童对数理逻辑知识不可能通过口耳传递、模仿记忆的方式获得，数学知识所表征的内在关系需要儿童在与物体打交道的过程中，在感性体验的基础上通过对动作的协调与组织主动建构才能获得，这种具有个体意义的主动建构过程是建立在儿童已有的认知结构和发展水平之上的，以儿童的已有经验为基础，是基于反复的实物操作和思维内化的认知重构过程。对于社会性知识来说，必须是在自身与他人的互动过程中进行建构。因而，幼儿的数学学习是一种合作、交往的活动，是儿童与同伴、成人进行社会性协商、互动合作中共同建构和分享的活动，对数学关系的理解和建构是以儿童的动作协调为基础的。

5. 儿童早期数学概念的获得需要与日常生活情境相联系的学习背景

对于学前儿童来说，数学存在于周围现实生活中，能从真实生活和游戏中感受事物数量关系并体验数学的重要和有趣，这是他们进行非正式数学学习的价值所在。因此，把数学学习活动置于有意义的、真实的日常生活情境和背景之中，可以顺应其对生活世界本能的好奇心和求知欲，从而激发儿童主动建构和发现数学关系的内在动机，促进儿童基于已有的经验去理解其所发现和建构的数学关系的意义。而且这种真实的情境更可以唤起儿童已有的经验，为儿童提供了新经验与旧经验整合的基础，也为其提供了将数学知识与其他知识整合的基础。

学前儿童数学学习主要是一种非正式数学学习，常发生在非正式的学习情境和日常生活问题背景之中。对于儿童早期数学概念的发展来说，提供与日常生活情境相联系的学习背景是十分重要和必要的。为儿童的数学学习营造一个适宜的富有挑战的情境，一方面能使儿童借助于与同伴和成人的互动，利用必要的学习材料，通过意义建构的方式获得数学概念；另一方面，使儿童在解决真实情境问题的思维过程中体验数学思维的重要与有趣，发展思维的逻辑性、变通性和灵活性。

案例研讨

大班数学活动　花园小路①

设计意图

孩子们在游戏的时候常常会很有兴趣地按颜色或形状有规律地用间隔排列的方法摆雪花

① 该案例由郑州市经济技术开发区第一幼儿园孙佳明老师提供。

片、拼搭积木等。为了引导幼儿将这些零碎的经验加以统合整理，使幼儿对物体按规律排序的认识提升到一个新的层次，形成初步的逻辑思维，并使用语言来表述模式，本案例根据幼儿的发展水平创设了“花园小路”的教学情境，为幼儿提供多元的排序材料，引导幼儿多角度地思考问题，探索和发现各种不同规律的排序方法，促进幼儿观察、比较、思考及创造能力的发展，提高思维水平和审美情趣；使幼儿在学数学、用数学的过程中充分感受数学的重要和有趣，产生关注生活和身边事物的积极情感态度。

活动目标

1. 运用实物、绘画、动作等手段拓展、创造模式（ABB、ABC、AABB），并能用语言对模式进行完整表述。

2. 体会模式的规律性的美，并愿意创造更多的模式。

活动重难点

1. 重点：能按照要求进行模式的创造。

2. 难点：能根据要求用语言准确地将创造的模式表述出来。

活动准备

1. 教具：PPT、不同图形片。

2. 学具：人手一张设计图，双面胶水，笔。

活动过程

（一）以花园情境导入，引起幼儿参与活动的兴趣

教师：设计师邀请我们去花园，大家都说花园特别漂亮，我们一起去看看吧。

教师：看一看，花园里种了一列漂亮的小花，有红色的，有绿色的，请你说一说看到了什么规律。

（二）引导幼儿观察图片，发现规律

教师：我们继续往前走，前面的花坛里还有什么漂亮的小花？

教师：这有规律吗？是什么样的规律？

教师：花园里不仅有小花，还有什么呢？

教师：来看看，这里种的树有规律吗？怎么样是一组？谁能把这个规律找出来？

小结：我们先把规律找出来，一组一组分开，就很容易知道谁不见了。

（三）为街心花园出主意

1. 出示各种石头。

教师：人们来散步的时候，小朋友、小猫、小狗都跑到这个草地上去，可以吗？

小结：不能踩踏草地，踩踏草地不利于小草的生长。

教师：那怎么办？有什么办法，既能看到漂亮的花，又不会破坏草地？这个办法不错。大家一起找来了很多不同形状的石头，看看都有什么？

教师：我们一起认识了这些图形石头，今天就要用这些图形石头来拼成小路。可是怎么用这些石头修出漂亮的小路呢？

教师：将石头按照规律排列成一条条小路，这个主意不错。今天请你们来帮帮忙，为花园修一条有规律的小路。

2. 设计师的图纸。

教师：老师为你们带来了各种各样的石头，我们用这些石头来修有规律的小路吧。

第一、二组：按规律往下排。这是人们已经想好的规律，请你们帮忙按照这样的规律往下排完。

第三、四组：个别的填上去。根据规律找一找，把缺失的石头补充完整。

第五、六组：自己排规律。请你们设计一条有规律的小路。

教师：我们有两首音乐的时间来完成设计，去找一找你们想设计的小路吧！

（四）交流探索结果

幼儿操作，教师观察指导。鼓励能力较强的幼儿交换不同的操作材料。

教师：接下来，我们利用这些不同形状的石头，重新设计小路，然后请你跟大家分享一下你的小路是如何设计的。

活动延伸

教师：我们来设计一些有规律的衣服，然后说一说你是怎么设计的。

模块二　学前儿童数学教育的含义和任务

情境导入

在20世纪80年代以前，学习被看作发生在大脑中的纯思维过程，它的结果是形成思维表征。近来受到普遍关注的情境学习理论不是把知识作为心理内部的表征，而是把知识作为个人与社会或物理情境之间联系的产物。学习本质上是一种与特定社会文化中的人与物进行互动的活动。

学前儿童的数学学习在本质上是一种非正式的数学知识的学习，它在很大程度上受到日常生活经验的影响，同时也不可避免地受到父母和家庭环境的影响。要促进儿童数学的学习与发展，就要考虑如何利用和拓展儿童已有的生活经验，如何创设儿童能够真正理解的学习情境，如何把这种学习情境融合到幼儿园的课程中去。①

知识演绎

一、学前儿童数学教育的含义和特点

数学是儿童生活世界的组成部分，是儿童探究生活的工具，也是儿童成长发展的必要阶梯。儿童的生活中时时处处充满了数学事实和问题，儿童的发展也离不开数学这一重要的思维工具。一方面，学前儿童从生物遗传中获得了数学智能发展的先天生理基础，另一方面，儿童的生活世界充满了数、量、形等事物和现象，这为儿童提供了丰富的关于数学知识的感性经验，儿童可以在成人的启发和帮助下，通过与环境和社会文化的互动而不断完善对数学的思考和逻辑判断。因而，学前儿童的数学启蒙教育不仅是可能的，也是必要的，它应该是儿童早期

① 周欣，黄瑾，杨宗华.幼儿园综合课程中的数学教育[M].南京：南京师范大学出版社，2012：12－13.

发展与教育的一个重要组成部分。

（一）学前儿童数学教育的含义

学前儿童数学教育，就是通过有目标、有计划的教育活动支持儿童探索周围世界中的数量关系、空间形状等，通过儿童自身的感知、观察、操作、发现等主动探究过程和建构活动，让儿童积累大量有关数学方面的感性经验，建构表象水平上的初步数学概念，学习简单的数学方法和技能，发展初步的逻辑思维能力，形成关于数学的愉快的情绪体验，产生对数学的兴趣并形成良好的数学学习和思维习惯。

（二）学前儿童数学教育的特点及基本原则

儿童心理发展的特点和数学自身的特点共同决定了学前儿童学习数学的特点，也决定了我们对学前儿童进行数学教育的特点和原则。学前儿童的数学教育，一方面要顺应儿童自身发展的规律和特点，让儿童在已有经验水平上主动获得发展；另一方面，成人也应该为儿童的数学学习提供丰富的环境和必要的指导，促进儿童的发展。学前儿童的数学教育具有以下特点和教育原则。

1. 学前儿童数学教育是立足于儿童现实生活的非正式数学教育

由于儿童思维发展具有从直觉行动思维和具体形象思维逐渐向抽象逻辑思维过渡的特点，年幼儿童数学概念的发展依赖于儿童具体的生活经验。家庭、幼儿园及社区的日常生活中有很多活动与数学有关。如儿童在玩拼图或搭建积木时，就会考虑拼图玩具的数目或所搭建积木的形状和数量，自然地运用分类、比较等基本数学技能；超市购物时涉及物品多少、大小、方位、形状、价格和使用钱币等问题，这些非正式的数学学习活动，给儿童提供了数数、比较或辨别的机会，儿童常常在不自觉中获得了丰富的数学经验。由于现实生活中数学信息的分散性、隐蔽性，幼儿常常难以主动感知到。这就要求教师具有较强的数学意识，既善于在生活环境中捕捉数学信息，丰富幼儿的数学知识，又要注意引导幼儿把学过的数学知识和生活联系起来。

因此，学前儿童数学教育应遵循密切联系生活的原则。具体体现为，首先，学前儿童数学教育内容的选择应建立在儿童已有的非正式数学经验之上。如把数的组成的概念建立在儿童生活中分配东西的经验之上。其次，学前儿童的数学教育不仅指有计划、有目的、有组织的集体教学活动，还包括幼儿的游戏活动和日常生活活动等。要在生活情境中引导幼儿关注和提取生活世界中的数、量、形、时间、空间等数学关系，在生活中进行数学教育。如在分点心和吃午餐环节，引导幼儿分发碗筷和食物等。最后，还要引导儿童积极有效地使用数学方法解决生活中的各种问题，如在购物等活动中创设一些实际生活中的问题，让儿童在问题解决的过程中体验应用数学方法解决问题的乐趣，感受数学在实际生活中的重要作用。

2. 学前儿童数学教育是儿童通过自身活动主动建构数学经验的探究过程

幼儿是在对外部世界的感知、理解、探究和改造的行动中丰富自身对世界的认知，并完善心智和情感。儿童逻辑思维结构的建构，也是从动作开始的。学前儿童在行动中探索数学的学习特点说明了动手操作对于儿童建构数学意义的重要性。学前儿童的数学教育就是要让儿童在对客观世界的种种行动中探究和发现数学关系，建构数学意义，并利用所发现和建构的数学关系和意义来分析、解释、解决生活与游戏中的问题。

因此，学前儿童数学教育要遵循让儿童动手操作、探索的原则。也就是，让儿童操作具体的实物，探索事物之间的各种关系，并在这种探索中不断将具体的动作内化于头脑，通过自己的活动建构数学知识的意义，发展逻辑思维。现实中很多小班幼儿能唱数到 10 以上，但这并不代表他们真正理解了这些数的顺序和数序中的数量关系，以及数名所表征的数量意义。儿童只有在操作活动中，通过一一对应的方式，把口头唱数和点数实物的动作协调起来，才能理解数的真实意义。因而，教师在教学中遵循让幼儿动手操作的原则，就不能用教师的“教”剥夺幼儿自己主动探索的过程，而是让幼儿在与材料的互动中探索和发现数学的关系，建构数学经验。教师需要做的是在儿童操作的幕后观察儿童的最近发展区，并为儿童的发展创设适宜的操作环境和机会。

3. 学前儿童的数学教育是促进儿童思维发展与转换的教育

数学不仅能帮助儿童精确地认识客观世界中事物的数量属性，还能帮助儿童从具体事物的数量属性中概括抽取出各种数量关系，从而对事物和现象形成概括性的、规律性的认识。比如，学前儿童学习的数学内容中包含有许多种数学的关系，如一和许多的关系、一一对应的关系、等量关系、守恒关系、可逆关系、包含关系等。学前儿童数学教育的任务并不在于让幼儿掌握系统的数学知识，而是让儿童在充分体验和探索生活世界的过程中，发现具体事物和现象背后的数学关系，获得一种以数学方式来认识和思考世界的思维方式。

学前儿童思维的发展具有从具体动作向抽象思维转化的规律。数学教育的过程也就是让儿童在动作层面、表象层面、符号层面去认识和理解生活世界中的数量关系和空间关系，从而让儿童的逻辑思维由动作层面向表象层面，再到符号层面发展转换，抽象水平不断提升。由于数学知识具有抽象性，儿童自身常常难从具体的事物中摆脱出来，因此教师要在数学教育中帮助儿童透过具体的现象概括出抽象的关系，从而养成初步的抽象思维习惯。如儿童在计数能力的发展中，先是通过一一对应的具体动作完成对集合中物体的点数，而后儿童会发展到表象层面的计数，在纸张上以竖杠或圆点等图形与实物形成一一对应来完成计数，然后儿童会发展到隐退所有外显的动作而采用默数的方式，最后采用数字符号来计数。在这样的过程中，学前儿童数学教育的重点不在于教给幼儿这些知识和技能，而是要给他们提供充分操作和尝试的环境与机会，从而获得各种逻辑的经验，并逐步建立起序列的逻辑观念。

4. 学前儿童数学教育是养成儿童良好学习习惯和兴趣以适应小学阶段学习的准备性教育

幼儿学习的数学初步知识和技能与小学数学学习的要求有很大的区别。小学数学教育的任务之一是让学生掌握数学的最基础知识和技能，而幼儿数学学习仅是为这个基础知识和技能学习做经验上的准备，起数学上的启蒙作用。儿童在早年生活中已经积累了大量有关数学的感性经验，他们所接触到的形形色色的物体在他们幼小的心灵中积累下关于数、量、形、时间、空间等方面的丰富的感性经验。这些均能引起幼儿对数学知识的兴趣和探求，为幼儿学习初步的数学知识提供感性经验和基础。而学前儿童数学兴趣主要表现为对具体的数学活动的兴趣。学前儿童的数学教育就是引导儿童参与到数学的操作活动中，在具体的数学操作活动中体验数学的魅力，让儿童在这种体验中逐渐由对数学活动产生外在兴趣转变成对数学本身产生内在兴趣，包括对数学知识的兴趣和对数学思维活动的兴趣。

学前儿童数学教育的启蒙性特点要求我们遵循“重视个别差异”的原则。幼儿在发展中具有独特的发展步骤、节奏和特点，其性格、态度等方面会存在较大的差异。同样，幼儿数学方面的思维发展水平和发展速度，以及幼儿学习风格和学习品质都存在明显的差异。同样是存在数学学习困难的儿童，他们的困难也常常存在很大差异，有的可能表现在抽象概括能力上，有的可能表现在记忆或执行功能等认知过程上，有的也可能表现在注意力系统上，也有的可能是由于缺乏相应的学习经验。学前儿童数学教育作为一种启蒙的准备性教育，要着眼于儿童个体的特点和内在的品质，为儿童建构符合自身发展需要的个体经验提供有准备的环境。

二、学前儿童数学教育的意义和任务

（一）学前儿童数学教育的意义

1. 有助于儿童更好地生活和认识周围世界

儿童在认识自然界绚丽多彩的事物和现象时，总是要通过对数量关系和空间关系的感知，才能达到对事物和现象的客观而准确的认识。如儿童对小狗外形特征的认识离不开必要的数学知识，他们需要知道小狗有一张嘴巴、两只耳朵、两只眼睛、四条腿，还有一条尾巴。

数学语言的精确性、抽象性和逻辑性使我们可以更加精确地、概括地认识生活中的各种事物和它们之间的关系。在生活中，儿童常常要用数学的语言来判别、表示和索取物体。如“我要一块大的！”“我要两块小的！”当我们问一个还不会计数的 3 岁幼儿：“你家里一共有几个人？”他常常只能一一列举，而不能回答出“一共有 3 个人”。数学不仅能帮助儿童精确地认识事物的数量属性，还能帮助他们从周围世界的具体事物和现象中抽取出各种数量关系和空间关系，获得对事物之间关系的认识，更好地把握和理解周围的世界。

2. 有助于儿童形成对数学的持续的兴趣和探究欲

儿童的好奇心驱动他们观察、摆弄、发现、探索周围世界中的事物和现象，这是幼儿学习获得成功的先决条件。数学反映的是事物之间的关系，它是在对物质世界的研究中发展起来的。儿童对数量关系的认识是以对具体事物的认识为基础的。学前儿童的数学教育就是要通过儿童自身参与的活动和体验，帮助幼儿建构和理解周围世界中的事物和现象之间的关系，从而体验数学的重要和有趣。

早期数学启蒙教育的重要价值之一就是要保护好儿童对数学的喜爱和兴趣，在幼儿亲近生活中的数学、探究生活和世界中的数学关系的过程中积累经验，养成善于思考的习惯，促进幼儿今后持续性的发展。

3. 有助于儿童发展初步的逻辑思维能力和思维品质

数学被称作是思维的体操，给幼儿进行初步的数学教育是发展幼儿思维能力的一种重要途径。初步的逻辑思维能力是指幼儿能够对事物或现象进行分类、比较、匹配、对应、排序、概括和简单推理的能力。而数学学习的过程就包含了这些基本的逻辑活动。幼儿在理解和掌握初浅的数学概念和学习简单的数学运算的过程中，常常需要把感知到的材料经过一番分类、比较、概括等分析与综合、抽象与概括、判断与推理的思维过程，经由感性经验逐步上升到理性的概念，这个过程正是发展儿童逻辑思维的最佳过程。

此外，早期的数学启蒙教育也有助于幼儿形成灵活、敏捷、发散等良好的思维品质。一方面，幼儿园的数学教育活动为幼儿提供了丰富而具体的数学操作材料、生动有趣的数学游戏，有助于幼儿在发现问题、分析问题、解决问题的探索过程中，形成主动、积极的思维习惯。另一方面，在丰富有趣的数学活动中，幼儿与教师和同伴的互动既要表现出一定的思维活动的速度，又要根据具体的情境去调整和改变思维的方向，对同一事物和现象从不同的方面进行观察、比较和分析。例如，在分类活动中，幼儿根据物体的某一特征进行多角度的分类，并基于某些特征进行排序。在模式活动中，幼儿可以采用不同的方式构建模式。这些活动可以很好地提升儿童思维的灵活性和敏捷度，锻炼和发展幼儿思维的发散性和创造性。

4. 有助于为儿童的入学教育打好基础

第一，早期儿童的数学教育可以发展儿童初步的逻辑思维能力和思维品质，让幼儿获得一种数学的思维方式，能够发现生活中的数学，自觉地将生活中和游戏中所遇到的具体问题转化为抽象的数学模式来加以解决。这样良好的思维能力和思维品质是幼儿入学教育的准备性前提和基础。

第二，幼儿的数学操作活动常常有明确的规则、要求和评判标准，且带有较为明确的任务性。幼儿在从事操作活动的过程中逐步形成学习的任务意识和规则意识，能为今后适应小学正规化的学习活动打下基础。

第三，数学是现代科学技术的基础和工具，同时也是一门重要的基础课程。在幼儿入学前进行数学启蒙教育，让幼儿积累关于世界中事物的数量关系和空间关系的感性认识和经验，就是让幼儿在生活的非正式活动中感知数学的科学美、抽象美和创造美，体验数学的精确性、逻辑性、抽象性，以及数学在现实生活中的普遍性和有用性，从而为幼儿以后形成正确的数学观念和数学概念做好准备。大量的相关研究表明，与未受过学前训练的同龄人相比，早期接受过较为系统的数学启蒙教育的儿童在进入小学甚至中学后的数学学业成绩和学习能力更出色。

（二）学前儿童数学教育的任务

1. 保持和增进幼儿对数学的持续的兴趣和探究欲

数学是一门具有抽象性、概括性和逻辑性的学科，数学学习若没有正确的定位和恰切的方法，很可能会让幼儿感到害怕、无力、拒绝，甚至产生“数学焦虑”，进而影响其今后的数学学习。因此，对于学前阶段的数学启蒙教育而言，其首要任务就是培养并增进幼儿对数学的兴趣和主动探究的愿望，激发儿童的好奇心，引导他们更好地步入数学的神秘世界。作为教师，应当更多地考虑如何激发幼儿对数学学习的兴趣和探究欲；如何利用有效的环境和设置恰当的情境、方法调动幼儿的兴趣，以促进幼儿主动思考和解决数学问题。

2. 发展幼儿初步的逻辑思维能力和应用数学的能力

数学知识本身具有逻辑性、抽象性、概括性、应用性，决定了早期的数学学习应以培养儿童初步的逻辑思维能力和应用数学的能力为主要任务。早期数学学习的最终目的不在于掌握多少数学知识和概念，而在于发展逻辑思维能力及思维的准确性、灵活性、敏捷性、发散性等，发展数学过程性能力和元认知能力。数学过程性能力包括问题解决、推理与验证、数学交流、数学表征和数学关联。元认知能力包括元认知知识、元认知调节与监控和元认知体验。① 因此，在学前教育中，发展幼儿初步的逻辑思维能力和应用能力，能够为幼儿未来的学习起到良好的铺垫支撑作用。

3. 为幼儿提供和创设发现与体验数学的环境

在早期数学启蒙教育中，为儿童提供并创设发现与体验数学的环境尤为重要。教师应积极地为儿童创设丰富的环境，提供相应的材料。环境的创设不仅包括活动室、墙面，还包括操场、栏杆、楼梯、橱柜等各种空间设施。例如，贴一些用不同形状拼成的卡通人物、动物、植物；每一个台阶标记一个数字。此外，要为幼儿提供让其动手操作的多种材料。需要注意的是，无论是材料的选择还是制作，都应当体现以游戏为主，而不是机械的操作。应当为幼儿创造一个愉悦的学习环境，让幼儿在游戏中操作、学习，有足够的时间、空间去探索、发现、思考和建构。

4. 促进幼儿对数学经验的积极建构，为入学做准备

在学前阶段的数学启蒙教育中，让幼儿掌握初步的数学知识和概念是十分必要的。儿童早期的数学认知能力结构一般由五个维度组成，计数、计算、测量、空间（几何）、模式。无论是哪一方面的知识或能力培养，对于学前儿童来说，都是粗浅的、基础的、多面的，重在兴趣性、启蒙性、生活性、应用性等方面的培养，旨在让幼儿在生活和游戏中体验数学的重要和有趣，并掌握相应的数学知识和概念，为日后的数学学习奠定良好的基础。

---

① 张亚杰.儿童元认知的发展与培养：聚焦数学[M].北京：科学出版社，2019.

案例研讨

大班数学活动　疯狂动物城①

设计意图

大班数学活动“疯狂动物城”，将现代信息技术和科学（数学）领域相结合，以商店失窃为线索，创设充满思考、悬疑的活动环境，并以孩子们喜欢的动画片为素材，通过音频、视频等方式，助力集体教学更好地达成活动目标。

活动目标

1. 能进行有依据的分析、判断、推理，寻找嫌疑人。

2. 知道生活中遇到困难时，可以通过多种方法解决问题。

3. 感受推理成功的喜悦。

活动重难点

1. 重点：能进行有依据的分析、判断、推理，寻找嫌疑人。

2. 难点：知道生活中遇到困难时，可以通过多种方法解决。

活动准备

1. 经验准备：幼儿有参与侦探游戏的经验。

2. 物质准备：课件、车牌记录单、彩笔。

活动过程

（一）谈话导入

1. 播放课件，并提问。

教师：欢迎小朋友们来到疯狂动物城，这里是朱迪警官的办公室，朱迪警官遇到了一件比较麻烦的案件，想请小朋友们一起帮帮忙，你们愿意吗？

（二）基本过程

1. 接到报案。

教师：刚才电话里报警的人说发生了什么事情？你们还记得吗？谁能来重复一遍？（播放课件“商店失窃”）

2. 案发现场，寻找线索。

（1）播放课件，寻找失窃物品。

教师：你们能根据闪电商店之前的图片，找一找闪电究竟丢了什么吗？（原来闪电商店的爪爪冰棍被偷走了）

教师：究竟是谁偷走了闪电的爪爪冰棍？朱迪警官提议在摆放爪爪冰棍的附近寻找线索，她拿来放大镜，想找到一些蛛丝马迹。不一会儿，一块被货架夹住的红色布料进入所有人的视野。

---

① 该案例由郑州市郑东新区普惠路第二幼儿园邵雪源老师提供。

(2) 播放课件，寻找嫌疑人。

教师：朱迪警官马上要求调取商店监控，发现当晚一共有7个人出现在商店附近，谁当晚穿的衣服和案发现场遗留的布料一样？（依据线索，锁定4位嫌疑人）

3. 播放课件，依据线索，寻找嫌疑人。

教师：似乎线索就这么没有了，但是幸亏我们找到了三位目击者，听一下他们都有什么要说的。

目击者1（豹子警长）的证词：我看见那个拿爪爪冰棍的，开的车车牌上有3、4、7三个数字，其他的记不得了，3个数字的顺序也记不清了。

幼儿操作，还原车牌号。

教师：车牌上有3、4、7三个数字，但豹子警长不记得它们的顺序了。你们能猜测一下，这3个数字可能是怎样的顺序，会有几种排列的方法呢？现在请小朋友拿出车牌记录单进行数字排序，相同的顺序只能算作1种。

小结：3、4、7三个数字一共有347、374、437、473、734、743六种排序方法，看一看这些剩下的嫌疑人，他们的车牌里面有没有你们猜测的？（经过核对车牌，找到哪些人符合嫌疑人的要求）

目击者2的证词：我记得那个小偷的车牌5个数字中间那个是单数。（幼儿观察、比较后又排除掉一个嫌疑人）

目击者3的证词：我那天刚好在商店附近拍流星，但流星没有拍到，却拍到了小偷的影子。（幼儿比较排除，最后找到小偷是尼克）

尼克的自白：因为天气越来越热，想给我的好朋友买爪爪冰棍吃，可是我当时没有钱，一着急就从闪电的商店里拿走了爪爪冰棍。

活动小结

教师：朱迪警官在小朋友的帮助下，依据线索进行判断、推理，最终成功找到了嫌疑人。虽然找到了偷爪爪冰棍的小偷，但是尼克是为了自己的伙伴，偷拿了冰棍，而且他并没有自己吃，你们觉得尼克这样做对不对呢？（幼儿讨论，说对的，讲对的理由，说不对的，讲不对的理由）

总结：这种行为是不对的。虽然不是自己偷吃，但他没经过他人同意就拿走了别人的东西，依然不对。小朋友们有没有办法可以帮助他呢？（没钱又想给好伙伴礼物）

幼儿讨论，教师梳理总结，活动结束。

活动反思

本节教学活动材料准备充足、幼儿参与度高、目标达成较好。

优点：

1. 本节教学活动组织有序，层次清晰，重难点突出，衔接自然。

2. 各环节安排合理，流畅紧凑，利用色彩丰富、内容鲜明的多媒体课件作为课程导入，创设情境。

3. 活动内容尊重幼儿，形式易于为幼儿感知、操作、探索，将信息技术的运用与教学目标和教学内容合理结合，有效融入教学各环节中。

4. 音频清晰，画面干净整洁，能完整、简洁地表达内容，利用信息技术激发幼儿学习兴趣，使幼儿能够调动多种感官参与学习过程。

不足：教师应在幼儿操作环节给幼儿更多的时间去讨论，表达自己的想法。

模块三　学前儿童数学教育的基本理论

情境导入

用四肢走路[①]

一个儿童在地上爬行或用四肢走路时，也许他并没有意识到自己所做的动作。对于完成动作本身而言，这或许并不重要，但对于解决数学问题来说，却有着极为重要的潜在意义。皮亚杰在实验中要求儿童爬行10米远，然后让他口头说明"你刚才是怎样走的?"4岁儿童，还不能意识到怎样用四肢走路，他回答说，用四肢同时走或者先用手然后再用脚(Z型解答)。5岁儿童则回答，先移动一边的手和脚，然后再移动另一边的手和脚(N型解答)。约半数的7—8岁的儿童以及三分之二9—10岁的儿童，能作出正确的回答，即两边手脚交替进行，如左脚右手右脚左手(X型解答)。这个阶段的儿童对个体运动才有清晰的把握和认识。皮亚杰认为，儿童能够思考自己的动作，并一一按照正确的顺序把一个自动的动作系列分解开来，其中包含着某种程度的概念化，标志着可逆性动作的开端。而这种可逆性动作对于数学学习来说是很重要的。

评析：以上理论告诉我们，儿童从会做某件事情到能够理解、意识到或认识到某件事情，中间往往间隔数年。学前儿童数学教育强调儿童操作活动，其原因就在于儿童通过操作具体的实物探索事物之间的各种数量关系或空间关系，并在这种探索中不断将具体的动作内化于头脑，逐步从具体形象思维过渡到抽象逻辑思维，通过自己的活动建构数学知识的意义。儿童发展理论是开展教育活动的重要依据，在教育过程中考虑儿童的发展规律，是一切有效教育活动的前提。

① 林泳海.皮亚杰对于儿童数学学习的基本观点[J].山东教育，2001(12)：4－6.

知识演绎

一、皮亚杰关于儿童数学学习的基本观点

(一) 儿童发展阶段论

皮亚杰认为,所有孩子在获得各项概念(如数的守恒、长度守恒概念)时,都要经过一系列阶段。他把儿童智慧(思维)发展分为四个阶段:感知运动阶段、前运算阶段、具体运算阶段和形式运算阶段。

(1) 感知运动阶段(0—2岁)。感知运动阶段是儿童智力发展的萌芽阶段,在这个阶段,儿童只能依靠感知和动作来适应外界环境。此时儿童还不能对主体与客体作出区分,因为其思维具有"自身中心化"特征。用皮亚杰的话来说,儿童在这个时期只有一种图形的知识,即仅仅是对刺激的认识。比如看到奶瓶,就会作出吸吮的动作。

(2) 前运算阶段(2—7岁)。皮亚杰认为这个阶段儿童发生了"哥白尼式的革命",能够把自己看作由许多永久客体组成的世界中的一个客体,儿童的认知开始出现象征或符号功能(如能凭借语言和各种示意手段来表征事物)。这使表象或思维的出现成为可能。但是在这个阶段儿童还不能形成正确概念,他们的判断还受直觉思维的影响。对此,皮亚杰开展了一项观察儿童是否具有守恒概念的著名实验:他首先用A与B两个完全相同的玻璃杯,在杯中盛入等量的牛奶,并经儿童确认两杯中的牛奶量完全相等。然后当着儿童的面将B杯牛奶倒入广口的C杯中,并让幼儿比较A杯与C杯中牛奶的多少。处于前运算阶段的儿童都相信A杯中盛着较多的牛奶。原因是A杯中牛奶的高度更高,他们只集中注意于牛奶在容器中深度的改变,而忽略了容器广度的改变,因此并未形成牛奶体积守恒的概念。还有一些例子:比如,两根等长的小木棍两端对齐平放时,儿童才认为它们一样长;如果把其中一根朝前移一点,儿童就认为它长一些。再如,将10块积木紧密接排为一短行时,儿童会认为其数量比同块数积木分散排成一长行时少;认为排列紧密的9颗纽扣比排列稀疏的8颗纽扣少。

(3) 具体运算阶段(7—11岁)。这一时期的儿童已经表现出与实物有关的逻辑思维,其标志是思维具有可逆性、守恒性、灵活性和去中心化的特点,儿童已经具备了明确的数目、分类和序列等概念。

(4) 形式运算阶段(11—15岁)。这一时期儿童的思维不再受具体事物的局限,进入形式思维阶段,能够充分理解符号的抽象意义,超越具体现实进行抽象思维。

（二）关于知识与数理逻辑概念的获得

皮亚杰关于儿童认知发展的理论可概括为：儿童是在与周围环境的相互作用过程中，逐步建构关于外部世界的知识，从而使自身的认知结构得到发展。儿童与环境的相互作用涉及两个基本过程："同化"和"顺应"。同化是指把外部要素整合进儿童已有的认知结构中去。顺应是指儿童调节自己内部结构以适应外部环境发生的改变。儿童就是通过同化与顺应达到与周围环境的平衡，顺应是寻求一种新的平衡的过程。儿童认知的发展就是在"平衡—不平衡—平衡"中实现的。

皮亚杰认为，儿童的数学逻辑知识起源于"动作"，包括有意的或无意的，实物的操作或智力性操作等。在他看来，活动不仅是思维的起源，也是构成主客体关系的中介。"为了认识客体，主体一定要作用于客体"，主体只有通过自己的活动而不仅仅是通过知觉来认识世界。他认为，如果儿童要形成5的概念，必须经过对包括数目是5的物体，在颜色、大小、形状、重量、粗细等方面进行分类，以及对物体长短进行序列练习。

皮亚杰强调，除了遗传本能行为外，知识的发生、获得主要来自两类经验，即物理经验和数理逻辑经验。其中，物理经验依赖于主体的个别动作，皮亚杰称为"简单的抽象"，如儿童摸一下石头，知道是硬的。数理逻辑经验的获得则依赖作用于物体的一系列动作以及动作之间的协调，皮亚杰称为"反省抽象"。比如，组成5个橘子中的每一个橘子，都不具有"5"的性质，相反，"5"这一数量属性也不存在于任何一个橘子中，而存在于它们的相互关系中——它们构成了一个数量为"5"的整体。儿童对于这一知识的获得，也不是通过直接的感知，而是通过一系列动作的协调，具体说就是"点"与"数"动作之间的协调。首先，他必须使手点的动作和口数的动作相对应；其次是序的协调，他口中数的数应该是有序的，而点物的动作也应该是连续而有序的，既不能遗漏，也不能重复；最后，他还要将所有的动作合在一起，才能得到物体的总数。

（三）动作操作活动对于数学理解的意义

皮亚杰指出：儿童能够做出数学题，但是不一定理解。而理解是要建立在幼儿通过动作的操作，与材料的互动建构的基础上。

二、列乌申娜的数学教育思想

列乌申娜是苏联著名幼教专家、教授、教育学博士，她的学前儿童数学教育思想反映在《学前儿童初步数概念的形成》一书中。[①]

---

① A. M. 列乌申娜.学前儿童初步数概念的形成[M].曹筱宁，朴永馨，等译.北京：人民教育出版社，1982.

(一) 关于学前儿童数学学习与教学的一般观点

1. 数学基础知识来自现实生活

儿童从婴儿时期就认识到各种物体、声音和运动，并用不同的分析器（视觉的、听觉的等）感知它们，比较它们，从数量上区分它们。儿童很早就开始按大小、颜色、形状、空间位置和其他特征来区分物体。他们模仿成年人，试图大致地测量物体，开始把一个东西放在另一个东西上面，然后用眼睛和通用的标准量度来度量。儿童依靠运动知觉，不但能学会判断不同的大小，而且也能运用相应的词汇正确地反映自己的知觉和表象，如多少、宽窄、高矮、厚薄等。另外，儿童也能把线性变化和总体积变化区分开来。当儿童行走的时候，他实际上已在认识物体之间的空间关系：他时而靠近他感兴趣的东西，时而远离它们。毫不夸张地说，周围的客观现实是儿童基础数概念形成和发展的重要源泉。

2. 感知觉的发展是数学概念形成的基础

感觉过程是幼儿认识事物和现象的质量与数量特征的基础，而幼儿在生活中用眼睛观察物体、用手触摸物体等感知觉活动都涉及对具体物的考察，它与儿童的生活、游戏等密不可分。因此，从儿童很多常见的感知觉活动中可以看出，感知觉过程正是儿童最初数概念形成的基础。例如，在比较各种具体量的多少、比较两个线条的长度或比较正方形和长方形差异等活动中，都需要感知觉作为基础参与其中。在列乌申娜看来，儿童在感知觉活动中进行着形状、大小、数量等的比较，并在比较中把它们与过去的经验进行对比。因此，让儿童积累经验，教会他们使用公认的标准和最合理的做法进行比较是非常重要的。例如，在向儿童介绍四边形和它的基本特征时，在儿童的经验中已经有了正方形和长方形的知识。因而，在转向儿童的经验时，一方面建议儿童从自己所熟悉的图形中找出和说出有相同特征（如四条边、四个顶点和四个角）的图形，并且能把它们列入四边形中，另一方面建议儿童寻找具有四边形形状的物体或物体的组成部分，这一类具体化的工作将加深儿童对四边形的认识。

(二) 重视学前儿童数学教学

心理学研究表明，在教学条件下学前儿童达到了比平常更高的区分颜色、形状、大小等客体特征的水平。儿童在掌握序列中每一个元素大小的相对性时，还顺利地掌握了排序。科斯丘克写道：“教学不仅加速着儿童智力活动从低级向高级结构的过渡，而且还是智力活动结构形成的必要条件。这时新的结构不是简单地从外部引入的，而是按从前学生掌握的社会经验的结构模式在教学过程中培养出来的。在这个过程中外部刺激永远是通过学生的内部积极性起作用的。”因此为了最大限度地促进儿童的智力发展，就要在教学内容上做好选择。什么样的教学内容给予儿童才合适呢？现代心理学研究表明，能够引起儿童智力飞跃发展的重要的知识，一是掌握反映事物和现象之间内在联系和关系的一定的知识体系，二是掌握与此相应活动的一般方式。数学知识结构的特点，是以揭示事物规律性联系的知识为核心，并联合其他零散的知识形成有层次的体系。学前儿童的数学教育，强调数的集合、数概念，强调数学逻辑的训练，强调计数活动，强调时间概念和空间概念等。

（三）探寻有效的教学方法

确定了教学内容，就要寻找更有效的教学方法。这些方法表现在：① 激发儿童认识活动和形成学习动机的方法。根据学前儿童认识活动和形成学习动机的特点，应把调动儿童学习的兴趣放在首要地位。如运用问题情景、小实验等来激发儿童内在的学习积极性。② 组织和实现学习活动的方法。首先是对客体进行组织观察；其次是组织和实现儿童思维活动的方法，如重视模型、图表和表格的运用，儿童借助模型可以直观地认识事物内在的、隐蔽的属性；再次是组织和控制儿童实际活动的方法，这个方法是有利于发展儿童创造性思维的问题教学法；最后是检查自我学习活动效果的方法。

另外，完善教学组织形式也是值得重视的问题。教学游戏和教学练习作为幼儿园教学组织形式，曾经是幼儿园教学工作的主要手段。儿童对作业任务的积极性较低，这显然不符合新时期提出的培养富有创造性的、有个性的儿童的要求，因此完善幼儿园教学的组织形式，把直接教学与游戏教学结合起来就成为值得重视的迫切的现实问题。

三、蒙台梭利的学前教育思想

玛利亚·蒙台梭利（Maria Montessori，1870—1952），意大利杰出的幼儿教育家。蒙台梭利最初致力于智力缺陷儿童的神经和心理教育问题的研究，后来创办了新型幼儿学校——“儿童之家”，开始对正常儿童教育问题进行实验研究。蒙台梭利撰写了许多教育著作，涉及儿童的各个发展阶段，如《童年的秘密》、《有吸引力的心理》（0—3 岁）、《蒙台梭利教学法》、《家庭中的儿童》（3—7 岁）、《高级蒙台梭利教学法》（7—13 岁）以及《教育人类学》等。

（一）幼儿教学原则[①]

1. 自然教育的儿童发展观

受卢梭、裴斯泰洛奇、福禄培尔自然教育观点的影响，蒙台梭利认为儿童从出生就存在一种力量——内在潜力（人类的潜能）。而教育的任务就是使这些内在的潜力外化显现出来，并促进其合乎规律地、自然地、自由地发展。她认为儿童是发展中的、有思想的、积极的个体，在教育过程中应遵循自然发展的原则，教师尽量减少对儿童主动活动的参与和介入，只充当儿童活动的观察者和指导员的角色，让儿童自发地学习和操作，使儿童的各种能力在自我教育中得到发展。

① 玛利娅·蒙台梭利.蒙台梭利早期教育法全书[M].万信琼，译.北京：中国发展出版社，2004.

2. 有规则的游戏

出于生理和心理的需要，儿童热衷于活动（游戏）。蒙台梭利认为，儿童经常自发地进行活动，以此为起点对儿童进行教育十分必要。这里的游戏并不是指无拘无束、闲散、无价值的娱乐，而是在教师的指导下儿童有秩序的、自发的活动，以此达成一定的目标。如为了测验儿童的听觉灵敏度，就需要在安静的环境下进行实验，为此蒙台梭利采取了练习安静的游戏，在游戏过程中教师率先示范，儿童在观察和努力模仿安静的过程中逐渐懂得安静的含义。又如儿童用积木拼图形，他们专心地摆弄各种形状的积木，感知积木的几何形状，把它们拼搭成房子或者是汽车（图 1－1）。

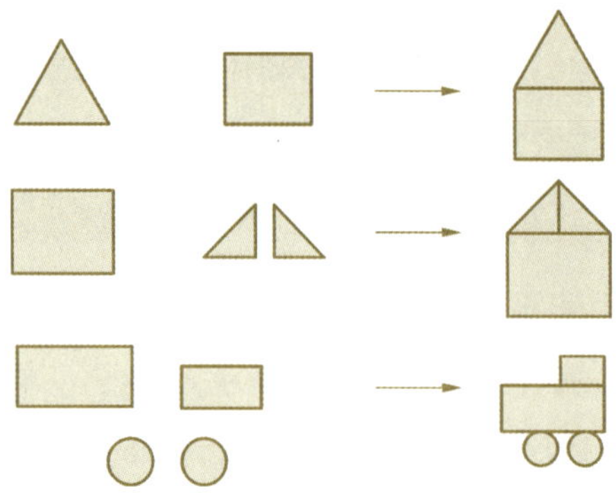

图 1－1　儿童积木拼图

3. 抓住儿童发展的敏感期并施以感觉能力训练①

蒙台梭利认为，学前教育阶段的儿童身体各项机能快速发展，各种感觉能力处于发展的关键期。儿童在这个年龄阶段的任务就是进行感觉活动，充分发展感觉能力，由此对其进行感觉训练，改善、提高感觉能力显得尤为必要。蒙台梭利同时认为，各种感觉能力中尤其是数学逻辑思维能力存在着发展的敏感期，在这个时期儿童更乐于学习数字、几何图形等内容，学习书写时儿童也更容易学会画曲线。如果在此时教师能积极引导，根据儿童的个体差异提供合理的学习材料，儿童的数学逻辑思维能力将会得到很大提升。同时，由于数学知识的抽象性，蒙台梭利认为在数学教育过程中，应遵循儿童形象思维的发展特征，以与日常生活相结合的感官教育为基础，从具体的实物出发，抽象出数的概念，帮助儿童发展数学逻辑思维能力。如用于计算的红蓝色相间的数棒，在学习活动中能让儿童感知数棒与抽象数字的对应关系，当儿童学会将数棒和抽象的数相结合，抽象的数概念被具体化，大脑中就形成了清晰的数的概念。

4. 教具的系统性和自我纠正性②

蒙台梭利教具由她本人精心设计，材料多为生活中常见的木头、砂纸等。蒙台梭利教具具有以下特点：① 可操作性。每件教具制作材料随处可见，贴近实际生活。对未知事物的新鲜感和好奇心使得儿童对教具的操作有浓厚的兴趣，而教具原理简单、容易操作的特性使儿童能完

① 刘文.蒙台梭利幼儿感官教育[M].上海：第二军医大学出版社，2004.

② 林丽，等.蒙台梭利数学教育及教具操作手册[M].济南：山东教育出版社，2007.

成教师交给的游戏任务，长时间保持对学习的热情。② 系统性。蒙台梭利教具是能吸引儿童注意力的实物，且按儿童认知规律设置了不同的刺激等级，这是符合儿童身心发展的。如在视觉训练中，蒙台梭利的三套硬纸片练习提供了一个很好的例子（图 1－2）。

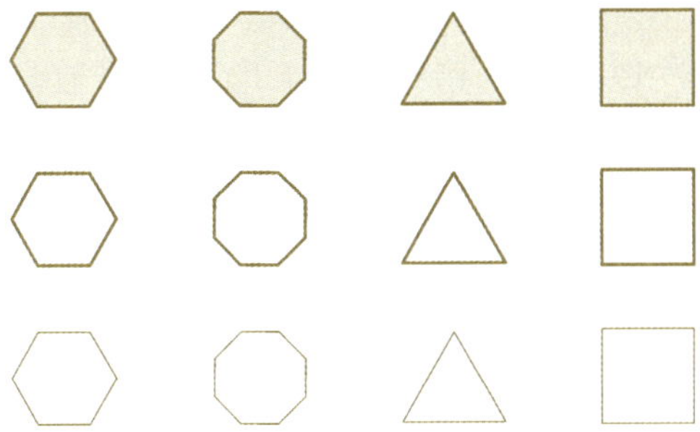

图 1－2　三套硬纸片练习中某些纸片的形状

教师给出硬纸片和木制镶块，让儿童识别硬纸片的图形并相应地在木块中找到相同的形状再覆盖在硬纸片上，第一套硬纸片图形表面涂满蓝色，第二套表面覆以蓝色纸剪出的图形轮廓，第三套表面用黑线画出来。儿童在这个练习中对图形的认识从具体的形状逐渐过渡到抽象的线条。

（二）幼儿数学教育思想

1. 自然教育下的数学学习

蒙台梭利认为儿童是能自主活动、思考的生命体，他们存在“内在潜力”。教育是促进“内在潜力”外显的重要方式。儿童的教育以活动为主，而不是以“填鸭式”的学习方式进行知识的灌输。教育者应在观察、了解儿童的基础上，让儿童通过自由活动促进身心自然地发展。数学学习是数学知识建构的过程，儿童在进行自我操作活动时将新的数学知识内化，与大脑中原有的知识整合，更新原有的数学知识结构，达到数学学习的目的。如教师为儿童提供一套认识几何图形的木制镶块，要求在镶框内放入对应的图形。此过程中“幼童可以认识几何形，而分别其形状大小之差异”[①]。经过多次尝试—失败—自我调整才能成功地把镶块放入正确的框内。在这里教师对儿童进行观察，为儿童提供一种自由的活动氛围，以保证儿童的独立操作。

2. 实物教具对学习数学的必要性

蒙台梭利认为我们的教具应该是儿童的玩具，能吸引儿童的注意力并使儿童对它保持长时间的热情去反复练习和操作，以使儿童大脑中形成正确、清晰的数学知识，积累活动经验。在数学学习方面，为儿童提供一套实物教具，这套教具对处于形象思维发展期的儿童有很大帮助，促使儿童学会简单的数学知识。如她采用数钱币数量的方法帮助儿童学习计数，这种儿童所熟知的计数方式是有效的。儿童会清点钱币数量并将其和数字结合，从而在大

① 葛承训.算学与蒙台梭利方法[J].中华教育界，1933.

脑中形成数的概念。这种实物操作活动以数学具体感知经验的积累为基础，将抽象的数概念具体化，培养儿童初步的数量概念。如用金色串珠计数。用一粒珠子代表数字“1”，10粒珠子穿在一起代表“10”，十串珠子组成一个正方形代表“100”，这个过程让儿童形象地了解这些数字之间的关系，为儿童展现一种生动具体的学习方式。而教具的自我纠正性能够让儿童在自发操作活动中及时发现并纠正错误，提高儿童学习数学的主动性，培养仔细谨慎的数学学习习惯，发展数学思维。

3. 从生活中学习数学

数学是人类解决现实问题的工具，数学知识普遍存在于实际生活中。让儿童从社会日常中感受数学并解决数学问题是提高儿童对数学知识兴趣的重要途径。同时，数学知识也需要通过应用于生活而得到巩固和检验。这里的数学问题是指和儿童年龄相对应的、较简单的问题。蒙台梭利主张通过反复操作教具来认识、熟悉生活中所蕴含的数学知识，了解事物的变化发展规律，这一方法对于儿童极为有效。如在学习数字9的分解时，把9个圆圈投向长颈鹿模型的头上，根据圆圈投掷情况学习9的分解，从挂在鹿头上的圆圈数推测出没有投中鹿头的圆圈数，由此做成一个分解表。儿童在此过程中可能要经过多次反复练习操作才能完成分解表，通过自己动手了解9的所有分解情况，使抽象的数概念具体化、清晰化。又如在学习四边形之前先让儿童仔细观察窗户、书架边缘而后闭上眼睛用手触摸轮廓移动，感受四边形的形状并将其储存在大脑中。儿童在活动中学到了初级的数学知识，这有利于提高儿童学习数学的兴趣，为进一步探索学习生活中的数学知识打下基础。

蒙台梭利的幼儿教育思想深受人们的肯定，其幼儿数学教育的思想是数学教育研究者的一块瑰宝。把蒙台梭利数学教学方法运用于我国教学实践时，应充分考虑我国幼儿教育实际情况和儿童身心发展认知规律。“教学有法，但无定法”，教师应在理解的基础上灵活运用蒙台梭利教学方法，摆脱儿童被动地接受问题和答案的模式，让儿童在活动中积极参与和再创造，倡导自主学习和思考，培养儿童数学感知能力，掌握数学知识。

四、凯米的学前数学教育思想

（一）凯米学前数学教育课程的理论基础

凯米深受皮亚杰认知发展理论的影响，在吸收、发展了皮亚杰的理论基础之上，形成了自己的数学教育课程，并设计出一套以皮亚杰理论为指导的学前教育课程——凯米学前数学教育课程。①

① 黄瑾.学前儿童数学教育[M].2版.上海：华东师范大学出版社，2007.

1. 儿童数概念的获得

凯米吸收和发展了皮亚杰关于儿童知识获得的建构主义思想，认为儿童数学概念的获得是在儿童与环境相互作用的过程中，由儿童自身内部建构出来的。其中儿童自身的反思、加工和建构尤其重要。

2. 数理逻辑知识的本质

皮亚杰理论认为儿童的知识包括物理性知识、数理逻辑知识以及社会性知识。她指出皮亚杰确认了知识的内部来源与外部来源，对于个体而言，物理性知识及社会性知识的来源有部分是外部的，而数理逻辑知识的来源则是内部的，是由个体内部建构的关系所组成的。

3. 数学活动中的表征

凯米指出皮亚杰有关表征的理论与传统经验主义者在数学教育基础上的假设是不同的。传统数学教材中有许多图片，而这些图片的产生是基于如下假设的：儿童数学能力的发展过程是从具体（物体）到半具体（图片），最后到抽象（书面数字）的过程，其中半具体（图片）就是表征。根据皮亚杰理论这些假设是错误的。儿童数学能力的发展不是从具体到半具体再到抽象的。儿童在数学学习过程中不需要任何图片，他们更多的是通过操作物体，在感知的基础上，逐渐将外部动作内化为内部的心理活动，再在头脑中建构物体之间的数量关系。因此，表征与抽象化不同，表征是儿童在头脑内部建构的关于客观事物的形象以及数量关系。

4. 社会交往（互动）对儿童建构数学能力的重要性

凯米等人批驳了那些认为皮亚杰理论忽视儿童发展过程中社会性因素的观点，指出皮亚杰也非常重视社会交往对儿童发展的重要作用，如皮亚杰曾说："与别人交换思想对儿童逻辑的发展，以及科学家建构科学概念而言都是不可或缺的。"因此，凯米的数学教育思想也吸收了皮亚杰的这一观点，充分重视社会交往对儿童数理逻辑知识发展的重要性。

（二）凯米学前数学教育课程的框架

1. 数学教育的目标

凯米制定的早期儿童教育的课程方案以知识建构为核心，将目标定位在促进儿童的一般性发展上，确立了以"自主"（Autonomy）为核心的目标体系。该目标包括认知目标和社会情感目标两个方面。

认知目标包括：让儿童提出种种想法和问题；让儿童把事物放在关系之中进行思考，注意其相似性和差异性。

社会情感目标包括：让儿童与成人保持一种非强制性的关系，逐渐增加自主性，要求儿童尊重他人的情感和权利，并开始与人合作（通过去自我中心和协调不同的观点）；要求儿童养成机敏和好奇的品质，并能主动地满足自己的好奇心，具有相信自己解决问题的能力，能自信地表达自己的思想。

2. 数学教育的课程内容

(1) 生活情境中的数学学习。

凯米指出，日常生活中每日发生的许多事情都会涉及时间、数字等数学概念，教师可以自然地增加与数学有关的讨论，这些讨论一般不用花费太多时间，同时又能使儿童很容易地在日常情境中觉察和认识数学。比如，将书分类、按数量分配物品、分割物体、累计物品等，都会提供进行数学推理的有利机会；另外，处理与金钱有关的事情也可以让儿童从中理解钱币的用途、钱币的价值，以及理解和获得用钱买东西、买多少东西等概念和经验。

(2) 文字运算题。

文字运算题的主要目的是让儿童将真实世界的经验数理逻辑化。凯米指出："正如我们的祖先在真实的日常生活需要的基础上创造出数学一样，今天我们的孩子也应该被鼓励在他们的真实生活中进行各种运算。"

(3) 专门设计的数学游戏活动。

一些儿童在日常生活情境以及文字运算题中没能充分发展自身的数学能力，为此，凯米设计了专门的数学游戏活动，包括逻辑推理、时空推理、小的数字、数值游戏以及各种加减法的游戏，以帮助这些儿童更加充分地发展他们的数学能力。

3. 数学教育的教学原则

凯米基于建构主义立场，提出了与传统的教学原则截然不同的六条教学原则。第一，鼓励儿童将各种事物归类到各种关系之中，并变换创造出各种不同的关系。第二，当数字或数量对儿童而言是有意义时，鼓励他们对具体物的数字或数量加以思考。第三，鼓励儿童将具体物合理地数量化，并比较其形式，而不是鼓励其去计算。第四，鼓励儿童将可移动的具体物加以分组。第五，鼓励儿童与同伴交换想法。第六，预测儿童可能的想法，并根据儿童可能的思考方向加以辅导。

4. 数学教育的教学形式

凯米在《幼儿重新发明算术》(*Young Children Reinvent Arithmetic*)一书中详细介绍了运用日常生活情境和团体游戏作为刺激儿童数思维发展的有效途径和形式。

(1) 日常生活情境。

凯米认为儿童真正的生活情境是他们重新发明算术的背景，日常生活情境中的问题能够自然地刺激儿童的数学思维。在日常生活中可以给儿童提供诸如分点心、数碗筷、上下楼梯、举手表决统计人数等各类蕴含数学问题的真实情境，使儿童始终处在一个自主思考和解决问题的状态中。

(2) 团体游戏。

凯米认为，团体游戏对促进儿童的认知和社会性发展有着独特的作用与价值，它"能为儿童提供一些有趣的和有挑战性的东西，让儿童思考如何游戏；能允许儿童对自己的成功作出判断，并让所有的儿童在游戏中积极参与"。同时，游戏的形式还能够提供日常生活情境中的数学问题，能刺激数思维，但存在不能使儿童得到反复训练和练习的不足。团体游戏一般可以分为八种类型：击中目标游戏、赛跑游戏、追逐游戏、捉迷藏游戏、猜谜语游戏、涉及语言要求的游戏、卡片游戏、棋子游戏。在组织儿童进行团体游戏的过程中，凯米还提出了两条原则：调整，即教师要及时地调整自己，应与儿童的思维方式相符合；弱化成人的权威地位，多鼓励儿童间的合作和交往。

延伸阅读

学前儿童数学与小学数学的不同①

学前儿童的数学教育，具有生活性、操作性、直观性和研究性等特点，与小学数学相比，有以下三点不同：

第一，小学生学习数学是为了掌握知识，并要经过考试的检测；而学前儿童学习数学知识是为了认识数学知识，并不一定要掌握，更多的是要让学前儿童重视学习的过程和积累学习数学的经验。

第二，学前儿童学习的数学知识比较表面和粗浅，但是学前儿童可以在数学操作活动中体验到现实世界经验中的数学理念，比如拓扑理念等。

第三，学前儿童数学教育强调具体的操作活动，强调儿童在具体活动中获得的对数学的认知和建构数学的思想。

《3—6岁儿童学习与发展指南》(以下简称《指南》)指出，学前儿童数学教育要促进学前儿童的数学认知，其目标包括：初步感知生活中数学的有用和有趣；感知和理解数、量及数量关系；感知形状与空间关系。

主题自测

1. 学前儿童数学学习的特点是什么？
2. 结合实际论述学前儿童数学教育的任务。
3. 列乌申娜的学前儿童数学教育思想主要是什么？

① 吴志勤，杨洁.学前儿童数学教育[M].重庆：西南师范大学出版社，2020.

主题二　学前儿童数学教育的组织与实施

主题目标

学前儿童在幼儿园是否能够真正习得数学经验，以及习得数学经验的多少，很大程度上取决于数学教育的组织实施方式。通过本章的学习，学习者应完成以下目标：

1. 掌握学前儿童数学教育活动组织与实施的目标和内容以及途径与方法。
2. 合理设计和组织学前儿童正式数学教育活动。
3. 合理设计和开展数学区域活动。
4. 捕捉教育契机，在生活、运动、游戏等情境中进行数学教育。

内容脉络

- 学前儿童数学教育的组织与实施
  - 学前儿童数学教育的目标与内容
    - 学前儿童数学教育的目标
    - 学前儿童数学教育的内容
  - 学前儿童数学教育的途径与方法
    - 学前儿童数学教育的途径
    - 学前儿童数学教育的方法

模块一　学前儿童数学教育的目标与内容

情境导入

某大班教师在一次活动中，让幼儿用“5元”钱去买两件“商品”。有一个幼儿成功地买来了两件“商品”，其标价分别是“1元”和“4元”。但是，当她按照教师的要求用一道算式记录自己所做的事情时，却写下了“1+4=0”。就连她自己也感到奇怪：明明记下了自己所做的事情用“5元”钱买了“1元”和“4元”的商品后钱全部花完，却得到了一个错误的算式。

点评：学前儿童还处于数学抽象的初级阶段，她理解了具体的数学关系，能够解决具体情境中的问题，却不能将其归纳为一个抽象的数学问题，不能用抽象化的符号来表示具体的事情。严格来说这个儿童不能算是掌握了数学知识。数学具有两种属性：抽象性和应用性，两者并不是对立的、矛盾的。现实生活是数学抽象的来源。儿童学习数学，必须从他们生活中熟悉的具体事物入手，逐步学习数学的抽象过程。仅仅停留于具体问题的解决不能称为数学，而不从具体的事物出发或者脱离具体实践来教授抽象的数字运算，更是违背了数学的本质属性。

知识演绎

一、学前儿童数学教育的目标

教育目标规定了儿童的发展方向和预定的教育结果，即“尽可能使儿童生来具有的某些具有积极价值的潜能得以发展，同时去获得适应社会的知识、能力、品质，消除不适应社会发展的那些特质”。教育目标是对受教育者的质的规格的总体要求，是一切教育工作的出发点和最终归宿。明确学前儿童数学教育目标，是开展儿童数学教育的一个基本前提。

(一) 学前儿童数学教育目标的制定依据

根据教育目标概念的界定,学前儿童数学教育目标体现和规定的是向学前儿童进行数学教育的目的和要求。一般说来,教育目标的确立至少要考虑儿童发展、社会需要和学科特点三方面因素,学前儿童数学教育目标的确立也不例外。

1. 儿童发展

有关儿童发展的科学研究成果,让我们能够预知儿童生长变化的普遍性顺序,选择适配不同阶段的关键经验。因此,研究儿童的发展,把握儿童的发展需要和发展规律,能使教育者获得有关教育目标制定的有用信息。当代学前儿童教育的相关研究已表明,儿童认知能力的发展与其兴趣、情感、态度、个性等方面紧密相连。儿童如果对事物具有浓厚的兴趣,对自己的能力充满了信心,在学习过程中就会积极地进行探索,主动地发现问题,并寻找解决问题的办法。此时,儿童的整个心理状态是积极的、主动的。同样,在这种状态下,他的认知能力、情感、态度和意志力都会得到较好的发展。由此说明,对儿童进行任何一方面的教育,都必须重视从儿童整体发展的观念出发。也正是基于上述这些认识,我们在制定学前儿童数学教育目标时,不仅要从儿童认知发展的特点和规律上来把握,而且要以儿童整体发展为依据,提出既包括认知,也包括情感、态度、个性及社会性发展等方面的综合性、整体性的教育目标。

2. 社会需要

教育总是受制于一定的社会文化历史背景的,任何社会都倾向于将自己的理想角色作为教育所追求的目标,因而教育目标也就会或多或少地打上时代的印记,直接或间接地反映着社会的需求,学前儿童数学教育也不例外。社会的需要、发展现状和趋势以及对人才培养的要求理所当然地会影响到学前儿童数学教育目标的制定。由于不同时代、不同社会对人才培养的要求不同,所提出的教育目标也会有所区别。随着社会、科学、经济发展的日新月异,人们认识到时代的发展对教育提出了更高的要求。因此,在数学教育目标中除了重视儿童智力、思维能力的培养,还应注重培养儿童良好个性等,以使儿童适应未来社会发展的需要。

3. 学科特点

在制定学前儿童数学教育目标时,还要考虑数学学科本身的知识体系、学科结构、学科的教育价值、学科的学习规律。例如,数学知识具有抽象性的特点。这对促进儿童思维能力的发展、良好思维品质的形成有着重要的作用。因此,发展儿童思维能力应成为数学教育的核心目标之一。随着社会的发展,人们对数学这门学科的认识更加全面和深刻,人们普遍认为数学不单是一种知识,也是一种方法和处理问题的过程。学习数学必须包含学会应用数学的观点和方法去发现和解决身边生动的实际问题,而不是把数学作为一种书面知识或是教条。因此,当前学前儿童数学教育目标倡导培养儿童运用数学的意识和能力,使儿童感受到数学在实际生活中的应用,体会数学的重要性。

（二）学前儿童数学教育目标的内容要素

1. 学前儿童数学教育的总目标

学前儿童数学教育总目标在国家有关幼儿教育的纲领性文件中规定了，这是学前儿童数学教育总的指导精神的体现。2001 年 7 月教育部颁发了《幼儿园教育指导纲要（试行）》（以下简称《纲要》），《纲要》将幼儿园教育内容分为健康、语言、社会、科学、艺术 5 个领域，将数学纳入“科学”领域之中。《纲要》中科学领域的总目标是：

（1）对周围的事物、现象感兴趣，有好奇心和求知欲；

（2）能运用各种感官，动手动脑，探究问题；

（3）能用适当的方式表达、交流探索的过程和结果；

（4）能从生活和游戏中感受事物的数量关系并体验到数学的重要和有趣；

（5）爱护动植物，关心周围环境，亲近大自然，珍惜自然资源，有初步的环保意识。

上述总目标中的第四条“能从生活和游戏中感受事物的数量关系并体验到数学的重要和有趣”是数学教育的总目标。依据《纲要》科学领域总目标所蕴含的主要价值取向，从认知、情感与态度以及操作技能三个方面出发，学前儿童数学教育总目标可具体化为以下几个方面。

★认知方面

（1）帮助儿童从生活和游戏中感受事物的数量关系，获得有关物体形状、数量以及空间、时间等方面的感性经验，体验数学的重要性和趣味性。

（2）培养儿童运用数的相关经验解决问题的能力，发展儿童初步的逻辑思维能力以及用适当的方式表达、交流操作和探索的过程及结果的能力。

★情感与态度方面

（1）培养儿童对周围生活中事物的数、形、量、时间与空间等的兴趣，喜欢参与数学活动和游戏，具有好奇心、探究欲。

（2）初步培养儿童形成交流、合作的意识。

★操作技能方面

（1）培养儿童正确使用数学活动材料的技能。

（2）培养儿童养成做事认真、仔细、坚持、克服困难等良好的学习习惯。

从上述对目标内容的分析可以看出，学前儿童数学教育的目标是幼儿全面发展教育目标在数学学科的具体体现。在学前儿童数学教育实践中，应全面贯彻总目标的精神，不可偏废。

2. 学前儿童数学教育的年龄阶段目标

儿童数学教育的年龄段目标是总目标的具体化，反映了对不同年龄段儿童数学能力发展的要求。《指南》科学领域中的数学认知部分对各年龄段儿童提出的发展目标如下所述。

★在 3—4 岁阶段

（1）感知和发现周围物体的形状是多种多样的，对不同的形状感兴趣。

(2) 体验和发现生活中很多地方都用到数。

(3) 能感知和区分物体的大小、多少、高矮、长短等量方面的特点，并能用相应的词表示。

(4) 能通过一一对应的方法比较两组物体的多少。

(5) 能手口一致地点数 5 个以内的物体，并能说出总数。能按数取物。

(6) 能用数词描述事物或动作。如我有 4 本图书。

(7) 能注意物体较明显的形状特征，并能用自己的语言描述。

(8) 能感知物体基本的空间位置与方位，理解上下、前后、里外等方位词。

★在 4—5 岁阶段

(1) 在指导下，感知和体会有些事物可以用形状来描述。

(2) 在指导下，感知和体会有些事物可以用数来描述，对环境中各种数字的含义有进一步探究的兴趣。

(3) 能感知和区分物体的粗细、厚薄、轻重等量方面的特点，并能用相应的词语描述。

(4) 能通过数数比较两组物体的多少。

(5) 能通过实际操作理解数与数之间的关系，如 5 比 4 多 1；2 和 3 合在一起是 5。

(6) 会用数词描述事物的排列顺序和位置。

(7) 能感知物体的形体结构特征，画出或拼搭出该物体的造型。

(8) 能感知和发现常见几何图形的基本特征，并能进行分类。

(9) 能使用上下、前后、里外、中间、旁边等方位词描述物体的位置和运动方向。

★在 5—6 岁阶段

(1) 能发现事物简单的排列规律，并尝试创造新的排列规律。

(2) 能发现生活中许多问题都可以用数学的方法来解决，体验解决问题的乐趣。

(3) 初步理解量的相对性。

(4) 借助实际情境和操作(如合并或拿取)理解“加”和“减”的实际意义。

(5) 能通过实物操作或其他方法进行 10 以内的加减运算。

(6) 能用简单的记录表、统计图等表示简单的数量关系。

(7) 能用常见的几何形体有创意地拼搭和画出物体的造型。

(8) 能按语言指示或根据简单示意图正确取放物品。

(9) 能辨别自己的左右。

二、学前儿童数学教育的内容

(一) 学前儿童数学教育内容的选择依据

1. 符合学前儿童数学教育目标

学前儿童数学教育目标根据《幼儿园工作规程》(以下简称《规程》)、《指南》等文件精神，以促进儿童全面、整体发展及适应未来社会发展需要而提出。《规程》为我们确立学前儿童数学教育目标体系提供了具有方向性和指导性的依据。我们在建构数学教育的目标体系时必须思考：如何使数学教育促进儿童的全面发展——数学教育不仅要重视儿童智力、思维能力的发展，同时还要重视儿童良好个性素质的整体发展，体现教育面向未来的思想。

2. 体现启蒙性

启蒙性一是指儿童对所学的数学知识有所感知和体验即可，不要求对数学的某一内容形成概念。二是指要选择有利于儿童当前学习，又有利于他们入小学后继续学习数学的内容。对学前儿童进行数学教育的目的是培养儿童学习数学的兴趣，让儿童掌握一个了解和认识世界的工具。

3. 体现生活性

生活性是指数学教育的内容应与儿童的实际生活需要紧密联系。现有儿童数学教育的内容包括数、量、形、时间和空间，这些内容都是儿童生活中经常接触到的，是解决生活中的问题所必需的内容。

4. 体现可接受性

可接受性指的是选择数学教育的内容要考虑学前儿童的认知发展水平。过多、过难的内容儿童难以接受和理解，会影响儿童对数学的兴趣，不利于儿童的数学学习和能力的发展。但是，数学教育内容也不能过于浅显，应当既适合儿童的发展水平，又具有一定的难度。

（二）学前儿童数学教育内容的编排要求

1. 遵循儿童数学概念形成和发展的规律

儿童数学概念的形成、发展有一定的规律。例如，儿童对数的理解是先理解基数的含义，再理解数的大小，到 5 岁左右才能理解数的组成。再如，儿童认识空间方位的顺序是先上下，再前后，再到左右，而且判断空间方位是从以自身为中心过渡到以客体为中心。因此，编排数学教育内容时要充分考虑各年龄段儿童的数学概念发展特点及认知水平。

2. 考虑数学知识的系统性

数学是一门知识系统、逻辑严密的学科，因此数学教育的内容编排应体现数学知识的系统性。要考虑内容的前后联系，前面的内容为后面打基础，后面的内容是前面的发展和提高。此外还要考虑各部分内容之间的有机联系。内容编排应由浅入深、逐步扩展、螺旋上升。

（三）学前儿童数学教育的内容

1. 集合与分类

(1) 感知集合及其元素，进行物体的分类。

(2) 以对应的方法比较两个物体数量的相等和不相等。

2. 模式与排序

(1) 发现和识别物体排列的规律。

(2) 运用不同的方式和材料(如图画、实物或动作等)表征有规律的模式。

3. 数概念与运算

(1) 掌握10以内的基数(包括数的实际意义、认数、数的守恒、相邻数和10以内自然数列的等差关系等)和序数。

(2) 学会数数(如唱数、点数、目测数、按群数)。

(3) 理解10以内数字符号的意义。

(4) 掌握10以内数的组合与分解。

(5) 理解10以内数量的变化(相加和减去)。

4. 几何与空间

(1) 认识平面图形:圆形、正方形、三角形、长方形、半圆形、椭圆形、梯形。

(2) 认识立体图形:球体、圆柱体、正方体、长方体。

(3) 掌握图形的组合与分解。

(4) 认识空间方位:上、下;前、后;左、右;里、外;远、近等。

(5) 认识空间运动方向:向前、向后;向左、向右;向上、向下等。

5. 比较与测量

(1) 比较大小、长短、粗细、高矮、厚薄、宽窄、轻重等量的特征。

(2) 理解量的相对性和传递性。

(3) 掌握自然测量。

模块二　学前儿童数学教育的途径与方法

情境导入

小朋友们最喜欢玩印章游戏啦！在这个游戏中，老师准备了画有猫、狗、猴子的图片，三个小动物下面分别画有三个空盘，另外还有小鱼、骨头和桃子的印章。小朋友们拿到印章后，都对应地找到动物们爱吃的食物，并开始盖印章，他们在每个动物的盘子里盖了一个又一个印，直到老师说："小动物只要吃一条鱼、一根骨头、一个桃子"的提示后，才恋恋不舍地对应着印一个章。第二组幼儿操作时，情况也是如此。玩了一会儿玲玲说："我要给小猫吃许多条小鱼，小狗吃许多骨头，小猴吃许多桃子，这样他们才高兴啊。"明明："小猫吃许多条小鱼，小狗吃许多骨头，小猴吃许多桃子，那么他们就吃得一样多，会很高兴。"

点评：幼儿在盖印章的活动中在猫、狗、猴子和小鱼、骨头、桃子之间建立了对应关系。幼儿不仅说出了"1"和"许多"，还能在小动物和食物之间建立对应关系，这说明，幼儿通过操作理解了"1"和"许多"的概念。幼儿提出要分别给3个小动物许多食物，既满足了自己对重复盖印章的需要，获得心理上的满足，又练习了"1"和"许多"的对应关系。这里也体现了教师预设与幼儿兴趣的碰撞，幼儿的经验又得到了提升。教师应为幼儿创造丰富的探索环境，提供多样的操作材料，让幼儿通过操作具体的实物探索事物之间的各种关系，并在这种探索中不断将具体的动作内化于头脑，通过自己的活动建构数学知识的意义，发展逻辑思维。同时，教师在组织数学教育活动的过程中，应根据幼儿的反馈，及时调整活动内容或形式，促进幼儿经验的发展。

知识演绎

一、学前儿童数学教育的途径

学前儿童数学教育的途径是指实施数学教育所采用的活动形式。学前儿童数学教育的途径是多方面的，包括专门的数学教育活动和渗透的数学教育活动。

(一) 集体教学活动

数学集体教学活动是指教师依据数学教育的目标，确定课题内容，提供活动空间和相应材料，有目的、有计划地组织全班儿童参加，引导儿童掌握初步数概念并发展思维的一种专项数学活动。

1. 数学集体教学活动的特点

(1) 教师确定统一的学习内容。数学集体教学活动内容，一般是教师参考各年龄段儿童数学学习的内容与要求，根据本班儿童实际年龄、数学能力实际发展水平而确定。

(2) 教师提供材料，儿童操作。教师根据活动内容，给儿童提供操作材料，教师对儿童的操作给予观察、指导。

(3) 学习过程中教师直接指导较多，时间和空间受限制。数学集体教学活动由教师先设计一个活动方案，包括活动的顺序和步骤、学习时间安排、活动空间的布置和利用。

(4) 集体教学中的同伴互动有利于儿童反省自己的思维过程，丰富自己的数学经验。在集体的共同学习中，儿童之间能彼此影响、相互促进。

2. 数学集体教学活动的要素

数学集体教学活动设计一般包括：活动名称、活动目标、活动准备、活动过程等，有时还包括活动建议和活动延伸等。

(1) 活动名称。

活动名称指开展的数学集体教学活动的名称。如“奇妙的数字”(数字认读)、“超市购物”(学习实物加减)。在现有的活动设计中，活动名称一般有两种取法：一种是按数学活动的要求用数学术语定名称，如“学习 5 的加减”“认识序数”等。另一种是按活动内容或选用的材料，用生活的语言定名称，如“给数字口袋送礼物”，其目标是让儿童学习按数字匹配实物，能不受物体排列形式的影响，正确感知 5 以内的数量。

(2) 活动目标。

活动目标是指数学活动所要达到的具体教育效果。活动目标应包括学习内容的要求及儿童行为的养成要求。活动目标中的学习内容包括：知识概念的学习，认知能力的学习，操作技能的学习,兴趣、态度和行为习惯的学习。

(3) 活动准备。

数学集体教学活动的准备一般包括物质准备和经验准备两个方面。物质准备需要根据不同的活动类型来准备相应的材料,如图卡、各种图形的形状、计数的雪花片以及数学活动中操作的各种工具等。日常生活中的物品也可以利用,比如自然材料(树枝、树叶、石头)或回收材料(纸盒、瓶盖),让儿童在实际操作中学习数学。材料要考虑安全性,要无毒,边缘光滑,大小适中,避免吞咽危险。尽量保证操作材料人手一份,或者一个小组一份。

儿童的经验准备,即儿童对将要进行的学习活动必须先期掌握哪些知识技能,具备哪些能力。教师可采用任务分析的方法,来了解、分析儿童的经验准备情况。一要分析在某一数学活动中,儿童思考、解决问题的步骤和环节有多少。思考、解决问题的步骤和环节越多,则难度越大,对儿童学习的要求也越高。二要分析儿童已具有哪些知识技能,具有哪些能力,还缺少什么。教师应为儿童创设条件,帮助他们解决问题,完成任务,获得学习经验。

(4) 活动过程。

活动过程一般分以下三个部分。

活动开始——介绍活动内容和要求。教师可通过引导儿童观察材料、配合提问、介绍活动内容和要求,引起儿童的兴趣。

活动进行——儿童分组进行不同的操作活动,也可集体进行统一的操作活动。

活动结束——教师可请部分儿童讲述自己活动的过程和结果,并引导儿童进行讨论,对他们的进步给予表扬和鼓励,也可由教师提出问题引导儿童讨论。

教师在组织教学活动的过程中应注意以下几个问题。

① 教师应通过创设问题情境,运用各种方式、方法引起儿童学习的兴趣,促进他们主动、积极地学习。有时教师通过游戏的形式引导儿童学习,如小班数学活动“送图形宝宝回家”(认识圆形、正方形、三角形)。有时教师则通过直接提出问题,激发儿童的好奇心和探索愿望,例如,教师出示 7 顶大小、颜色、式样、适用于不同季节的帽子,并提出问题:“这些帽子都是一样的吗? 它们什么地方不一样?”此时,教师的问题激发了儿童的好奇心,使他们积极地去观察、探寻这些帽子究竟有哪些不同点。

② 在儿童操作的过程中,教师要给他们足够的时间和空间,让其充分地尝试和探索,寻求解决问题的办法,并感受和发现其中的数学关系。在儿童活动的过程中,教师要很好地观察儿童,了解儿童活动的过程和活动特点,必要时应给儿童鼓励和指导。

③ 对于儿童在活动中获得的经验,教师应帮助他们归纳、整理,并可通过提问,组织他们讨论,使儿童获得的零散、点滴的经验得到及时的整理,使其系统化。在这过程中,儿童可以感受和体验其中蕴含的一些数学关系,在此基础上,儿童可形成一些初级的数概念。同时,从另一角度看,对经验的整理过程也是儿童将此时获得的信息同化或顺应到自己已有的认知结构中。例如,儿童学习 5 的组成时,将 5 粒纽扣分成两份,每分一次,记录一次,直至分完所有分法。在儿童操作后,教师请分法不同的儿童将他们的想法讲给大家听,同时将他们的方法记录在黑

板上。在此基础上，教师引导儿童观察、讨论：这几种分法有什么相同的地方？有什么不同？哪种分法好？为什么？

（5）活动延伸。

在数学教育中，前一活动和后一活动之间的联系是十分紧密的，教师注意到这一问题，才能使儿童已获得的数学经验在后面的活动中得到巩固，得到强化，同时在前一活动中所获得的经验，也将成为进行后一个活动的基础和准备。例如，儿童学习了10以内的计数后，教师就可以在日常生活中引导儿童去数一数今天班上有几位小朋友没有来；找一找四条腿的动物有哪些；比一比谁拍的皮球次数多。结合几何图形的学习，可引导儿童找一找什么东西像圆形，什么东西像正方形，等等。此外，数学教育与其他教育活动的关系也是密切的。例如，一些数学内容的学习，将成为儿童科学学习的方法和工具，如分类、测量、统计等。这样可使儿童获得的数学经验能在其他教育活动中得到运用，在同一段时间内，从不同的活动中获得的经验能融合为一体，构成整合的经验。

(6)活动建议。

活动建议部分首先可以介绍本次活动的另一种设计思路或者本次活动中的某个环节还可以用另外一种方式来处理，还可以是介绍本次活动如何在日常生活中延伸，如何在区域中开展和本次活动有关的活动。还可以介绍如何围绕本次活动创设适宜的物质与心理环境，家长对教师的合作与配合，家长对课程实施的参与，如何与其他领域相互渗透等。

（二）区域活动

数学区域活动是指在儿童的活动室或其他活动场所，开辟一个专门的数学学习区域，提供丰富多样的数学材料，儿童在其中可以自由选择内容并进行探索，进行数学学习。

1. 数学区域活动的特点

（1）教师在区域中投放丰富多样的数学材料，儿童自己选择活动内容和材料。

（2）没有具体的活动计划和要求儿童一定要达到的活动目标，但是它服从于学前儿童数学教育的总目标。

（3）教师以间接指导为主。儿童主要在与材料的相互作用中学习，教师观察儿童的活动，必要时提供语言和材料上的帮助。

（4）儿童个人或几人结伴在一起活动，以个别活动和小组活动为主。

2. 数学区域环境的创设

数学区域环境的创设为儿童数学学习提供物质保障。一是数学区域活动的位置应放在相对独立、安静的空间，以保证儿童的数学思考不被打扰。二是数学区域活动以材料为中心，因此提供的材料要符合儿童的兴趣，能够激发儿童的探索欲望，并且应保证在探索中获得相应的数学经验。

在材料提供上应注意以下几点：

第一，针对性。教师在理解数学内容和儿童学习的前提下，明确提供材料的目的，知道该材料的提供可以帮助儿童获取哪些数学经验。

第二，层次性。教师提供的材料应与儿童的数学知识形成的规律相吻合，在同一数学知识的学习上，可以有实物、图片、抽象符号等几种水平。针对儿童数学能力发展的差异性，数学材料也应能满足不同发展水平儿童学习的需要。

第三，完整性。数学区域的学习应涉及幼儿园数学教育的内容，包含分类、数概念、量、空间、时间等多方面。同时，同一内容也应有不同的学习材料。

在材料投放上应注意以下几点：

第一，一次不要投放太多材料。学前儿童的具体形象思维强、有意注意的时间短，如果教师一次性投放太多同类材料，或者同类材料的颜色过于丰富，就容易导致学前儿童的注意力分散，无法进行更深入、持久的探究活动。

第二，减少高结构材料投放的数量。高结构材料是指那些玩法相对固定的材料。这类材料有固定的玩法，结实耐用，有利于培养学前儿童的规则意识、合作和推理能力、坚持性等。然而，这类材料具有一定的学习难度，无法直观形象地激发学前儿童的游戏兴趣。教师对这类材料可采用以下几种应对策略：一是可以适当加入一些竞争的机制，通过激发学前儿童的竞争意识，引起他们使用材料的积极性，从而慢慢培养他们的游戏兴趣。二是分阶段投放。例如，教师一开始不介绍游戏规则，只是直接投放在区域内，让学前儿童在自由、自愿、自主的情况下自由探索材料的属性、组合，或者随意发明材料的使用方法，发挥想象力，愉快探究。在一段时间后，如果多数学前儿童都对材料失去新鲜感，或者在玩的过程中遇到了使用困难，教师就可以介入，正式介绍规则让儿童游戏，或者让儿童说出自己遇到的困难，和他们一起讨论解决办法。在这个过程中，教师潜移默化地提高对材料使用的要求，持续激发儿童的游戏兴趣。三是教师开展班级亲子比赛，让家长参与游戏。四是适当对高结构材料进行处理，提升学前儿童的游戏兴趣。

第三，适当调整成品材料的操作难度。成品益智材料通常有固定的图纸，设有固定的规则，从易到难，为学前儿童提供了操作指引。然而对于一个班级里几十名学习水平参差不齐的学前儿童而言，难易程度的跨越区间仍然过大，因此，教师可以通过观察本班学前儿童在实际操作中遇到的困难，针对具体情况自行对材料的进度进行多层次设计，使大多数学前儿童在面对适度挑战的情况下，能克服困难，持续保持操作的兴趣。

3. 区域活动中的教师指导

教师在儿童数学区域活动中的指导不是可有可无的，而是必需的，但关键是教师应知道何时指导以及如何指导。

第一，何时指导？在发生以下一些情况时，教师应介入指导：在儿童不熟悉材料和不理解操作规则时；儿童操作停滞不前、遇到困难、无法继续下去时；儿童之间发生争执，已经影响到学习过程时；儿童操作结束之后。

第二，如何指导？在儿童不知道该如何操作材料时，教师应做适当讲解，让儿童明白操作材料的玩法；在儿童活动遇到困难时，教师可以以参与者身份介入，通过提问、示范等方式帮助儿童尝试解决问题；在活动结束后，教师应帮助儿童梳理和提炼活动经验，提出一些关键性问题，如在分类操作中提问“这块积木为什么要放在这里”，引导儿童深入思考。

4. 数学集体教学活动与数学区域活动的关系

数学集体教学活动与数学区域活动应当是相互关联而统一的。这种关联与统一体现在：

(1) 内容上的相互贯通和互补。应整体考虑和构架正式与非正式数学教育活动的内容，以实现通过两种不同的数学教育途径共同促进儿童数学认知发展的目的。

(2) 形式上的统一和联系。儿童在正式数学教育活动中获得的相关数概念和知识可以在非正式数学教育活动的操作中加以应用和巩固；在非正式数学教育活动的材料操作中得到的经验和体验也可以在正式数学教育活动的归纳提炼中获得由经验到概念的提升。

(3) 安排上的关联和互补。一方面，正式的数学教育活动与非正式的数学教育活动安排的比例应适当，以涉及的相关数学材料和内容以及儿童的学习兴趣为依据加以适当调整；另一方面，非正式数学教育活动必须与正式的数学教育活动一样，有基本时间和空间保证。

（三）其他活动

1. 游戏活动

游戏中儿童可获得数学知识，并有机会自由地表现自己。因此游戏活动也是对学前儿童进行数学教育的有效途径之一。

(1) 利用玩具和各种材料。

如“连连乐”玩具运用数字和符号进行加法、减法的运算，能开发儿童的思维和理解能力。在课堂、区域等活动中创造机会投入材料，让学前儿童参与操作，让儿童喜欢数学，亲近数学。

(2) 建构游戏中的数学教育。积木是现实生活中各种形体的再现，学前儿童在运用积木搭建各种建筑物和物体的过程中，可以获得并巩固各种数学知识。比如儿童可以按照成人的口头指示将积木按形状、长短、大小分门别类摆放到积木盒或玩具架的具体位置上。在做游戏时，教师还可以引导儿童搭各种建筑物。例如，让儿童搭一个车库，就需要考虑比例、平衡、对称等问题。

(3) 角色游戏中的数学教育。在角色游戏中通过“娃娃家”游戏请客人吃饭，分碗、分汤匙、分蛋糕、分水果等，发展学前儿童一一对应的概念。同时在“娃娃家”游戏中也可以设置很多问题，例如，教师可向客人提问：“这只小猫想出去玩，谁能告诉小猫从哪个门(娃娃家里有两个门)出去比较近？”于是学前儿童尝试运用各种方式进行测量，比如跨步子，使用笔、绳子、吸管等材料，还会借助手掌来估算。他们在解决问题的过程中，逐步掌握了正确的测量方法。

2. 生活活动

幼儿园生活环节包括：① 入园、离园；② 盥洗、喝水；③ 进餐；④ 午睡；⑤ 转换环节；⑥ 其他活动（户外游戏、观察、散步等）。生活情境中蕴含着丰富的数学教育的内容，不同生活环节中教师可开展的数学活动如表 2－1 所示。

表 2－1　不同生活环节可开展的数学活动

环节	创设生活情境	蕴含教育内容
入园、离园	1. 幼儿来园自己放置书包、鞋子、衣服等 2. 晨间活动（如早操、跳绳、拍球等游戏） 3. 来园登记出勤（如穿珠子：一天穿一颗珠子）	1. 对应、方位、分类 2. 对应、数数、序数 3. 对应、数数、时间、加减运算
盥洗、喝水	1. 抱抱团游戏、按不同特征（性别、学号、服装特征）分别盥洗 2. 口杯上贴刻度标志、插卡等 3. 有序喝水、洗手、如厕 4. 正确取放水杯、毛巾（擦手顺序），按需取卫生纸等	1. 分类、数数、统计 2. 对应、比较、容量、时间 3. 方位（前后、高矮）、先后顺序、序数 4. 对应、空间概念、顺序、数数、量的比较（长短）
进餐	1. 餐前点名、数学手指游戏、认知进餐时间等 2. 小小值日生工作 3. 餐后餐具整理，餐前洗手、餐后洗脸	1. 空间概念、方位、数数、加减运算、时间 2. 对应、数数、加减运算、方位 3. 分类、次序
午睡	1. 按正确的顺序穿、脱衣服和鞋子 2. 聆听轻音乐或故事 3. 正确的睡姿	1. 分类、序数、方位、数数 2. 时间 3. 空间方位
转换环节	1. 有序上、下楼梯，课间操，散步等户外运动 2. 观察自然角，为动物喂食、给植物浇水，测量植物的生长速度 3. 劳动（整理玩具、折毛巾、剥橘子、捡垃圾等）	1. 空间概念、方位、序数、对应 2. 自然测量、颜色、大小、形状 3. 方位、数数、形状、顺序、对应

生活中到处都有数学，数学无处不在。家长在日常生活中也要引导幼儿去理解数学、运用数学，将数学与实际生活紧密联系，使其自觉地运用数学概念，用经验解决真实生活中的问题。比如购物时钱币的使用、日常计时工具的理解与运用、分享食物与玩具等，让幼儿感受到教育来源于生活，也要服务于生活。

3. 各领域渗透活动

幼儿园的数学教育活动不是从学科本身的逻辑结构和起点出发的专项活动，而是围绕着幼儿的生活，在整合课程的载体下融入数学教育的内容。因此，渗透性的、整合性的数学活动就自然成为幼儿园数学教育活动的一个重要方面和途径。

案例研讨

小星星(音乐)[①]

活动目标

1. 幼儿学会唱《小星星》,培养对音乐的喜爱。

2. 能够听音乐打节奏、听音乐做肢体动作。

活动过程

1. 教师带领学前儿童听音乐《小星星》。

2. 教师教授《小星星》的旋律和伴奏,让儿童根据音乐的节奏配上动作(拍手或拍腿)。

3. 教师鼓励儿童尝试用两种动作为儿歌伴奏,教师和儿童共做儿歌分解图。

小星星

(* 代表拍手一次,# 代表拍腿一次)

一闪一闪亮晶晶,—

* # * # * # * #

满天都是小星星,—

* # * # * # * #

挂在天空放光明,—

* # * # * # * #

好像许多小眼睛。—

* # * # * # * #

4. 儿童分组练习歌曲。

点评:本活动将音乐和模式相结合,又加入了动作的练习,符合学前儿童的认知发展特点。教师引导学前儿童感知儿歌的节奏,并让他们用动作为儿歌伴奏,在共同制作、观察分解图的过程中,学前儿童能迅速地发现节奏的规律性,将声音的模式与视觉上的模式建立对应关系。教师鼓励学前儿童用动作把分解图中的模式表现出来,能帮助他们更深刻地理解模式的本质特点。本活动的内容简单,富有趣味性,同时能将视觉上、动觉上、听觉上的模式建立联系,促进学前儿童模式能力的发展。此外,乐曲中涉及大量的节奏感强的音乐,教师可以通过音乐节奏的形式引导学前儿童发现各种形式的模式。

4. STEM 活动

STEM 活动是指将科学(Science)、技术(Technology)、工程(Engineering)、数学(Mathematics)四门学科整合开展的教育活动。STEM 教育基于项目的学习,注重团队合作,立足于实际问题解决。对于学前阶段开展的 STEM 教育,不仅需表现出 STEM 教育本身的跨

---

① 莎莉·穆莫,布伦达·耶柔米.数学不仅仅是数数:基于标准的幼儿数学教学活动[M].侯宇岚,陈芳,译.南京:南京师范大学出版社,2013.

学科性、真实情境性、体验性、协作性、设计性等特点，还需呈现出学前教育阶段的启蒙性、经验性等特征。

案例研讨

小溪园林的吊床①

班级接到园长的任务——布置小溪园林。幼儿实地考察小溪园林的地理位置，讨论如何布置。实地考察后，幼儿对小溪园林如何布置进行热烈的讨论。接着全班进行投票统计，吊床的票数最高，因此大家决定投放吊床。

了解吊床的结构并实地考察和测量，完成设计图。那吊床怎么做呢？幼儿展开了讨论。讨论结束后，教师与幼儿一同查阅资料，对吊床的结构有了更进一步的了解。接着幼儿到实地测量和考察后，便开始绘画自己的吊床设计图，并在实际场地进行分享，最终根据大家的讨论和投票选出其中5个吊床设计方案，同时这5个方案也根据实地考察再一次进行优化设计。

分组合作自制吊床并通过体验确定最终的吊床。幼儿在国庆假期自由组织自己的小组成员聚到一起，相互合作，按照分工合力完成了吊床。随后老师与幼儿一起先了解吊床的承重点和固定的技巧，再到小溪园林分别固定吊床，一起体验哪个吊床更适合，大家一致同意采用菲菲的吊床。

发现问题，不断优化改进吊床。在确定用菲菲的吊床后，大家也邀请了老师和更多的小朋友来试试。大家一同协助进行调整，经过现场调整吊床的高度、换别的大树悬挂等不同方法后，最终吊床成功地荡了起来。

展示分享，总结评价。小溪园林的吊床在班级接近一个月的努力下终于成功完成，幼儿通过集体的力量和智慧，在不断产生问题、运用数学解决问题后终于收获成果，幼儿表示很开心，也通过自己的表征表达出自己在获得成果后的感受。

作品展示及点评。

图2-1　吊床1

图2-2　吊床2

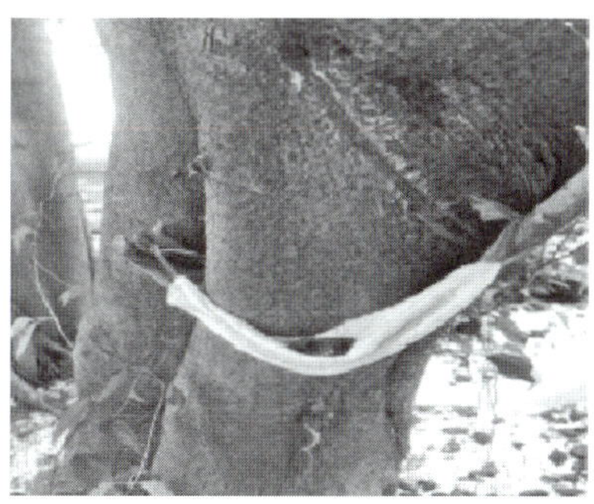

图2-3　吊床3

① 该案例改编自深圳市宝安幼教集团机关幼儿园幸福海岸分园活动。

活动点评：此活动从幼儿身边的场景入手，解决现实生活中的真实问题，活动中运用集体谈话、小组讨论、分组辩论、实地考察、比较等方式，让幼儿自主地参与项目的整个过程。在科学方面，幼儿对吊床材料进行探讨，并在承受力这一科学概念上有所探究；在数学方面，幼儿运用统计的方式确定了主题，测量树的距离和高度，对距离有了感性的认知，并学会了一些简单的测量方法；在技术方面，幼儿要学会如何固定吊床，要学会绑绳、打结、固定等技能。除了以上领域涉猎，该项目活动还培养了幼儿的创造力、自信心和团队合作精神。

二、学前儿童数学教育的方法

学前儿童数学教育的方法，既包括教师或成人教的方法，也包括儿童学的方法。下面基于儿童视角，具体介绍分析常用的几种方法。

（一）操作法

1. 操作法的含义

操作法是指提供给儿童合适的材料、教具、环境，让儿童在自己的实践操作中进行探索，从而获得数学感性经验和逻辑知识的一种方法。

2. 数学操作活动的基本类型

（1）验证性操作活动。验证性操作活动是指教师先讲解、演示、归纳，让儿童通过实物或图片进行操作验证而获得数学知识的一种操作形式。例如，在活动“三角形”中，儿童学习了三角形的特征后，可以给他们提供不同大小、颜色的三角形实物图片，供其摆弄、操作，巩固对三角形特征的理解。

（2）探索性操作活动。探索性操作活动是指围绕某一数学问题，通过对实物或图片的操作、探究，在动手实践的基础上发现有关规律的一种形式。例如，在量的教学中，向儿童提供材质不同、体积形状相同的物体和材质相同、体积形状不同的物体，让儿童掂量、比较。从大量的操作中发现“材质相同，体积越大，物体就越重，反之就越轻；材质不同，虽然体积相同，重量却不相同”这一规律。

（3）创造性操作活动。创造性操作活动是指提供某一材料让儿童自己设计出具有多种选择性的问题，充分地进行想象和多角度思考问题，培养其创造能力的一种操作形式。例如，在排序教学中，给儿童一些不同颜色的几何图形，让儿童根据图形与颜色的特征，设计不同的排序。

3. 运用操作法的注意要点

（1）明确操作目的。教师在运用操作法时可先让儿童在动手操作中通过对材料的使用发现问题，初步体验到某概念的内涵或运算规律，然后让儿童用语言表述动作的结果，最后由教师引导儿童讨论操作结果，帮助儿童概括出数学语言。

(2) 创造操作条件。教师要为儿童的操作活动创设合适的环境，提供必要的条件。首先，要为每个儿童准备一份操作材料，或者发动儿童自己动手准备一些简单的材料。其次，必须为儿童准备合适的场地及提供足够的操作探索时间。最后，要让儿童有同伴之间的交流和讨论机会，这有助于儿童通过思考来获取知识，也有利于儿童养成自学、互学的良好习惯。

(3) 制定操作规则。在运用操作法时，先向儿童说明操作的目的、要求及具体的操作方法。另外，还应注意反映出有关数学概念的属性或运算规律。

(4) 注重个性化指导和评价。要鼓励儿童主动积极地探索和反复尝试，重视他们发现的问题，允许个体差异的存在。根据儿童的不同水平有针对性地予以个别指导，并给予足够的时间。关注儿童所进行的每一个活动、每一个环节，宏观地调整、控制教育过程，切实发挥教师的主导作用与儿童的主体作用。

(5) 体现出年龄差异。不同年龄班运用的操作法是不相同的。如应给小班幼儿提供人手一份的操作材料，并且要求他们自己动手、操作的活动更多一些；而大班幼儿则使用一些书面类的操作材料，增添粘贴、涂色、记录、统计等，也可安排每个小组一份操作材料，以培养他们的协作能力。

(6) 与其他方法有机结合。操作法和其他方法有机结合、相互配合才能显现出其独特的优势，以促进儿童数学思维和数概念的发展。

(二) 游戏法

1. 游戏法的含义

游戏法是根据儿童好动的天性、具体形象的思维特点，将抽象的数学知识寓于儿童感兴趣的游戏中，让儿童在自由自在、无拘无束的各种游戏活动中学习数学的一种方法。它更有利于调动儿童的学习积极性，激发儿童的学习兴趣，体现出儿童学习特点和身心发展的和谐。

2. 游戏法的基本类型

(1) 操作性数学游戏。操作性数学游戏是指儿童遵循一定的游戏规则来操作玩具或实物材料，从而获得初步的数学知识的一种游戏。例如，中班幼儿在学习集合图形时做的“看图拼画”，教师为其提供不同的几何图片，如三角形、正方形、长方形、梯形等，让幼儿学习用多个图形拼出三角形，发现并感受图形之间的组合关系。

(2) 情节性数学游戏。情节性数学游戏具有一定的游戏情节、内容和角色，体现所要学习的数学知识，尤其符合年龄小的儿童的学习方式。例如，小班幼儿在学习“1”和“许多”时参与的活动“小兔子乖乖”，由幼儿扮演小兔子，教师提供许多个胡萝卜，小兔子需要帮妈妈取 1 个胡萝卜和许多个胡萝卜，让幼儿理解“1”和“许多”的关系。

(3) 竞赛性数学游戏。带有竞赛性质的数学游戏更适合于中、大班，不仅能满足儿童的竞争、好胜的心理，而且有助于对知识的巩固和培养发展儿童思维的敏捷性、灵活性。

(4) 运动性数学游戏。是指数概念或知识渗透于体育活动中的游戏。例如，大班儿童学习数的组成，可通过掷飞镖、投沙包等运动性游戏来记录某一总数中不同的投掷结果(如 5 个飞镖，投中了 3 个，未投中 2 个)，再根据对投掷结果的归纳来学习数的组成。

(5) 运用各种感官的数学游戏。这类游戏主要强调通过不同的感官进行数学学习，强调儿童对数、形、量、时空知识的充分感知。例如，儿童在学习认识、区别几何图形时，可以通过触摸、观察来感知和区分图形的不同特征。

(6) 数学智力游戏。数学智力游戏是指引导儿童综合运用数学知识来解决问题，促进儿童专业知识发展和提升儿童智力的游戏，如数独、积木搭建等。

表 2-2 数独表

2		1	6	3	4
	4	6	2	5	
1	2	5		6	3
4		3	5		2
	1	4		2	6
6	3	2	1		5

注：表格中每一横行和每一纵行均由数字 1—6 组成，不能出现重复的数字。

3. 运用游戏法的注意要点

(1) 游戏教学主次分明。游戏教学的目的是提高教学效率，在实际运用中，要把比较枯燥的、抽象的数学知识与儿童喜闻乐见的游戏有机结合起来，既要具备游戏特征，又要激发儿童的学习兴趣，促进儿童对数学知识的吸收、理解和内化。

(2) 联系儿童生活实际。教师应多从生活中“找”数学素材，多让儿童到生活中去“找”数学，“想”数学，真切感受到“生活中处处有数学”。游戏情节的设计必须贴近生活，引起儿童兴趣，如请儿童按所穿鞋的种类(皮鞋、运动鞋、布鞋)排队，按照鞋号大小进行排序、计数的训练。

(3) 符合儿童个体差异。在游戏中进行儿童数学教育的时候，必须符合儿童的个体差异性原则。通过观察发现不同的儿童在学习过程中的不同表现，并针对不同表现施以适当的教育。在活动内容的安排上，要体现出层次性，以满足不同儿童的需要。

(三) 比较法

1. 比较法的含义

比较法是学前儿童数学教育中普遍采用的一种教育方法。比较是思维的一个过程，通过对两个或两个以上物体的比较，让儿童找出它们在数、量、形等方面的相同和不同。

2. 比较法的分类

(1) 按比较的性质来分，可以分为简单的比较和复杂的比较。简单的比较是指仅对两个(组)物体的数或量的比较，复杂的比较是指对两个(组)以上物体的数或量的比较。

(2) 按比较的排列形式来分，可以分为对应比较和非对应比较两种。对应比较是把两个(组)物体一一对应加以比较，包括重叠式、并放式、连线式；非对应比较包括单排比较、双排比较、不同排列形式的比较。

(四) 讨论法

1. 讨论法的含义

讨论法是指引导儿童有目的、探讨性地主动学习数学的一种重要方法。它是一种多边的活动过程，可以是师幼之间的讨论，也可以是幼幼间的讨论。

2. 讨论法的分类

从讨论的时机来分，可以分为有计划的讨论和随机性的讨论。有计划的讨论可以在操作前进行，目的是了解操作内容、操作材料及操作规则；也可以在操作后进行，目的是帮助儿童将他们在操作中获得的感性经验予以整理、归纳。随机性讨论是根据操作的进展随机进行的。如在解决应用题时，有一位小朋友有不同的解题思路，老师便可趁机让他们讨论："你们看，这个小朋友用的方法和你们有什么不同？"

(五) 发现法

1. 发现法的含义

发现法是在教学过程中，教师不直接向儿童讲解数学的初步知识和概念，而是引导儿童依靠已有的数学知识和经验去发现和探索并获得初步数学知识的一种方法。

2. 运用发现法的步骤

一般运用发现法组织教学，可以分为五个阶段。

(1) 准备阶段。正式进入发现过程，首先让儿童明确探索的目标、意义、途径、方法，并做好物质和心理的准备。

(2) 初探阶段。根据教师提出的目标和途径，儿童通过操作或观察，主动概括出原理、概念的定义，探求问题的答案，这是发现过程的主要环节，也是儿童获得知识的基础。

(3) 交流与再探阶段。引导儿童通过讨论，再次操作探讨。

(4) 总结阶段。把探索中获得的知识、结论加以归纳整理，使知识系统化。

(5) 运用阶段。通过口头或书面练习，使儿童初步获得知识迁移的能力。

在使用发现法时，教师应充分相信儿童，放手让儿童去发现、探索、思考，并鼓励儿童克服困难，直到发现解决问题的办法。教师要学会等待、观察，不要急于暗示答案，而应适时、合理地给予启发，对通过探索、发现找到解决问题办法的儿童，应多给予肯定和鼓励。

（六）寻找法

1. 寻找法的含义

寻找法是让儿童从周围生活环境和事物中寻找数、量、形及其关系或在直接感知的基础上按数、形要求寻找相应数量的实物的一种方法。

寻找法的具体形式有以下三种：第一，在自然环境中寻找。如可以运用寻找法让儿童在自然环境中寻找“1”和“许多”。第二，在已准备好的环境中寻找。教师可以事先在活动室布置有关的物体，如找找活动室里有哪些长方体的东西。第三，运用记忆表象来寻找。通过启发儿童在直接感知的基础上运用记忆表象，寻找出相应的物体。

2. 运用寻找法的注意要点

（1）根据具体教学内容和儿童的年龄特点适时适宜地选用，避免追求形式。

（2）寻找法可以和游戏法相结合，特别是对年龄小的儿童，利用游戏的口吻、游戏的情节及游戏的场景启发儿童寻找。

（3）教师对儿童的寻找要进行必要的引导和启发。如小班儿童用寻找法区别“1”和“许多”时，教师可以先提示儿童看一看活动室里有几位老师、几位小朋友，有几扇门、几扇窗等，然后再引导儿童寻找什么是一个、什么是许多个。

［趣味研究］

1. 针对某一主题设计一个幼儿一日生活中的数学活动。

2. 参与幼儿园数学教学活动的组织。

［实践项目］

1. 了解并统计幼儿园各年龄班数学教育活动的目标和内容。

2. 观摩幼儿园各年龄班的数学教育活动，了解教师所使用的方法和途径，并针对所观摩的课堂进行反思，写出评价和改进的方法。

主题自测

1. 举例说明如何将数学教育渗透在日常生活及其他领域的教育活动和游戏中。

2. 简要论述学前儿童数学教育游戏法。

主题三　学前儿童感知集合活动的设计与实施

主题目标

感知集合是学前儿童数学学习的基础。通过本章的学习，学习者应完成以下学习目标：

1. 了解儿童感知集合的概念和关键经验。
2. 掌握如何使儿童感知集合元素的教学方法。
3. 掌握分类的方法和标准。
4. 掌握“1”和“许多”的教学方法。
5. 掌握一一对应比较的教学方法。
6. 掌握儿童模式能力的构成与发展规律。

内容脉络

- 学前儿童感知集合活动的设计与实施
  - 感知集合
    - 集合的概念与关键经验
    - 学前儿童感知集合的发展特点
    - 感知集合活动的设计与实施
  - 分类
    - 分类的概念与关键经验
    - 学前儿童分类的发展特点
    - 分类活动的设计与实施
  - 集合比较
    - 集合比较的概念与关键经验
    - 学前儿童集合比较的发展特点
    - 集合比较活动的设计与实施
  - 模式
    - 模式的概念与关键经验
    - 学前儿童模式的发展特点
    - 模式活动的设计与实施

模块一　感知集合

情境导入

2岁1个月大的伦伦，痴迷于玩各种玩具车，每天乐此不疲地给玩具车排队。他将2辆大小不同、颜色相同的警车排在第一排，将2辆大小不同、颜色相同的救护车排在第二排，将3辆大小不同、颜色不同的搅拌车排在第三排，将3辆大小不同、颜色相同的挖掘机排在第四排。妈妈问他为什么这样排时，他用手指着4排车依次告诉妈妈，“这是警车，这是救护车，这是搅拌车，这是挖掘机”，他依次指着4排车说“它们一样”。

点评：尽管伦伦还不能清楚地说出将每一排车摆在一起的原因，但是他通过生活经验的积累，已经能够按照车型和功能对车进行归类，并说出这类车的名称，即知道某辆车是属于哪一类。当幼儿能将“一样的”东西归为一类的时候，也就形成了集合的概念。

知识演绎

一、集合的概念与关键经验

（一）集合的基本概念

集合是指按照相同的属性组合在一起的事物的全体。生活中常见的苹果、香蕉、橘子、葡萄等属于水果这个集合，筷子、勺子、叉子、碗、盘子、碟子等都属于餐具这个集合。组成集合的每一个对象叫作这个集合的元素，如：水果这个集合的组成元素有苹果、香蕉、橘子、葡萄等，餐具这个集合的组成元素有筷子、勺子、叉子、碗、盘子、碟子等。

对于集合概念的理解，应明确以下三点。

(1) 一个集合的元素必须是确定的，也就是说，给定一个集合，就可以断定任何一个元素是不是这个集合的元素。

(2) 一个集合的元素必须是互异的，相同的事物被归入到一个集合时，只能作为该集合的一个元素。

(3) 一个集合的元素的顺序无论怎样变动，仍表示同一个集合。

(二) 集合的分类、表示方法、关系和运算

1. 集合的分类

根据集合中元素个数的情况，可将集合分为有限集合、无限集合和空集。有限集合指有限个元素组成的集合，如大三班全体小朋友的集合。无限集合指由无限个元素构成的集合，如自然数的集合。空集指集合中一个元素也没有，如空教室里小朋友的集合。

2. 集合的表示方法

集合的表示方法主要有列举法、描述法和文氏图(韦恩图)法。

(1) 列举法。将一个集合的所有元素都一一列举出来，放在{ }里。如以 10 以内偶数为元素的集合 A 表示为：$A=\{2,4,6,8,10\}$。

(2) 描述法。将集合中的元素所满足的条件用文字或者符号描述出来，写在{ }里。如由大于 1 小于 4 的正整数 2、3 组成的集合表示为{大于 1 小于 4 的正整数}。

(3) 文氏图(韦恩图)法。将集合中的元素用一条封闭曲线圈起来，象征性地表示某个集合的方法，如 5 朵向日葵的集合，如图 3-1 所示，它能直观、形象地表示集合中的各元素属于一个整体，也能明确表示集合的界限和几何元素的多少，帮助幼儿感知、理解集合。幼儿园数学教育主要采用这种表示方法，这种方法广泛应用于直观教具和学具中。

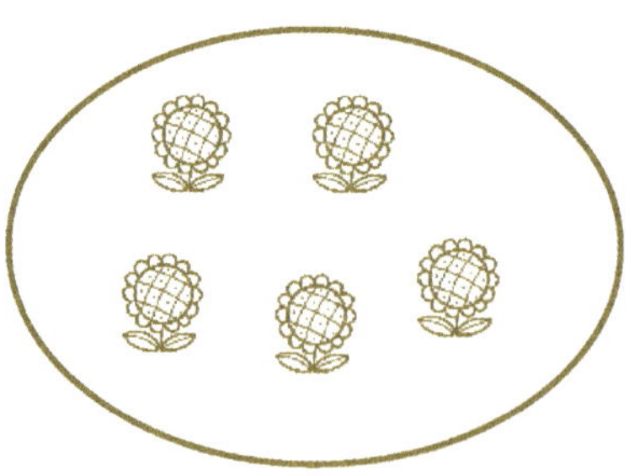

图 3-1 文氏图

3. 集合间的关系和运算

两个集合间存在的关系有包含关系和相等关系。

包含关系是指对于两个集合 A 和 B 来说，如果 A 中的任何一个元素都是 B 中的元素，则集合 A 包含于集合 B，集合 A 是集合 B 的子集，两个集合之间是部分与整体的关系。如玫瑰的集合是花的集合的子集，鸟的集合是动物的集合的子集，等等。

集合间的相等关系是指两个集合的元素完全相同。如 $A=\{2,3\}$，$B=$ {大于 1 小于 4 的正

整数}，则 $A=B$。

集合之间的运算指在两个集合之间进行交集、并集、差集、补集的运算。由同时属于两个集合的元素组成的集合称为两个集合的交集。由所有属于两个集合的元素组成的集合称为两个集合的并集。由全集中所有不属于某一子集的元素组成的集合称为该子集的补集。由属于一个集合而不属于另一个集合的元素组成的集合称为差集。

（三）感知集合的主要内容

在学前阶段，感知集合是指儿童在未学习和使用集合术语的前提下，感知集合及其元素。具体包含以下四个关键经验。

1. 感知集合及其元素

儿童感知集合及其元素，即儿童知道生活中常见的苹果、香蕉、橘子、葡萄等属于水果这个集合，而筷子、勺子、叉子、碗、盘子、碟子等属于餐具这个集合。在此基础上，能理解水果这个集合的组成元素有苹果、香蕉、橘子、葡萄等，餐具这个集合的组成元素有筷子、勺子、叉子、碗、盘子、碟子等，是这些元素合在一起构成了这个集合。

2. 区别“1”和“许多”

区别“1”和“许多”是小班初期儿童学习的关键概念。在这里，“1”表示集合元素的数量。“许多”不是一个确切的数量，而是有许多个物体（元素）构成的集合。

很小的幼儿就对物体数量的多少有初步的感知，他们通常更喜欢数量多的物体，比如1颗大的糖果和3颗小的糖果，幼儿更想要3颗小糖果，因为这样拿到的“更多”，他们并没有意识到构成两个集合的元素。3岁幼儿对集合中元素的感知也是泛化的，所以学习“1”和“许多”这一关键概念时，重点在于引导幼儿感知集合及其元素，使幼儿感知元素的分化过程。当幼儿通过操作把一个一个的物体放在一起变成“许多”的时候，他们在这个过程中真切感受到了“许多”这个集合中的每一个元素。

3. 两个集合元素的一一对应比较

年幼儿童可以凭直觉知道两组糖果中哪组“更多”，但他们还不能对两个集合的数量进行确切的比较，也就是说他们并没有通过一一对应的方法逐一比较两个集合中的每个元素，进而确定两组物体的数量的多少关系。比如，一个集合是5只虫子，另一个集合是3只小鸟，每1只小鸟吃1只虫子，最后剩下2只虫子，那么就可以知道虫子数量比小鸟多。幼儿通过确切感知集合中的元素并通过一一对应的方法比较集合元素数量的能力，是幼儿笼统感知集合数量和通过计数获得集合数量这两个水平之间的过渡环节。

4. 感知集合间的关系与简单运算

学前阶段幼儿的学习主要涉及对两个集合间的包含关系和相等关系的理解，以及集合之间简单的运算。

理解集合之间的包含关系有助于幼儿理解类包含的概念。理解集合间的相等关系，是指幼儿能够知道，如图 3－2、3－3 所示的两个元素完全相同的集合，是同一个集合。

图 3－2　集合图 1

图 3－3　集合图 2

集合间的简单运算，主要指幼儿能够找出两个集合的相同元素（交集），知道两个集合合并起来包括哪些元素（并集），可以找出集合 A 中不属于集合 B 的元素（差集），在一个整体中能够找出除某一部分元素之外的其他元素（补集）。对集合进行简单的运算，是幼儿为掌握数的组成及加减运算而做的经验准备。

二、学前儿童感知集合的发展特点

儿童数概念发生于对集合的笼统感知，这种笼统感知是如何逐渐清晰起来的？如何逐步过渡到学习计数？又如何发展到为数的组成、加减运算做好感性经验准备？

（一）笼统泛化的直知觉阶段（2—3 岁左右）

有研究观察婴儿对出示物体注视时间的变化，12—18 个月婴儿就能知道两个小的集合（元素数量小于 4）中哪一个集合多（Cooper，1984）。很多 2 岁半之前的幼儿都倾向于大数量的集合，比如要更多的（Sophian & Adam，1987；林嘉绥，1994）。这一阶段的幼儿已经能辨别它们是多还是少。但是，此时幼儿不能一个一个地感知集合中的元素，并准确说出一组物体的数量，他们还没有意识到集合的范围和界限。如 2 岁半的幼儿在玩一组物体时，成人在他们不注意的情况下拿走一两件物体，幼儿往往是没有知觉的。我国寇崇玲的实验表明，对于 5 个物体的集合中两个元素的消失，仅有 23.9％的 2—3 岁儿童能注意到，而 63％的 3 至 3 岁半的儿童能够注意到。[①] 这说明 3 岁以前儿童对物体群不是当作一种结构完整的有限的统一体去感知的，原因在于他们还不能精确感知物体数量方面的信息。

（二）感知集合界限和元素阶段（3—4 岁）

这个年龄段的幼儿逐渐能够在集合的界限以内感知集合，并逐渐能够准确地做到一一对应。

① 金浩.学前儿童数学教育概论[M].上海：华东师范大学出版社，2000：148.

感知集合的前段，幼儿在做重叠匹配集合中的元素任务时能不超出集合的界线。但此阶段，幼儿的注意力往往集中在集合的界限上，比如让幼儿数一数包含 5 个扣子的集合的总数是多少，幼儿经常会数第一个和最后一个，没有注意到集合中的所有元素。幼儿在取放物体时，也常常是左边的东西用左手，右边的东西用右手，然后逐渐向中间的元素过渡。

4 岁幼儿已经能够在摆放物品时做到准确地一一对应。有实验证明，3 岁半时能完成一个杯子配一个杯盖任务的儿童占 50%，4 岁儿童完成该任务的比例就高达 84%，能力显著提高。可以认为，3 岁半至 4 岁是对应能力迅速发展的阶段。幼儿 3 岁以后就可以在不计数的情况下，用对应比较的方法，来确定两个物体组之间的等量或不等量。

此外，这一阶段的幼儿开始具有简单的分类能力。类是逻辑学上的一个概念，从数学上讲类就是集合。幼儿能感知集合的界限及元素，也就是能辨认物体（元素）并将它们归类（形成集合）。3 岁以后，幼儿能进行简单分类，按物体外部特征分类（形成集合），如从大小、形状相同，颜色不同的花朵卡片中，取出红色花朵的卡片放在一起等。但该年龄阶段幼儿不能理解集合（类）的包含关系。因为类概念的获得，需要儿童具有一定的抽象概括能力，不是单纯的直觉经验。

（三）准确地感知集合及元素，并能初步理解集和子集的包含关系（4—5 岁）

在直观条件下，幼儿能对集合（类）和子集（子类）作比较，初步理解他们的包含关系。我国有研究者对 4—6 岁儿童理解类包含关系能力做过实验比较。如并排放着 3 只小猪，都背着救生圈，其中两只小猪穿红裤衩，问："背救生圈的小猪多，还是穿红裤衩的小猪多？"要求幼儿回答并说明理由。结果 4 岁的幼儿能正确回答的只占总人数的 5%，而 5 岁幼儿可达 45%。这说明 4—5 岁幼儿对包含关系的理解能力发展较快，但能完成任务儿童的比例不高，该年龄幼儿对类包含关系只处于初步理解的阶级。

（四）对集合的理解进一步提高和扩展（5—6 岁）

此阶段，幼儿一般能按两种特征将集合分成子集。如从一组不同颜色、不同大小和形状的几何图片中把红的图片拿出来，或者把大的、圆形的图片拿出来等。

此外，能较好地理解集合和子集的包含关系。上述 4—6 岁儿童理解类包含关系能力的实验还表示，6 岁幼儿理解包含关系的人数占比已经上升到 65%，此阶段的幼儿可以理解并可按高一级的类概念要求进行分类。如按蔬菜、水果、树等一级类概念分类。同时，对集和子集关系的理解，也表现为大班幼儿可以懂得数的组成和加减运算中数群和子群的关系，做到在理解基础上掌握数的组成和加减运算。

三、感知集合活动的设计与实施

(一) 教学活动

1. 教学要求

(1) 小班。根据范例和口头指示从一堆物体中分出一组物体;体验"1"和"许多"及其关系。

(2) 中班。能从一堆物品中把不属于这一集合的元素找出来。

2. 设计要点

我们强调幼儿感知集合的教育,强调在幼儿数学教育中渗透集合的思想,目的在于为幼儿正式学习计数和掌握初步数概念等做好准备,打好经验基础,而非要求幼儿去掌握关于集合的名词和术语。

(1) 在多种情境中让幼儿感知集合及其元素。

学前儿童还处于直观形象思维阶段,往往无法理解抽象的数学逻辑关系。他们常常会用动作表演情境的形式来演示这些数学关系,帮助自己解决数学问题。对小班的儿童来说,感知集合及集合元素充满挑战,因此,在促进幼儿集合感知发展时,不妨将抽象的数学关系情景化。比如请幼儿找出一堆糖果中的硬糖和软糖,将硬糖和软糖分为两组,或者将包装纸颜色一样的糖果归拢在一起;比如请幼儿对不同的食物进行归类,黄瓜、番茄、西蓝花、西葫芦、白萝卜、上海青、土豆属于蔬菜,鸡蛋、鸭蛋、鹌鹑蛋属于蛋,鱼肉、猪肉、牛肉属于肉类等。

(2) 强调多种形式的体验或操作,理解巩固集合概念。

幼儿学习数学的形式是多种多样的,比如操作、游戏、亲身体验、讨论等,多种形式的操作和体验对幼儿的数学学习都是非常重要的。儿童在通过操作与客体互动的过程中,能够加深其对数学概念的理解,以及逐步建立逻辑数理经验。比如运动会时,如果班内幼儿根据性别分为男女两队,两队的人数不同,此时,幼儿通过一个一个排队,最终站成人数相等的两队,并穿上红色、蓝色队服加以区分。那么幼儿就能够理解,形成集合的元素是符合一定的规则或条件的事物的全体,规则或条件改变,形成的集合就会改变。

3. 教学活动举例

案例研讨

小班数学活动　水果有几个("1"和"许多")①

活动目标

1. 认识"1"和"许多",知道"许多"可以分成1个1个……1个1个……合起来是许多。

2. 能用"我摘了1个××,我放了1个××"说一说自己摘水果、送水果的过程。

---

① 赵寄石,唐淑.幼儿园渗透式领域课程·科学艺术·小班(上)[M].3版.南京:南京师范大学出版社,2017:32.

3. 能听懂活动规则，并学习按规则操作材料。

活动准备

1. 环境准备：教室中布置一棵苹果树、一棵橘树、一棵梨树。

2. 材料准备：玩具苹果、橘子、梨子若干，大篓子三个，实物橘子一个。

3. 经验准备：幼儿有将物品分类摆放的经验，认识苹果、橘子、梨子等常见水果。

活动过程

1. 树上水果多多——激发对摘水果活动的兴趣。

教师：你最爱吃什么水果？为什么要多吃水果呢？和小朋友说一说吧！（鼓励幼儿自由地说一说自己喜爱的水果，并在和同伴的交流中再次了解“多吃水果身体好”）

教师出示3棵水果树：你认识这些水果吗？大家一起来摘水果吧！（引导幼儿观察水果树，说出3种水果的名称：苹果、橘子、梨子）

2. 大家一起摘水果——感知许多可以分成1个1个……

教师指苹果树：这棵树上有多少苹果？（鼓励幼儿根据已有的生活经验说出水果的数量，如“树上有许多苹果”）

教师：你想吃苹果吗？去把它摘下来吧。（幼儿自主摘取苹果，每次摘一个，教师鼓励幼儿边摘边说：“我摘了一个××”，按规则活动）

教师再次引导幼儿观察苹果树：树上许多的苹果去哪了呢？我们举起手来让大家瞧一瞧。

幼儿举起手中的苹果和教师一起点数，感知许多可以分成1个1个……（根据时间，教师还可以让幼儿摘橘树或梨树上的果子）

3. 水果、水果放进来——感知1个1个……合起来是许多。

教师出示3个空篓子：刚摘下的水果要洗一洗才更卫生，大家一起把水果放进这些篓子里吧！可以怎么放呢？（鼓励幼儿迁移原有的分类经验，将水果分类摆放进篓子里并说一说：“我放了一个××”）

教师：篓子里有多少水果呢？这些水果是从哪来的？（引导幼儿说说自己的理解，如：“我放了1个××，他放了1个××……”感知1个1个……合起来是许多）

4. 我们一起吃橘子——丰富对1和许多的经验。

教师出示一个剥开的橘子：大家一起来品尝好吃的橘子吧！瞧，我这里有几个橘子？里面有几瓣橘子肉呢？（引导幼儿观察橘子，用1和许多说说橘子和橘瓣的数量，并拿取一瓣橘子肉愉快品尝）

教师：刚刚许多的橘子肉去哪了呢？（观察幼儿的表达方式，鼓励幼儿用各种方式表现自己吃下了一瓣橘子肉，如摸摸自己的肚子、指指自己的嘴巴等，并用语言说一说：“我吃了一瓣橘子肉”）

活动建议

★环节2中，教师可以给幼儿提供一些教室里常见的物品用于摘取水果，如娃娃家中的小衣叉、小凳子等，鼓励幼儿在游戏的情境中尝试解决一些简单的问题。环节3中，教师可以在篓子上粘贴水果标记，让幼儿在送水果的过程中巩固将物品归类的能力。

（二）区域活动

当幼儿初步学会区分“1”和“许多”，并了解“1”和“许多”的关系后，还需进行练习巩固。可以通过各种形式让幼儿寻找1个物体和许多个物体：如在桌子上放着一个水壶和许多只碗；在玩具架上放着一个娃娃和许多小动物玩具；在图片上画着一棵树，树上有许多只小鸟。这种形式对比鲜明，“1”个和“许多”个物体被突出来，幼儿比较容易寻找。

（三）其他活动

1. 感知集合游戏

游戏是幼儿园教育的主要形式。在各种各样的游戏中存在大量的学习数学的机会。比如拔河比赛游戏中随机站在绳子两端的人形成了两个队伍，或者按照幼儿学号是单数还是双数把幼儿分为两队。下面的游戏活动“小白兔拔萝卜”，就是“1”和“许多”的游戏，有利于幼儿感知集合和集合中的元素。

案例研讨

游戏活动　小白兔拔萝卜①

目的：通过游戏认识1和许多。

准备：玩具萝卜（与幼儿人数相等），篮子一个。在地上画一个大圈，附近再画一个小圈作为小白兔的家。离小圈两米远画一横线假设为山，萝卜放在山上。

玩法：幼儿扮演小兔子，找出一名衣着鲜艳的“小兔”站在小圈里，其他“小兔”站在大圈里。老师启发幼儿认数：小圈里有几只“小兔”？大圈里有多少只“小兔”？老师最后告诉幼儿：小圈里有1只“小兔”，大圈里有许多只“小兔”。然后“小兔”到山上拔萝卜，每只“小兔”拔1个。由老师发信号，“小兔”从家里蹦出来，到山上拔萝卜，边蹦边念儿歌：“小白兔，乐呵呵，到山上，拔萝卜，一只小兔拔一个，放在一起是许多。”每只“小兔”到横线前拔一个萝卜。老师问：“你们手中有几个萝卜？”幼儿回答后，老师让“小兔”将萝卜一个一个放在篮子里，然后问：“一个一个的萝卜放在一起是多少个萝卜？”总结，一个一个萝卜放在一起就是“许多”个萝卜。幼儿边跳边念儿歌下山。

2. 生活活动

生活活动指将集合的相关概念穿插在一日生活的各个环节中。比如，入园环节，幼儿园门口的晨检老师会与幼儿简短交流，问幼儿是小班、中班、大班中的哪个班，或者是哪位老师班里的小朋友；餐点环节，引导幼儿关注吃饭用到的勺子、叉子、碗、筷子、盘子等都属于餐具，幼儿

① 赵振国.学前儿童数学教育与活动设计[M].北京：北京大学出版社，2016：125.

餐点的食物包括水果、肉、米饭、面条、蛋、点心、牛奶等，餐桌、餐椅等也是与就餐相关的事物，还可以请幼儿帮忙分发不同类别的餐具和各种食物。

3. 各领域渗透活动

科学领域在观察植物的相关活动中，请幼儿说出幼儿园有哪些树木，不同树木的相同和不同的特征分别有哪些。引导幼儿按多种类别对树进行分类，比如高的树和矮的树，粗的树和细的树，乔木和灌木，教室前面的树和教室后面的树；不同树木的树叶可以按照不同的特点进行分类，如圆叶和长叶，红叶、绿叶和颜色渐变的树叶。美工活动中，按照图画的颜色、花纹、画画的类别（水粉、水彩、油画、立体画），将幼儿的画作分门别类展示。运动中，引导幼儿关注幼儿园常用的运动器材都有哪些，比如呼啦圈、皮球、跳绳、高跷、泡沫垫、同心鞋、平衡木、拱形门、淘气堡、滑梯、攀岩墙等，这些器材在大小、功能方面有什么异同，分别与哪些运动相关。

4. STEM 活动

在种植、木工、泥工、陶艺、缝纫、烹饪、3D 打印、编程等多种 STEM 活动中，都自然地渗透着数学的学习内容和数理思维。幼儿了解不同事物的特征、功能，将事物按照一定的规则或者标准分类进而形成不同的集合，是顺利开展 STEM 活动的重要基础和前提条件，同时也是幼儿在探索中获得的重要经验。科学种植活动中对不同种子的分类以及不同植物生长规律的记录，是幼儿感知生命科学的重要经验。

案例研讨

STEM 活动　种子分类和种植[①]

一、活动材料

1. 不同植物的种子，例如玉米、南瓜、豆子、向日葵。
2. 分类托盘。
3. 透明塑料容器，容器中装入适量泥土。
4. 每个孩子的姓名标签。
5. 贴在容器各面的种子标签。
6. 吸管。
7. 马克笔。

二、区角简述

该 STEM 区角活动的目的是帮助儿童知道不同种子所对应长成的植物。在种植之前，区角里有不同的种子供儿童进行观察和分类。玉米、南瓜、豆子和向日葵的种子对于儿童足够大，易于操作，避免了因种子太小难以操作所带来的挫败感。儿童把种子分类放进分类托盘，

---

① 莎莉·穆莫.早期 STEM 教学——科学、技术、工程与数学的整合活动[M].李正清，译.南京：南京师范大学出版社，2017：41.

推测每一类种子会长成什么样的植物。

在该活动的第二阶段，儿童可以帮助教师种植种子。在种植之前，可以提一个有趣的问题：看起来相似的种子长成的植物也会相似吗？种子应该种在紧贴透明容器内壁的地方，容器的每一面种一种种子，这样便于儿童观察植物的根，并对种下的种子有清晰的认识与管理。在容器的每一面用胶带粘上相应的种子作为标记。每名儿童种下一粒种子之后，在容器外壁、种子前面对应的位置贴上儿童的姓名标签。当种子开始发芽，可以在每株植物后插入一根吸管。儿童可以每天照看完自己负责的植物后，在吸管上做标记以测量植物的生长。如果需要的话，还可以加长吸管（拓展吸管可以测量的范围，把新的吸管的底部削尖插入原来吸管做标记的地方）。

模块二　分类

情境导入

分串珠的活动持续一段时间后，老师给一组5岁大的孩子提出了新的挑战，让他们使用新方法对这些有多种颜色和形状的串珠进行分类，但只能分成两类。

孩子们花了很长时间进行探索和讨论。凯尔、耶西和阿利克斯把这些串珠分成了两类，一类看上去是真实的东西（如蝴蝶、心、鱼），另一类是形状（如长方形、正方形、圆形）。在这个过程中发生了激烈的讨论，星星应该属于哪个集合——阿利克斯认为星星是真实存在的，但凯尔坚持认为它只是一个形状，因为真正的星星在天空中，没有什么东西看起来像它。[①]

评析：这里老师提出了一个真实的、开放的问题，幼儿可以有多个解决问题的方法，比如根据物体的颜色来分，根据物体的形状来分，根据物体的用途来分等。幼儿提出问题，对物体及其属性进行命名等能力与幼儿集合的数学思维的发展是同步的。教师应在集体活动、区域活动、游戏、运动和一日生活等多种情境下，引导幼儿感知和辨认各种材料的名称、特征和差异，启发幼儿探索如何分类，按照什么标准分，以及为什么这样分，引导幼儿讨论分类的结果，并对不同年龄幼儿提出不同的分类干扰条件，以逐步提高分类难度。

① 美国埃里克森儿童发展研究生院早期数学教育项目.幼儿数学核心概念：教什么？怎么教？[M].张银娜，侯宇岚，田方，译.南京：南京师范大学出版社，2015：26.

知识演绎

一、分类的概念与关键经验

（一）分类的概念

分类是幼儿数学学习中的一个关键概念，是指把相同的或具有某一共同特征（属性）的东西归并在一起。首先，儿童在分类活动中区分和归并物体的过程，能促进幼儿对集合及集合元素的感知。其次，分类是计数的必要前提。因为要确定某物体组的数量，先要将一类物体与其他物体区别开，才能进行计数。再次，分类也是幼儿形成数概念的基础。最后，分类还能促进幼儿分析、综合等思维能力的发展。儿童进行分类时，首先要按照一定要求，对物体逐一进行辨认，这一辨认的过程就是对物体的分析过程。在此基础上，将同属一类的物体或具有共同特征的物体归并在一起，这就是综合。分析和综合是思维的基本过程，所以分类能促进幼儿思维能力的发展。

分类是幼儿感知集合教育的重要内容，既是小班幼儿学数以前的教学内容之一，也是中、大班幼儿学数以后的教学内容。

（二）幼儿的几种分类

1. 按对象分类

（1）按物体的名称分类。即把相同名称的物体放在一起。例如从一堆玩具中把皮球都拿出来放在小筐里。

（2）按物体的外部特征分类。即按物体的颜色、形状分类。如将一盒装有各种颜色的木珠，按颜色分别放在不同的小盘（盒）里；将一盒不同形状的积木，按形状分成几堆等。

（3）按物体量的差异分类。即按物体大小、长短、粗细、厚薄、宽窄、轻重等量的差异分类。如将木棍或塑料棒按长短分别归类，把重的球（玻璃球）和轻的球（乒乓球）分别放到小盒里等。

（4）按物体的用途分类。如将积木、玩具动物和塑料小玩具归成一类（玩具），将铅笔、橡皮、尺归为一类（学习用品）。

（5）按物体间的联系分类。如将手和手套、脚和鞋、乒乓球拍和乒乓球、在动物园里的和从商店里买的等归并在一起。

（6）按物体材料的性质分类。如按不同质地的布料（麻布、棉布、绸布等）和材料（木、塑、铁、纸等）将物体分类。

（7）按数量分类。如有若干画有1—5个物体的卡片，按卡片上物体的数量进行分类。

2. 按包含关系分类

（1）具体概念的分类。即对同类同名称物体分类。如从画有不同水果的卡片中将香蕉、苹果、葡萄、梨等卡片分别归类。

（2）一级类概念分类。如从一堆画有各种水果、车辆、餐具等卡片中把车辆的卡片挑出来，或分别归类。

（3）二级类概念分类。如按交通工具、玩具、植物等分类。

对以上分类的种类，应按年龄班幼儿的知识范围及类概念发展水平进行选择。如小班可进行物体名称、外部特征和量的一种特征（大小、长短）的分类，但应是具体概念水平的分类。中班可进行一级类概念分类。大班除一级类概念分类外，对一些熟悉的物体可进行二级类概念分类。

总体看来，按照物体的外部特征进行分类是最简单的层次，按照包含关系分类相对较难。但是分类过程中，儿童选择哪种标准或他们如何精确分类并不重要，重要的是他们应用的逻辑思维过程。

二、学前儿童分类的发展特点

幼儿分类能力的发展虽然存在个别差异，但一般表现出如下三个发展性阶段和特点。

1. 能根据事物表面的、具体的和简单的特征进行分类

例如，按照物体的颜色、形状等进行分类。一开始，幼儿常常倾向于按照事物的具体特征进行分类，他们会把具有相同颜色或形状的物体放在一起，而不是把属于同一类别的物体分成一堆。例如，幼儿倾向于把苹果和皮球放在一起，而不是把苹果和香蕉放在一起，因为苹果和皮球都是圆形的。对于幼儿来说，在直觉特征和概念特征同时存在的情况下，直觉特征往往是占优势的。

2. 能根据事物内部特征对事物进行抽象概括，但脱离不了具体情境和功能

随着幼儿年龄的增长以及分类经验的相应积累，4 岁以后幼儿一般能够根据事物内部的特征进行分类。例如，分类活动中，有些幼儿将飞机和火车放在一起，这时候他们是根据两者同属于交通工具来划分的；有的幼儿将飞机和鸟放在一起，认为它们“都有翅膀，都能飞”。显然这两种分法都发现了事物的共同特点，但反映了不同幼儿在分类活动上的抽象思维水平的差异。由于幼儿的抽象逻辑思维发展具有局限性，幼儿的分类不同于成人，幼儿根据自己的想法进行分类时，其标准也在不断改变。因此，成人应特别注意不能简单地认为符合成人分类标准的才是对的，否则就是错的。此外，幼儿分类标准还受其认知经验和生活经验的影响。如幼儿在分类时，常常把蜘蛛和蜘蛛网分在一起，而不是把蜘蛛和小甲虫分为一类。因为幼儿经常按照功能关系将生活中的事物联系在一起。功能关系和概念关系同时存在的前提下，功能关系是占优势的分类标准，正是因为幼儿熟悉功能因素，所以在分类时常常将这些因素作为依据和标准。

3. 开始根据本质属性对事物进行分类,能够抽象事物的多重属性或特征

幼儿对分类多样性的认识并不是简单的过程,虽然幼儿也能根据较大的类目标进行分类,但他们并不明白为什么一个物体可以同时属于多个类别,例如,盒子既可以作为收纳工具,又可以作为装饰品。这样的认识往往要随着幼儿分类经验的不断积累和抽象思维水平的提升才会慢慢发展起来,因此,帮助幼儿抽象出同一事物的多重属性,并在此基础上建立起多样化分类的经验是幼儿分类能力发展和提升的重要方面。

三、分类活动的设计与实施

(一) 教学活动

分类是计数的必要前提,分类活动能促进幼儿分析、综合等思维能力的发展。分类教育是幼儿感知集合教育的重要内容,在小、中、大三个年龄班都有此部分的教育内容。根据学前儿童分类经验的发展特点和年龄趋势,我们分别阐述各个年龄段学前儿童分类活动的教学目标。

1. 要求

(1) 小班。

能按物体的名称分类。能按物体的某一外部特征(如颜色、形状、大小)分类。能按物体量的差异(大小、长短、高矮)分类。学习与分类有关的词语,如“相同”“不同”“一样”“不一样”“都是”等。

(2) 中班。

能按物体某一量的差异(粗细、厚薄、轻重等)分类。能按物体的数量分类。学习并掌握与分类有关的词语,如“分成”“分开”“合起来”等。

(3) 大班。

能按物体某一特征的肯定与否定进行分类,讲述出某种事物所不具有的特征。能按物体的两种不同特征进行分类并学会做记录。能按物体的用途、材料的性质,物体与物体的联系和包含关系分类。能自己确定分类标准多角度分类,并表述自己的分类理由。能进行层级分类,理解类与子类的包含关系。

教学目标只是从不同年龄班幼儿可以获得经验的角度提出的一个参照而已,在实际教学活动中,教师应该时刻关注本班幼儿的发展情况,确定契合本班幼儿的教学目标。而且不同幼儿之间是有差异的,不能用一般的教学目标去要求每个幼儿,如一些发展较慢的幼儿,到了大班未必能达到上述列出的教学目标,教师可适当放低要求,给这些幼儿一个脚手架。

2. 设计要点

(1) 首先应让幼儿感知和辨认分类对象的名称、特征和差异。

教师可通过“看一看”“摸一摸”“闻一闻”“敲一敲”“滚一滚”等让幼儿感知物体的颜色、图案、大小、形状、气味、声音等特征，为分类做好准备。

(2) 说明要求和分类的含义。

进行分类时应向幼儿清楚地讲明按什么要求分类，同时要使幼儿理解“把一样的东西放在一起”的含义。这样才能使幼儿在行动时正确分类。

(3) 按范例或口头指示进行分类。

① 按范例分类。在和幼儿共同观察物体的基础上，教师先拿出一个物品作为范例，让幼儿学习从一堆物品中把和范例一样的物品都拿出来(或放在一个小盒子里)，继而可出示两个不同的物品作为范例，请幼儿将一堆物品分别归类。

② 按口头指示分类。由教师说出物体的名称或特征，请幼儿将物体分类。如“请小朋友把红的木珠放在这个小盒子里，把绿的木珠放在另外一个小盒子里”“请小朋友把红的圆形、蓝的正方形、黄的三角形分开放在3个小盒子里”等。

小班幼儿可先由教师示范如何按范例分类，再按教师的口头要求进行分类。

(4) 启发幼儿思考探索如何进行分类。

当教师提出分类的要求后，应引导幼儿在观察的基础上认真想想教师要求的是什么，再动手进行分类。例如，对大班幼儿要求按两种特征分类时，请他们不要急于分类，先要仔细地对每个物体进行观察，想想是不是和教师所要求的条件相符合，再采取行动。小班幼儿往往不能把同类的东西全部找出来，教师也应提醒幼儿再仔细想想看看，是不是同一类的东西都找出来了。另外，对中、大班幼儿，教师可以让他们对一堆物体自由分类，要求他们认真思考、探索怎样分，按照什么标准分，以及为什么这样分。

(5) 对不同年龄段幼儿提出不同的分类干扰条件，以逐步提高分类难度。

例如，对小班幼儿一般分类的条件要单一，按大小分类时，应选用同颜色、同形状、不同大小的物体；对中班幼儿要求按长短分类时，可提供不同颜色、不同长短的小棍，让幼儿能排除小棍颜色的干扰，正确按长短分类；对大班幼儿要求按宽窄分类时，可提供不同颜色、不同长度、不同宽窄的纸板，让幼儿排除颜色、长度的干扰。

(6) 讨论分类的结果，以巩固类概念和理解类的包含关系。

幼儿分类后师幼一起讨论分类的结果是分类教学的重要一步，是巩固和加深对类概念理解的重要方法。例如，当小班幼儿把同类物品取出以后，教师可以分别请几位小朋友展示他们拿出的物品，并引导幼儿共同讨论他们做得对不对，为什么。中、大班幼儿分类后，教师应和幼儿一起讨论他们是怎样做的以及为什么这样做，在幼儿讲述理由的过程中，帮助他们理解类和子类的关系。例如，幼儿会说：“我把3辆小汽车、2辆自行车和1辆救护车放在一起，因为它们都是车。”教师可进一步提出“小汽车、自行车、救护车合起来和小汽车比，哪个多，哪个少？还是一样多？”“水果和苹果比，哪个多，哪个少呢？”等问题。经过幼儿共同讨论，最后教师作出总结时，应重点强调类包含子类、类大于子类的包含关系，从而渗透集合的思想。

3. 教学活动举例

案例研讨

中班数学活动　一起去郊游[①]

设计意图

《指南》中指出，兴趣、好奇心和求知欲是幼儿学习数学的内部动力，然而数学知识是高度抽象的，幼儿往往不会自发地对事物背后隐含的数学特征产生兴趣。任何一个数学教育活动，都需要培养和保护幼儿对数学的好奇心和学习兴趣，这样才有可能吸引幼儿积极参与和投入到活动当中，真正促进幼儿的数学能力发展。

通过跟幼儿的谈话得出，郊游是孩子们喜欢的活动之一。设计这节课时正赶上春天，教师经常听见班里的孩子们在一起讨论周末和爸爸妈妈一起去哪里郊游了。本节数学活动中，教师通过创设幼儿感兴趣的郊游的故事情境，以及在郊游的过程中可能出现的一系列问题，从而引导幼儿用多角度分类的方法去解决郊游中所出现的问题，让幼儿在操作中感受、理解并掌握根据一种标准对事物进行多角度分类的方法。

本次幼儿的数学活动主要以操作为主，要求幼儿正确使用操作材料，按规则进行活动，即培养幼儿的任务意识和完成任务的能力、规则意识和遵守规则的能力。这两个方面也是学习品质培养的重点。

活动目标

1. 尝试观察同类事物中的不同特征，并能够对物体进行多角度分类。

2. 在说说、看看、操作中感受分类的作用，引发对生活中分类运用的关注，体验动手操作的乐趣。

活动准备

1. 经验准备。幼儿能够根据物体的特征进行分类，并说明为什么这样分类。

2. 物质准备。

(1) 教具：故事活动课件。

(2) 学具：操作纸人手一份。(A4 作业单过塑，另外用纸剪出 8 把雨伞也过塑，用点胶重叠在 A4 作业单上)

活动过程

(一) 开始部分

谈话导入，创设情境，引发兴趣。(2 分钟)

教师：今天老师想要带领小朋友一起去郊游。谁能说一说你和爸爸妈妈一起去郊游的时候会带哪些东西呢?

幼儿：好吃的、帐篷、玩具等。

---

① 本案例由濮阳市实验幼儿园李雪蕊老师提供。

教师：是的。好吃的可以在我们肚子饿的时候帮助我们补充能量。我们需要休息的时候可以躺在帐篷里。请你们来看看，李老师为这次郊游准备了什么东西。（一个方形书包，一顶遮阳帽，一把雨伞和一些食物）今天跟我们一起去郊游的，还有一些新伙伴，我们一起去认识一下他们吧！（出示课件）

图 3－4　郊游图 1

【设计理由：以幼儿最感兴趣的郊游话题导入，引发活动兴趣。教师准备的书包、遮阳帽、雨伞，为下一环节引导幼儿对动物进行分类做准备。】

（二）基本部分

引导幼儿观察并按照不同的特征对参与郊游的动物进行分类，建立多角度分类的概念。（25 分钟）

1. 介绍参与郊游的人员。

教师：亲爱的小动物们，你们好！欢迎来到李老师的郊游团。请大家在李老师的一声哨响之后快速站成一队。接下来我为大家介绍一下今天郊游的动物朋友们，有小猫喵喵、鸽子咕咕、鳄鱼大嘴巴、小鸡咯咯、小兔蹦蹦、鸵鸟驮驮、小牛哞哞，还有蜗牛慢慢。

教师：孩子们，请你们仔细观察一下图片，看看这些小动物都为这次郊游准备了什么东西。（幼儿观察到动物身上的书包，头上戴的遮阳帽）大家准备得都特别充分。好啦，现在大家排成长长的一队。我们一起上车吧。

【设计理由：介绍参与郊游的动物，此次环节的设置与上一环节呼应。上一环节教师准备的遮阳帽、书包在这一环节中帮助幼儿回忆与巩固按照物体的外部特征进行分类的概念。引导幼儿在情境中观察物体的外部特征，如遮阳帽的颜色、书包的形状。】

2. 幼儿观察分类。

教师：现在我们遇到了问题，小动物太多了，一辆车坐不下，要分开坐在两辆车上，有这么多的动物，我们怎么分呢？（请幼儿讨论怎样进行分类）请你们认真观察一下这些小动物之间有什么相同的地方，然后把具有相同特征的动物分到一辆车上吧。（引导幼儿说说可以怎样分，为什么要这样分）

图 3－5　郊游图 2

幼儿可以根据事物的外部特征分类。例如，按遮阳帽的颜色分，按书包的形状分；按动物脚的数量分；也可以按照物体的内部特征(性质、功能用途等)分类。幼儿可以发散思维，自由分类，合理即可。(课堂上有幼儿按照有翅膀和没有翅膀、会飞和不会飞等进行分类)

图 3－6　分类操作单 1

图 3－7　分类操作单 2

教师总结：哇，把同样的一群动物分成两队，有许多不同的分类方法。可以按照遮阳帽的颜色、书包的形状进行分类，还可以按照动物的特征来分类。小动物们在大家的帮助下，顺利地上了车，快乐地出发了。

图 3－8　多角度分类

【设计理由：此环节中，教师鼓励幼儿发散思维，按照动物的外部特征、内部特征等进行分类，幼儿畅所欲言，理由合理即可。教师将幼儿的分类方法进行归纳，在课件上进行呈现，帮助幼儿建立多角度分类的概念。】

3. 幼儿操作，教师指导。

雨伞分类——动物们欢快地在路上边走边唱歌，欣赏路边的风景。这时突然下起了雨。怎么办？(幼儿可以想办法来解决问题)贴心的李老师为每一个小动物都准备了一把雨伞，接下来请小朋友们把这些雨伞分给两队的小动物们吧。

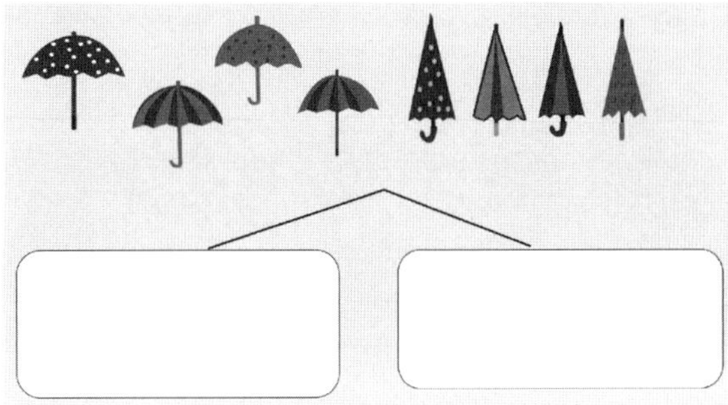

图 3-9　雨伞分类操作单 1

教师：请每个小朋友拿一张作业单，试着把这些雨伞分一分类吧。分的时候请你想一想，为什么把这些雨伞分到一起？它们有什么共同的特征？

【设计理由：在上一环节幼儿建立多角度分类的概念后，这个环节让幼儿通过自己动手操作，进一步巩固多角度分类的概念。由于作业单已过塑，8 把雨伞也已过塑，幼儿可以重复操作。幼儿分类后，教师巡回指导，观察到大部分幼儿只用了一种分类方法时，教师可以问一问幼儿还可以怎样分类。】

4. 教师将幼儿的操作结果汇总展示。

教师：请你说一说，你是怎么分的？为什么要把这些雨伞分到一起？还有没有不一样的分法？

教师把幼儿的分类方法在电子白板上进行归纳汇总，让幼儿看到雨伞的多角度分类的方法。

图 3-10　雨伞分类操作单 2

【设计理由：请幼儿分享自己的分类方法，教师汇总。】

5. 幼儿再次自由操作。

幼儿根据汇总的结果，用刚才没有想到的分类方法，再动手试一试。

教师：小动物们非常感谢小朋友们为他们分雨伞。不一会儿，雨过天晴了，小动物们吃完美味的午餐，一起在草地上做起了游戏，唱起了歌，跳起了舞，快乐极了。

图 3-11 郊游图 3

（三）结束部分

集体观察比较作业单，进行总结评价。（3 分钟）

教师：今天真是开心的一天。我们一起帮助郊游的小动物们进行了多角度的分类。多角度分类就是按颜色、形状、用途等多种特征对事物进行分类的方法。小朋友们表现得都很棒。回到家请把你们的玩具也按照我们今天学习的方法分分类吧。

活动延伸

1. 教师可利用日常环境中的物品让幼儿练习多角度分类。比如：可以对幼儿园里的大型玩具，或者加餐中的食物，或者区域中的玩具、操作材料等进行多角度分类。

2. 教师利用日常活动中的排队游戏，带领幼儿练习多角度分类。

活动反思

设计本课时，教师以春天里幼儿最感兴趣的郊游话题贯穿整个教育活动，幼儿对此兴致很高。在探讨分类的方法时，幼儿纷纷发言。新颖的操作课件设计，让幼儿在集体活动分享时都愿意尝试操作。整个活动中幼儿都在帮助郊游的小动物解决问题，在这个过程中，幼儿感受到分类的有用。我们根据对幼儿前期经验的了解可知，幼儿理解分类没有难度，但对多种分类方法归纳总结感到较难。通过本次活动，幼儿在游戏的情境中学习、掌握了多角度分类的方法，发展了语言表达能力，学会了合作交流，享受了成功的乐趣。本次活动的不足之处在于，在活动结束前的小结环节，巩固幼儿对知识点的掌握时，不够精准。

（二）区域活动

配合教学进度和幼儿的兴趣，在数学区域活动中，教师也应该根据幼儿分类经验的发展水平，有序地为幼儿提供各种分类活动的材料，供幼儿自由选择和运用，使幼儿有机会再次体验教学活动中获得的分类经验或进行更深入的探索。教师应面向全体幼儿介绍区域的材料，并讨论制定必要的规则。教师在投放和更换区域的活动材料时，应向全体幼儿介绍，并说明使用方法和放置地方，要让每个幼儿知道数学区中都有哪些材料，它们放在什么地方以及如何使用。在个别幼儿或者几名幼儿自行学习的过程中，教师在观察的基础上给予个别的指导。

表 3－1　区域分类活动材料投放①

投放次数及参考年龄	样　图
第一次投放(小班): 按照物品的名称进行分类，形成集合	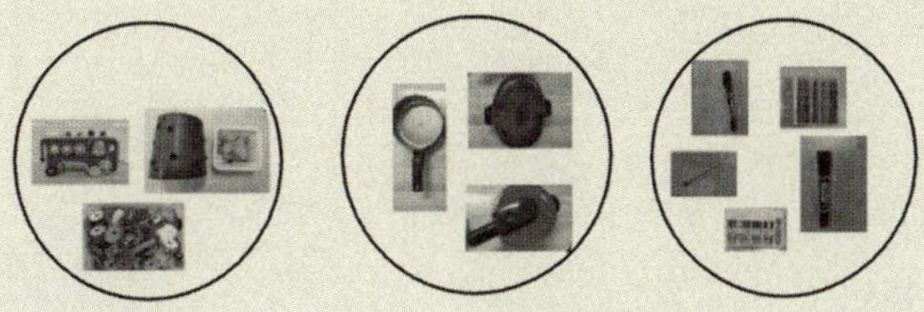
第二次投放(小班): 按照大小进行匹配，帮助幼儿感知大小	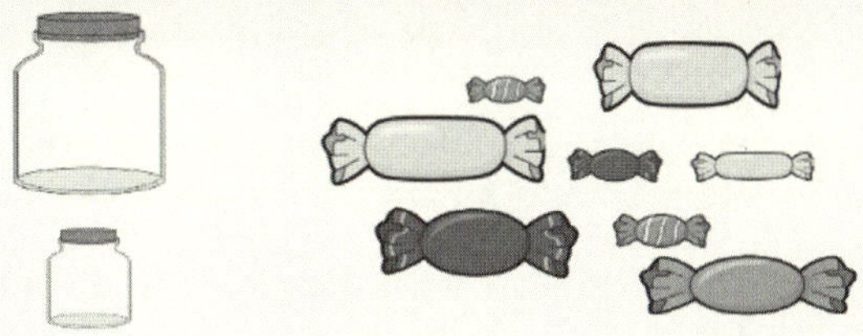
第三次投放(小班): 按照颜色和形状、大小进行分类	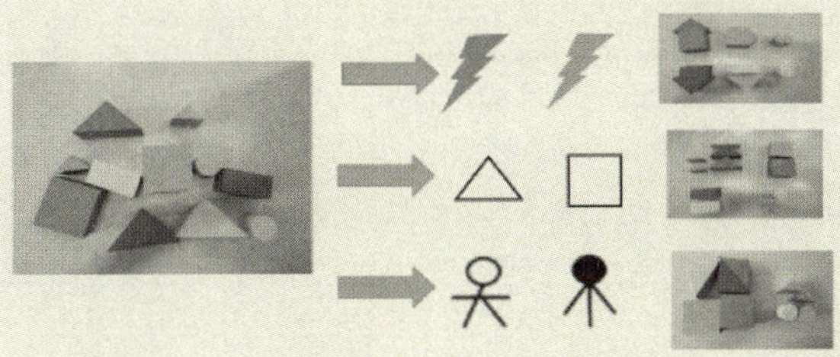
第四次投放(小班): 按照物品的数量(3 以内)进行分类，将相同数量的物品放在一起	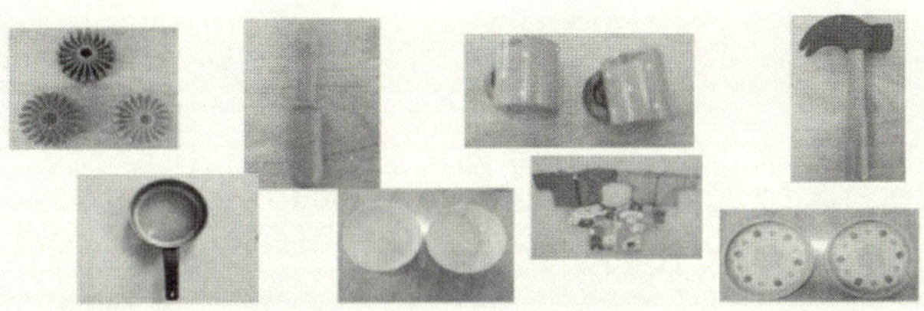
第五次投放(小班): 观察、发现物品的异同，找出不一样的物体	
第六次投放(小班): 按照数量(5 以内)进行分类，将相同数量的物品放在一起	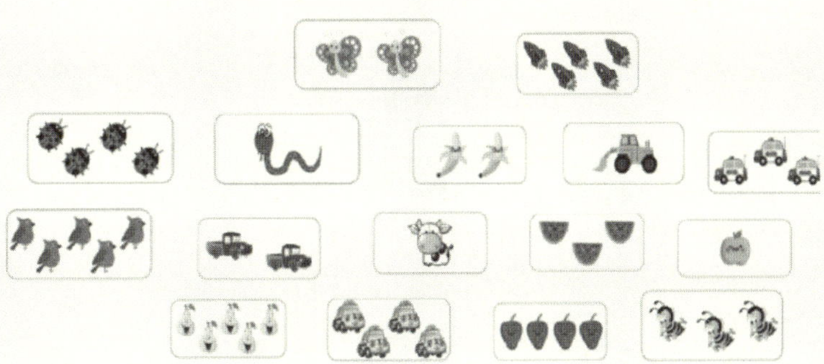

① 该案例由开封市实验幼儿园任雨老师提供，张亚杰指导。

续 表

投放次数及参考年龄	样 图
第七次投放(小班): 按照数量(5以内)进行分类,将相同数量的物品放在一起	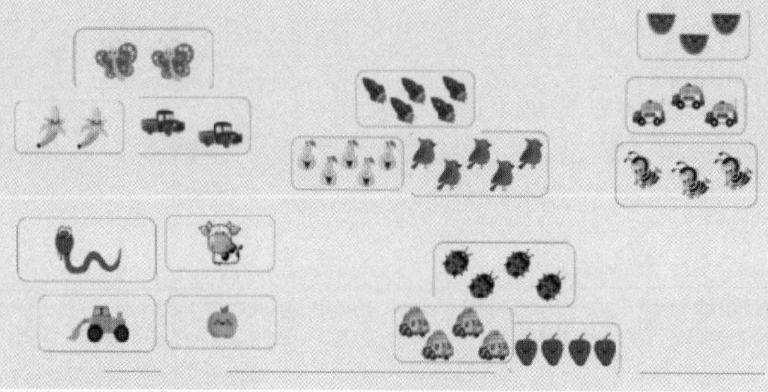
第八次投放(中班): 按照物品的一个特征(用途)进行分类	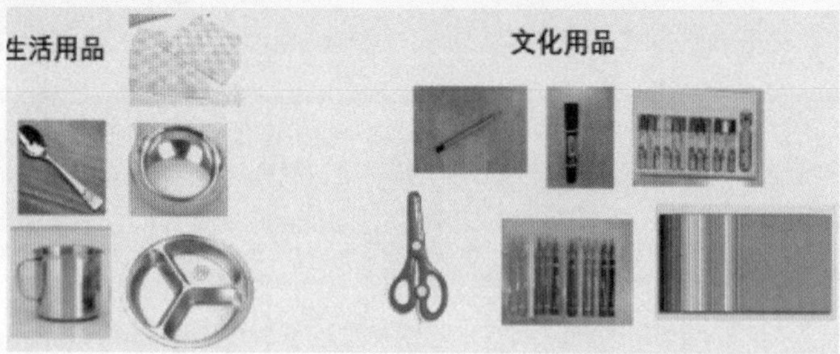
第九次投放(中班): 按照物体的两个特征分类	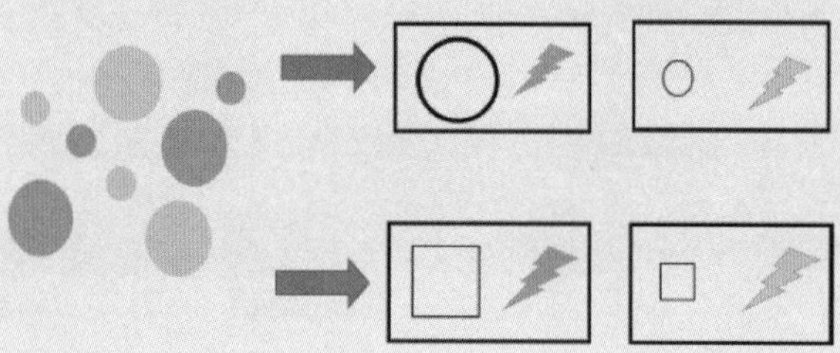
第十次投放(中班): 按照物体的三个特征分类	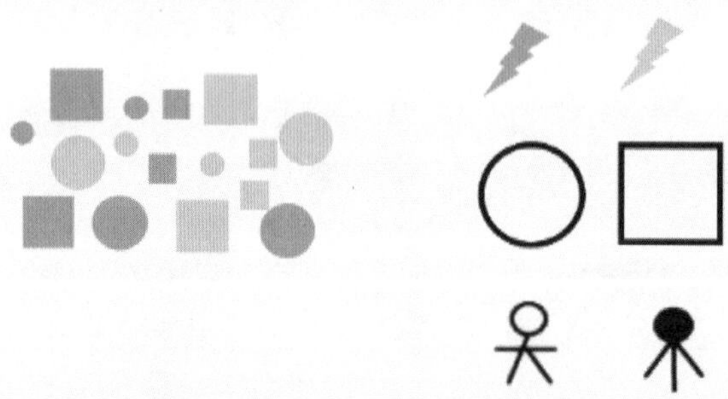
第十一次投放(中班): 学习按照某一特征的肯定与否定进行分类(二分法)	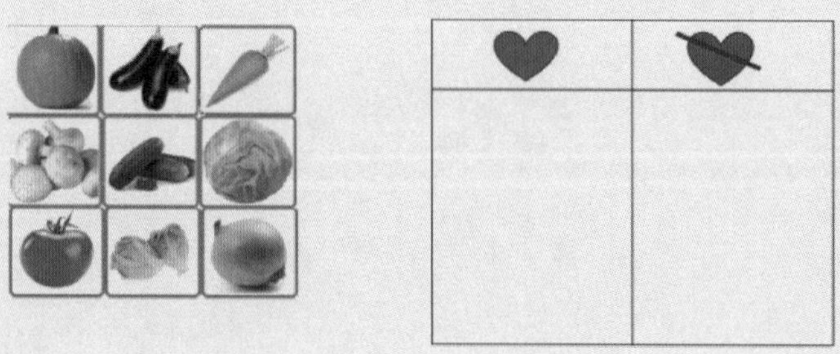

续　表

投放次数及参考年龄	样　图
第十二次投放(大班)： 自己确定标准，从两个以上角度对物体进行二次分类	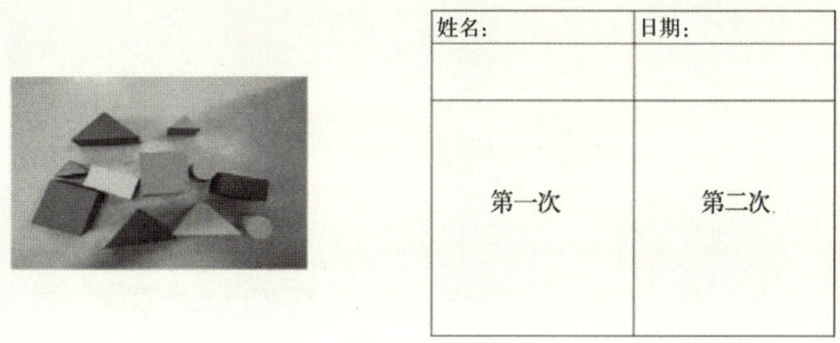
第十三次投放(大班)： 能根据物体较为本质的特征对常见的事物进行分类	
第十四次投放(大班)： 能按事物的两种特征对同一类物体进行逐级分类	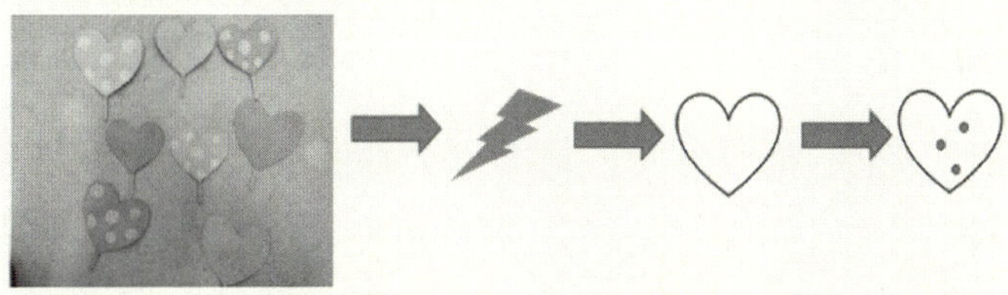
第十五次投放(大班)： 能根据两种特征选择物体	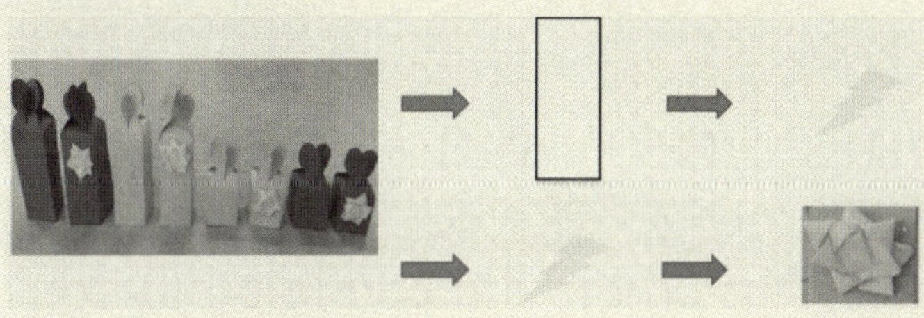
第十六次投放(大班)： 能根据三种特征选择物体	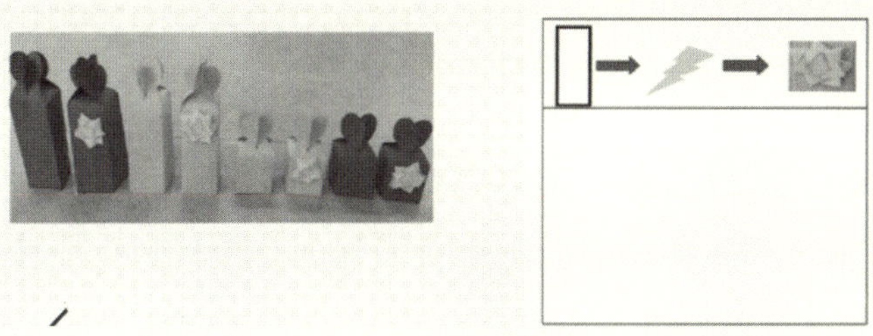
第十七次投放(大班)： 能根据记在三级分类板上的进行层级分类	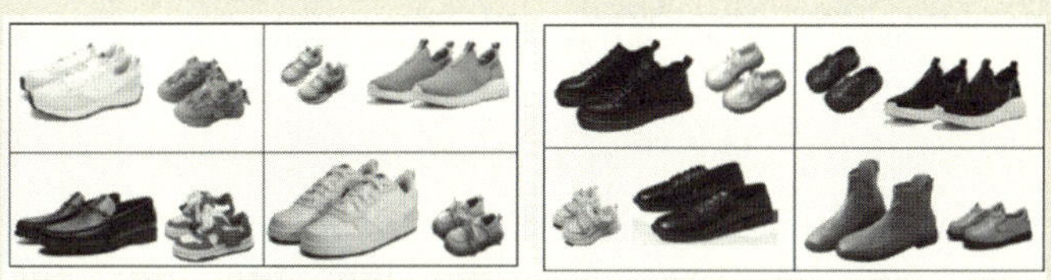

续表

投放次数及参考年龄	样图
① 能根据记在三级分类板上的进行层级分类。 按照鞋子大小分类	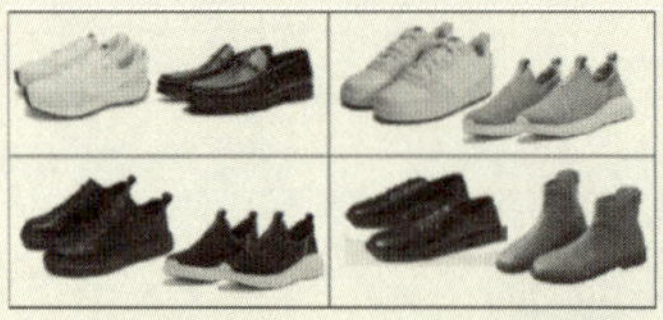 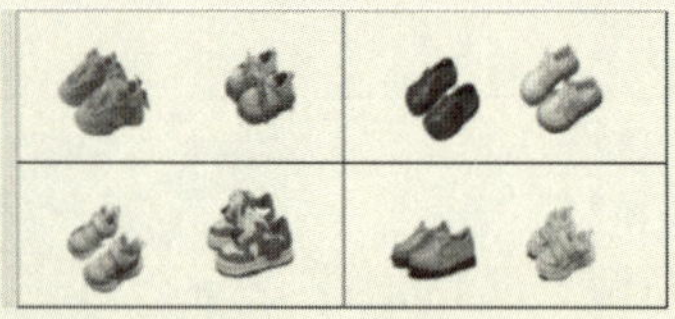
② 能根据记在三级分类板上的进行层级分类。 按照鞋子材质分类	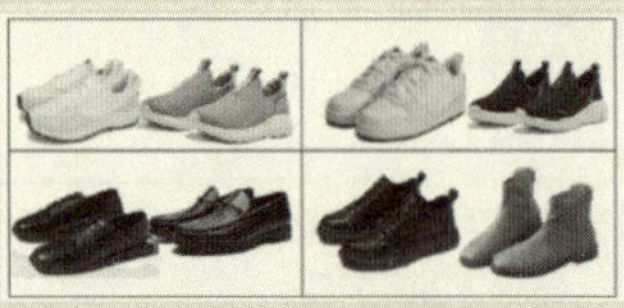 
③ 能根据记在三级分类板上的进行层级分类。 按照鞋子有无鞋带进行分类	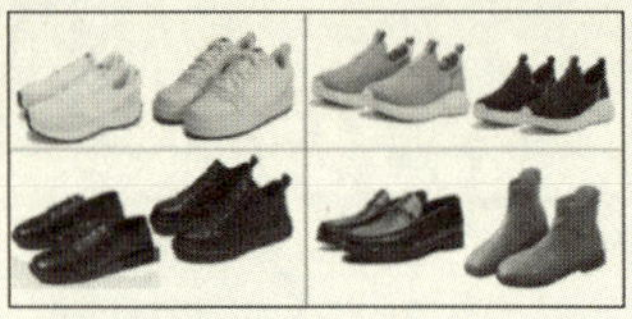 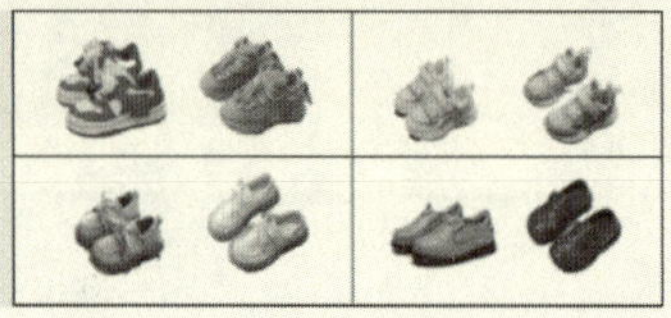

（三）其他活动

1. 游戏活动

幼儿园的各类游戏，都蕴藏着大量的分类经验。比如大班“找朋友”的游戏中，让幼儿根据自己身上的某种特点，比如头发是长发还是短发，自己的辫子是马尾还是麻花辫，头发上有发卡还是没有发卡，眼睛是单眼皮还是双眼皮，自己是高个子还是矮个子，穿的衣服是什么颜色的，穿的鞋子是帆布鞋、皮鞋、运动鞋还是休闲鞋，或者鞋子是什么颜色的，穿的裤子是什么颜色的，寻找与自己具有相同特征的小伙伴。第一轮游戏，看哪位小朋友找到“好朋友”的速度最快；第二轮游戏，看哪位小朋友找到“好朋友”的数量最多。整个活动过程中，教师和幼儿还可以一起讨论幼儿是按照什么特征找“好朋友”的，幼儿是不是找到了真正的“好朋友”（是否具有某种相同的特点）。

2. 生活活动

在儿童平时的生活中，也有很多教育契机可以使儿童获得分类的经验。比如收拾玩具的时候，教师可引导儿童按照玩具的种类进行整理，积木类的玩具放在一起，拼图类的玩具放在一起，等等；平时还可以提供各种机会让小年龄的儿童探究颜色，提供各种颜色的物品让儿童辨认，为按照颜色分类奠定基础。儿童在玩角色游戏的时候，给他们提供成人的衣服、成人的鞋子、成人所用的东西，宝宝的衣服、宝宝所用的东西。在不同的场景中，引导儿童关注不同职业的人物以及该职业需要的物品，如与邮递员相关的邮件、邮筒、邮票、帽子、邮包、邮车，与飞行员相关的飞机、飞行帽、飞行员徽章，与医生相关的听诊器、体温计、绷带，与清洁工人相关的垃圾箱、垃圾运输车，与警察相关的手铐、手枪、警帽、警徽、警车，与消防员相关的消防头盔、水龙带、消防车、消火栓、着火的房子，与售货员相关的各种食品、购物袋、购物推车等。此外，还有配套使用的物品，如牙膏与牙刷、桌子与椅子等。儿童在潜移默化中慢慢感知“通过物品之间的联系分类”。成人还应以非正式方式引导儿童掌握分类词汇，成人可以描述儿童的分类结果，比如：“你把猪放在了这边的围栏里，你把牛放在了那边围栏里。”“你能把野生动物放在这里，家禽放在那里吗？”儿童经常接受成人这样的分类语言，慢慢地，他们也可以命名和说明他们如何分类以及为什么如此分类。

3. 各领域渗透活动

美工活动中，教师引导幼儿了解常用的工具和材料，比如彩色纸张、硬纸板、铅笔、水笔、油画棒、胶棒、胶带、剪刀、粘钩等。户外运动时，引导幼儿关注运动器材的种类、颜色、体积大小、功能、软硬、轻重等特征，并能够将运动器材按照一种或多种特征进行归类和收纳。在幼儿园或家中阅读绘本时，引导幼儿关注画面内容的多种维度的特征，比如阅读绘本《外婆的纽扣宝盒》时，感知扣子的颜色、花纹、大小、形状、洞眼多少的不同，能够根据自己的标准对扣子进行归类，并理解书中归类的方法。

4. STEM 活动

STEM 活动中，教师带领幼儿参与和体验木工、泥工、养殖、编程、3D 打印、PVC 管道工程、缝纫、种植、烹饪等不同种类的活动，并了解与每种活动相关的工具和材料分别有哪些，比如种植活动需要泥土、水、容器、管道、记录表格，木工活动需要木材、电锯、钻机、螺丝钉、螺丝帽、凿子、刨刀、量尺、记号笔、操作台等。

模块三　集合比较

情境导入

今天是果果(5岁半)和她的5个好朋友的家庭聚会日。午饭时间妈妈拿出小朋友专用的小碗、盘子、勺子、杯子,请果果为小朋友们分发餐具。果果分别在6个小朋友座椅一一对应的餐桌位置上摆放好这些餐具,最后她发现有一个小朋友的座位没有勺子。果果喊来妈妈:"妈妈,勺子还少一个,需要再拿一个。"妈妈说:"勺子不够6个吗?"果果数了数勺子:"1、2、3、4、5,是5个,还少1个。"

点评:一日生活中处处都存在数学学习,案例中小碗、盘子、勺子、杯子和小朋友的人数是5个不同集合,果果在分发餐具时,先后运用了一一对应和数数两种方法对每种餐具和小朋友人数进行比较,并在发现问题后努力解决问题。首先,果果按照一一对应的方法,分别将不同的餐具摆放在餐桌上,并在这个过程中发现了问题:少一个勺子,有一位小朋友没有勺子。在妈妈的询问下,果果又通过点数的方法,确认一共有5个勺子,与6个小朋友相比,勺子少一个。

知识演绎

一、集合比较的概念与关键经验

集合比较指对两个集合元素的数量大小进行比较。对两个集合的物体进行数量上的比较,一方面可以帮助儿童感知集合及集合中的元素、集合中物体的数量,还可以帮助儿童获得数的经验。另一方面,儿童通过一一对应或者计数的方法进行比较,对应和数数都是儿童应该获得的关键经验,这些方面的发展为计数活动和加减运算经验的获得奠定了良好基础。

二、学前儿童集合比较的发展特点

通常情况下，儿童有三种方法可用来进行集合比较：视觉提示、一一对应、数数。[①] 还有一种方法是目测，但仅可用来比较较小的集合数量大小，所以在此不加详细论述。一般来说，视觉提示、一一对应、数数这三种策略是从低级到高级的发展序列。

1. 视觉提示

视觉提示指儿童用长度、面积或排列的密集程度来比较两个集合的大小，比如我们把5个红色纽扣较稀疏地排列成一排，把6个黑色纽扣较为密集地排列成一排，利用视觉提示来比较集合的幼儿，会觉得5个红色的纽扣看起来长一些，所以判断红色的纽扣比黑色的纽扣多。皮亚杰的守恒实验已经证明，儿童利用视觉提示进行集合比较的方法并不可靠。

2. 一一对应

一一对应的方法比视觉提示的方法更加可靠一些，比如有5个碗和6个勺子，儿童可以利用"找朋友"的方法，即一个碗对应一个勺子，最后发现剩下一个勺子，从而判断勺子多出来了。这种方法显然是儿童已经有了集合和集合元素的概念。但是有研究表明，儿童只能对已安放好的两排一一对应的物体进行多少的比较，而不会主动地以一排物体作依据，把另一排物体与之一一对应，挪动物体或者在两排物体图片之间连线的方法可以帮助儿童更好地一一对应，但是这些策略儿童一般不会自发使用(李娟，2011)。

3. 数数

运用数数进行集合比较对儿童来说要求较高，充满着挑战。它涉及以下四个方面的技能以及这些技能之间的协调(周欣，2004)。第一，儿童必须可以熟练地数数，他们能用准确的顺序说出数词，并知道每一个集合中有多少物体。第二，儿童必须理解，为了比较两个集合的大小，先要知道每一个集合中物体的数量。第三，儿童在数完第二个集合时，一定要记住第一个集合的数量，儿童在比较这两个集合之前，始终要在短时记忆中记住这两个集合的总数。第四，儿童需要知道这两个集合中哪个数更大一些：① 具有同样总数的两个集合数量一样多，具有不同总数的集合数量不同；② 数词在数词系列中的位置与数量的大小有关，在数词系列中的位置越往后，其数词的数量越大。如果缺少了以上任何一种技能，儿童都不能完成运用数数策略进行集合比较的任务。

① 周欣.儿童数概念的早期发展[M].上海：华东师范大学出版社，2004：95.

三、集合比较活动的设计与实施

(一) 教学活动

1. 教育要求

(1) 小班。

应该知道集合的数量可以用大、小、多、少或者相等来表示。会把配对的物体进行匹配，比如一只碗匹配一个勺子，一个刷牙杯匹配一支牙刷等。

(2) 中班。

能通过一一对应或者数数等多种方式比较数量较小的两组物体的数量。

(3) 大班。

能熟练运用数数的方法比较两组物体的数量。

同样，教学目标只是从儿童不同年龄班可以获得经验的角度提出的一个参照而已，在实际教学活动中，教师应该时刻关注本班幼儿的实际发展情况，确定契合本班幼儿的教学目标。

2. 集合比较的设计要点

(1) 为幼儿创设情境，通过幼儿的亲自操作掌握对应技能。

在成人有目的的引导中，儿童最初学习的是对应比较，也就是学习运用一一对应的方法，比较两个集合中元素的数量，确定它们是一样多还是不一样多，或哪个多哪个少。儿童在集合对应比较中获得关于一一对应的关键经验。对应的重要性，不仅在于它是一种比较物体数量的方法，还在于它是儿童学习计数乃至理解数概念的必不可少的基础。教师应为儿童创设比较数量多少的问题情境，让儿童在解决问题的过程中学习对应比较的方法。对应比较的方法主要有四种：重叠比较、并置比较、连线比较和游戏活动中的比较。

① 重叠比较。将一组物体摆成一排，再将另一组物体逐个一对一地叠放到前一组物体上面，比较两组物体是一样多还是不一样多，哪一组多哪一组少。比如，将虫子卡片一一叠放在树叶卡片之上(图 3－12)，或将葡萄图片一一叠放在相应的盘子图片上(图 3－13)，让幼儿观察比较它们的多少。

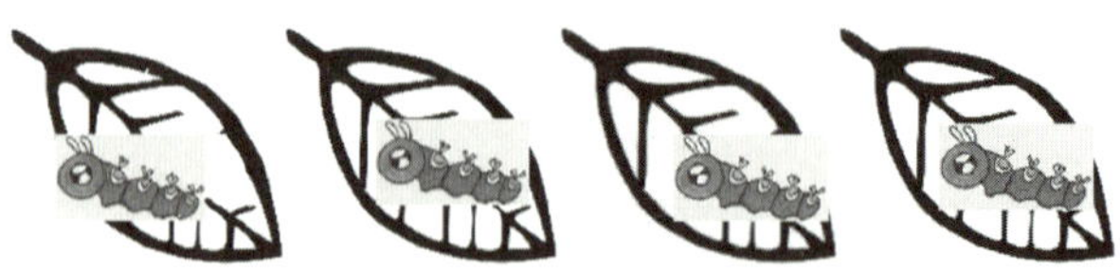

图 3－12　重叠比较 1

图 3－13　重叠比较 2

② 并置比较。将一组物体摆成一行，再将另一组物体一个对应一个地并排放在第一组物体的旁边，比较两组物体数量的多少。比如一个小朋友的旁边放一个苹果，引导幼儿观察比较并说出小朋友与苹果不一样多，小朋友多，苹果少(图 3－14)。

图 3－14　并置比较

③ 连线比较。两个集合数量的多少还可以通过连线的方式一一对应地加以比较(图 3－15)。这种比较方法经常应用于个别操作活动或书面材料中的比较任务中。

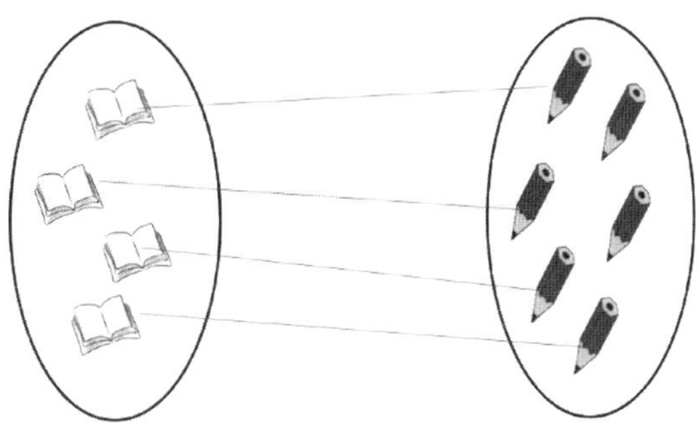

图 3－15　连线比较

④ 游戏活动中比较。利用幼儿喜爱的游戏形式，将一一对应比较的内容自然地渗透在游戏的情境和规则之中。比如“抢椅子”的游戏活动中，椅子围成圆圈摆放，幼儿围绕椅子转圈，在教师发出口令后，每个幼儿抢一把椅子坐下，没有抢到椅子的小朋友淘汰。下一轮游戏开始前，减少一把椅子，保证每一轮游戏时幼儿的人数多于椅子的数量。通过幼儿和椅子的一对一匹配的过程，让幼儿充分体验物体间的对应关系，感知幼儿和椅子数量上的差异。

(2) 适当改变材料特征，控制活动难度。

一般来说，儿童数量比较的方法、过程和结果会受到集合大小、等量或不等量、材料种类、材料的出示方式、成人的语言和行为等因素的影响。[①] 因此，教师在设计集合比较的活动时，也可以注意从以下几个方面把握活动的难度。

① 集合大小。儿童对于小数量集合的比较通常会比大数量集合的比较更准确。一方面，儿童对小数量的数序比较熟悉，知道数字排在前面代表数量少；另一方面，比较小数量的集合时，儿童更容易得到视觉提示方面的帮助。

② 等量或不等量。儿童对等量集合的比较先于对非等量集合的比较。儿童无论是采用一一对应还是数数的方法，都更容易理解等量集合。

③ 材料种类。儿童对相同物体的比较能力优于对不同物体的比较，可能是因为不同物体会分散幼儿注意力去辨识物体，相同的物体更容易使幼儿关注数量。此外，儿童在实物、熟悉

① 周欣.儿童数概念的早期发展[M].上海：华东师范大学出版社，2004：107－110.

的材料或情境等条件下表现出更好的比较能力。

④ 材料的出示方式。材料出示的方式，会影响幼儿比较集合时采取的策略。比如，平行排列的方式下，幼儿往往会受视觉线索的提示，采用目测或一一对应的方法；材料排列不整齐、疏密不一致的情况下，幼儿需要通过数数来比较两组集合数量的大小。

⑤ 成人的语言和行为。当教师的语言和行为有助于儿童理解数学内容时，儿童表现出更好的比较集合的能力。比如，在皮亚杰守恒实验中有一道“鸟和蚯蚓的数量比较”的题目，当研究者提出的问题为“鸟比蚯蚓多多少？”时，4 岁和 5 岁儿童答对的比例为 17%，6 岁儿童答对的比例为 25%；而当研究者提出的问题为“有几只鸟吃不到蚯蚓？”时，4 岁和 5 岁儿童答对的比例高达 83%，6 岁儿童答对比例高达 96%①。

3. 教学活动举例

案例研讨

中班数学活动　家乡飞来白天鹅②

活动目标

1. 排除大小、排列形式等因素的影响，正确比较 8 以内物体的数量。

2. 掌握数量之间一一对应的关系，观察、比较天鹅的变化，提高观察、比较、逻辑思维的能力。

3. 萌发爱天鹅、爱家乡的情感。

活动重难点

幼儿感知物体数量的多少不受大小、颜色、空间排列形式的变化而变化。

活动准备

1. 经验准备：认识天鹅，在天鹅湖见过天鹅。

2. 物质准备：PPT、大数字 8 和点卡 8 各两份、大白天鹅和小黑天鹅贴纸若干、操作单一和操作单二数量各为幼儿人数的一半。

活动过程

（一）导入部分：以“天鹅舞会”情境导入，引发幼儿活动兴趣（3 分钟）

【设计理由：中班幼儿的思维特点是以具体形象为主，需要具体的活动情境，结合幼儿已有的经验，从物体的部分特征引发幼儿的兴趣。】

1. 听声音，引导幼儿根据已有经验进行猜测。

教师：孩子们，你们听听它的声音，猜一猜它是谁。

2. 讨论交流，简单了解天鹅与家乡的关系。

教师：哦，白天鹅，你们都在哪里见过啊？

（幼儿互相讨论后举手回答）

① 周欣.儿童数概念的早期发展[M].上海：华东师范大学出版社，2004：99.

② 该案例由三门峡市实验幼儿园李晓希老师提供。

教师:哦,问问说是周末妈妈带她到风景区看到的,欢欢说在电视上看到过。每年秋末冬初,就会有成千上万只白天鹅从遥远的西伯利亚飞来我们的家乡越冬。白天鹅是我们三门峡一道亮丽的风景,所以我们三门峡还有一个美誉是什么?(天鹅之城)今天,天鹅宝宝们邀请我们一起去参加天鹅舞会,你们愿意吗?

(二) 基本部分:操作体验,感知 8 的守恒(总时长 20 分钟)

【设计理由:幼儿是学习的主体,因此在基本部分都以幼儿为中心,教师引导幼儿在操作中观察发现物体的数量不受物体大小、颜色、空间排列形式的变化而发生改变,达成预设活动目标。】

环节一:幼儿操作,感知物体数量的多少不受大小的影响。(3 分钟)

【设计理由:鼓励幼儿大胆操作并勇敢说出自己的想法,讨论后用点数的方法验证猜测,引导幼儿感知虽然物体大小不同,但数量是相同的。】

1. 引出问题。

教师:欢迎小朋友们来到天鹅湖,听,怎么有天鹅的争吵声啊?原来是第一组天鹅在吵架,A 队的天鹅说它们来得最多,B 队天鹅说它们来得最多,到底哪队天鹅的数量多呢?

2. 幼儿自行操作,教师引导。

教师:请小朋友们来当裁判,老师为每位小朋友都准备了第一组的天鹅,请你们从左到右分别为 A 队和 B 队排排队,看看有什么不同的地方?

3. 讨论交流。

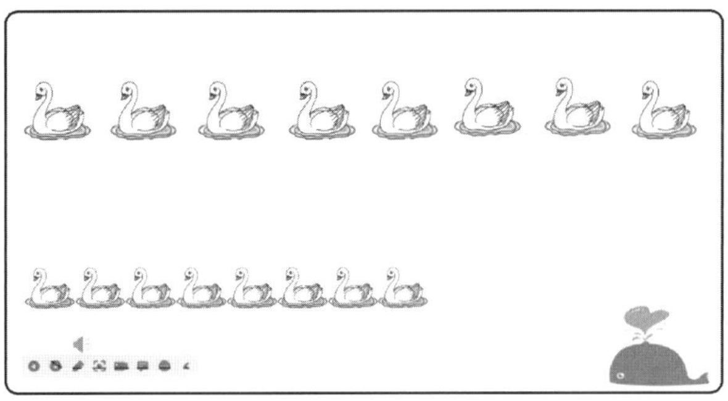

图 3-16　第一组天鹅

教师:好,请两个小朋友把各自的操作单展示一下,我们看看,有什么不同和相同的地方呢?(幼儿观察后回答)

(1) 讨论不同的地方。

教师:牛牛说是长短不同,大小不同,A 队的数量多。

教师:那你是怎么看出来的?

教师:牛牛说是用目测的办法。

(2) 相同的地方。

教师:冰冰说它们的数量相同。

教师:那你是怎么知道的?我们用什么方法来检验他们说得对不对呢?

教师：冰冰说的方法很棒，用点数的方法，那让我们一起来检验一下。

师幼共同从左往右点数A队和B队的数量，并在每队的后面写上各队的总数，都是8。

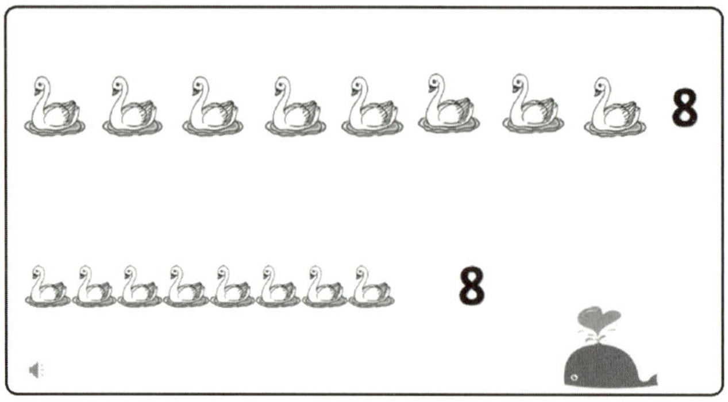

图3-17　写上每队总数的第一组天鹅

教师（小结）：这两队天鹅虽然大小不同，但是数量是相同的。

环节二：幼儿观察，感知物体数量的多少不受颜色的影响。（3分钟）

【设计理由：幼儿通过观察，用目测的方法发现两队天鹅的颜色不同，再用点数验证虽然物体的颜色不同，但数量是相同的。】

1. 观察发现两队天鹅的不同。

教师：听，第二组的天鹅们已经迫不及待要上场啦，我们一起来看看。

图3-18　第二组天鹅

教师：哇，老师已经听到你们说，飞来了什么颜色的天鹅啊？对，白天鹅和黑天鹅。

教师：你们用什么办法立马都看出来了？（幼儿思考后回答）用目测的方法发现颜色不同，A队是白天鹅，B队是黑天鹅。

2. 观察发现两队天鹅的相同。

教师：小朋友们的眼睛真亮，那你们仔细观察一下，它们有什么是相同的呢？（幼儿观察完回答）

教师：欣欣说是数量相同。用一一对应的方法。

教师：她用到了小班学的知识，用旧知识解决问题，我们给她点个赞。

教师：那我们一起用点数的方法来检验一下。

师幼共同从左往右点数A队和B队的数量，并在每队的后面写上各队的总数，数量都是8。

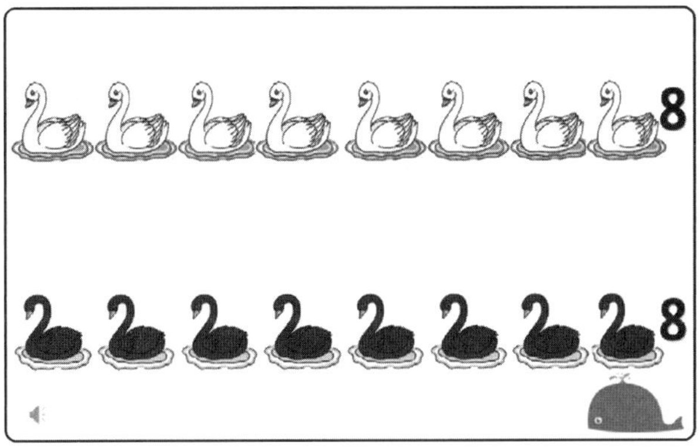

图 3－19　写上每队总数的第二队天鹅

教师(小结):这两队天鹅虽然颜色不同,但是数量是相同的。

环节三:幼儿观察操作,感知物体数量的多少不受大小、颜色、排列方式的影响。(7 分钟)

【设计理由:先让幼儿通过摆一摆的方式发现天鹅的队形虽发生了变化,但数量是相同的;再让幼儿知道物体的颜色、大小、排列队形都发生了变化,但数量都没有改变,层层递进,符合幼儿的认知学习特点。】

1. 出示第三组图片,幼儿观察不同。

教师:看,第三组的天鹅们上场了,它们在空中翱翔,不停地变换队形,成为三门峡最美的风景。小朋友们仔细看这两队天鹅,它们有什么不同?(幼儿集体说队形不同)

图 3－20　第三组天鹅

2. 出示天鹅贴纸,请个别幼儿上前排队形。

教师:小朋友们想一想,你们看到天鹅成群在高空中都有什么样的队形啊?

教师:你们纷纷说有十字形、V 字形、人字形,观察得真仔细。老师这里也准备了两种不同的天鹅,想请两个小朋友分别排成不同的队形。(两名幼儿上前操作排队形)

教师:小朋友们看,这两队天鹅有什么不同的地方?(幼儿观察讨论)

教师(小结):这两队天鹅颜色、大小、排列队形都不相同,但数量是相同的。

环节四:小组操作,巩固 8 的守恒。

1. 介绍小组材料,明确操作规则。

教师:小朋友们也太厉害了,给天鹅们排了这么好看的队形,还有两组天鹅也想要参加空中表演,可是它们想不出好看的队形,想请你们给排队形呢。

教师:第一、二、三组为小天鹅排队。大天鹅已经排成不同的队形了,请你们给与大天鹅相同数量的小天鹅们排队形,排完队用对应的数字或者点卡贴到下面的方框里。

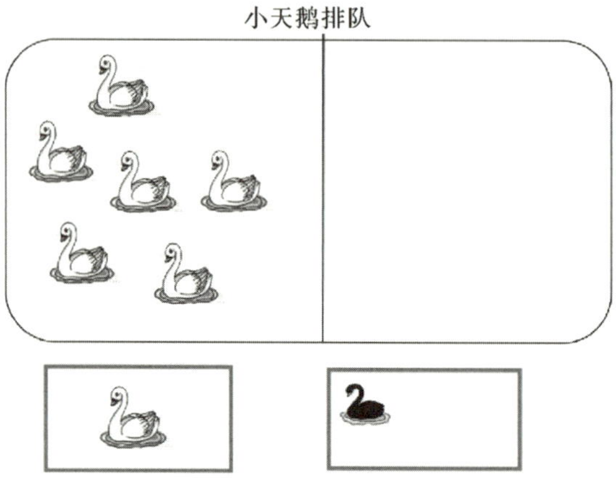

图 3-21　小天鹅排队

教师:第四、五、六组寻找天鹅。这组天鹅的数量和外形已经定好了,请你们寻找对应的天鹅并排好看的队形。

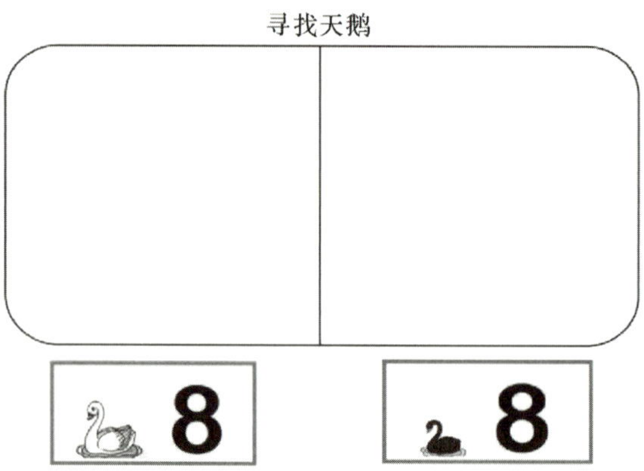

图 3-22　寻找天鹅

2. 幼儿操作,教师巡视指导。

帮助能力弱的幼儿用点数的方法找到一样多的天鹅,并贴上对应数字;鼓励能力强的幼儿独立完成操作,并能边操作边讲述操作过程。

(三) 结束部分:分享总结(2 分钟)

【设计理由:教师通过与幼儿共同总结和梳理,帮助幼儿获得系统的知识经验。】

1. 幼儿完成操作单,请个别幼儿上前分享操作过程,巩固 8 以内数的守恒。

2. 师幼共同小结:虽然物体的大小、颜色、排列形式发生了改变,但它们的数量是不变的,我们要数一数、比一比才能发现。

活动延伸

【设计理由:为了情境的连续性,在延伸环节中幼儿用身体动作表现天鹅,巩固所学新知识。】

教师：天鹅宝宝们邀请我们一起来表演呢。（随音乐做天鹅舞蹈的动作，音乐停止时，老师说数字，男孩和女孩分别组成相同数字，并排成不同的队形，然后说："我们组是×个人。"）

活动反思

1. 创新之处。在本次活动中，通过设置"天鹅舞会"这一情境，激发幼儿兴趣点，很自然地参与到活动中，幼儿在摆一摆、看一看、说一说中掌握数的守恒，达到预期教育目的。

2. 有待改进之处。

（1）语言需要更加准确简洁。

（2）为小天鹅排队和寻找天鹅的操作单排列形式和数量可以更多样，如幼儿能力较强，还可提供数群结合形式的操作单，发展幼儿的思维能力。

（二）区域活动

配合教学进度和幼儿兴趣，教师也可以在区域中增加集合比较有关的活动材料，使幼儿通过操作，进一步巩固和拓展教学活动中获得的集合比较的经验。在投放集合比较的活动材料时，首先，应根据幼儿集合比较能力发展的顺序依次投放材料。如，在小班阶段投放小数量的（如3以内或5以内）、幼儿通过目测就可以进行比较的集合材料。中班、大班投放数量较大的材料，幼儿需通过一一对应的方法（重叠比较、并置比较、连线比较）或计数策略来比较两组或多组材料数量的大小。此外，还可以通过改变材料中数量的大小，集合数量是相等还是不相等，材料类型是实物、实物图片、简笔画、还是抽象符号，物体是有序排列还是松散无序排列等方面，制作多种情境下、多种形式、不同难度的活动材料，使幼儿能够在多种形式、多种材料、不同难度的活动中，巩固对集合概念的理解以及掌握集合比较的方法。

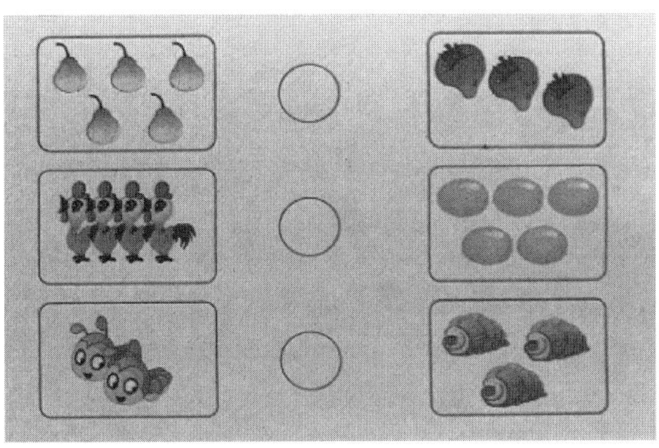

图3－23　集合比较区域活动材料1

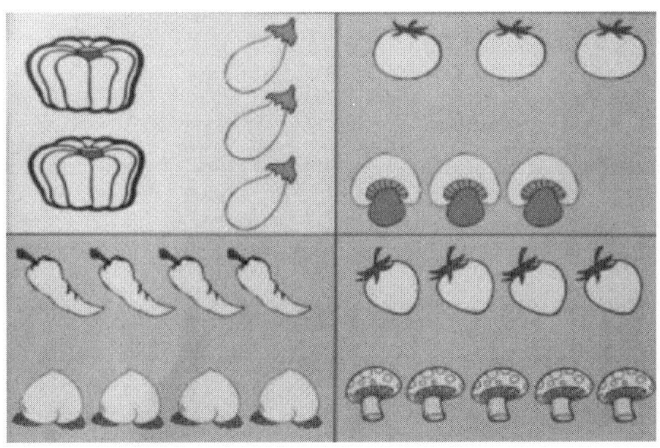

图3－24　集合比较区域活动材料2

（三）其他活动

1. 游戏活动

在幼儿比较熟悉的"抢椅子"的游戏活动中，通过幼儿和椅子的一对一匹配的过程，让幼儿充分体验物体间的对应关系，感知幼儿和椅子数量上的差异。套圈圈的游戏中，幼儿使用一定大小的圆圈来套摆在地上的各种物品，每位幼儿都有同样的套圈圈的机会，在游戏结束时，通过数数比较谁套中的物品更多，进而确定游戏谁获胜。掷骰子赢糖果的游戏中，2 名幼儿各有 6 次机会掷骰子，骰子朝上一面的数字就是获得的糖果数量，最终通过比较谁获得的糖果更多确定谁获胜。

2. 生活活动

儿童在日常生活中的许多活动都涉及集合的比较，比如家里来了客人，妈妈给客人小朋友 2 块糖，自己家的小朋友很可能也要同样多数量的糖；家里来了客人，妈妈让孩子数一数一共有几位客人，就拿几双筷子；还有的时候，儿童会告状："老师，妞妞的娃娃比我的多。"这时候老师可以带着小朋友一起数一数，或者用一一对应的方法来比较比较。作为成人要利用这些生活中的教育契机，促进儿童集合比较能力的发展。

3. 各领域渗透活动

运动活动中，请幼儿通过一一对应或者数数的方法来比较一下，体育器材的数量和幼儿人数是否相等，是不是每个幼儿都有自己的运动器材？美工活动中，对于参加活动的幼儿来说，美工纸、彩笔、彩泥是否充足，是否每位幼儿都有一份材料，如果材料不够，还差几份？剪刀、胶棒等工具分别有几个？需要几个人共用一个？STEM 相关的木工活动中，起到连接作用的螺丝钉和螺丝帽是不是够用？螺丝钉和螺丝帽的数量是否匹配？

模块四　模式

情境导入

大班的佳佳老师根据绘本《蜘蛛和糖果店》改编了一次数学活动。糖果店里的蜘蛛，有一个特殊的本领，就是它能够预测来到糖果店的小朋友会买什么零食。佳佳老师播放的PPT显示，今天来买零食的是菲菲，菲菲之前5次购买的分别是牛奶糖、果冻、牛奶糖、果冻、牛奶糖。接下来佳佳老师请小朋友来猜：今天菲菲会买什么零食？跳跳说："会买牛奶糖，因为前5次里边有3次是买的牛奶糖，2次买了果冻，牛奶糖次数多，说明菲菲更喜欢吃糖，这次很有可能又买牛奶糖。"小威站起来说："老师我有第二种方法，我发现了它的规律是牛奶糖、果冻、牛奶糖、果冻、牛奶糖，那么按照这个规律排下去的话，今天再来买就是果冻了。"佳佳老师肯定了两种推理的方法，并表扬跳跳和小威都是爱动脑筋思考的小朋友。

点评：跳跳通过比较牛奶糖和果冻数量的多少，认为菲菲更喜欢吃糖，由此推断菲菲这次还会买糖吃。而小威则发现了菲菲购买记录里的秘密，菲菲前5次购买的零食是按照一定的规律排列的：牛奶糖、果冻、牛奶糖、果冻、牛奶糖，根据ABABAB这一模式来推理的话，这次菲菲应该会买果冻吃。由此我们可以知道，小威在这次数学活动之前，已经获得了与模式有关的感性经验，这让小威能够从新的视角思考生活中的数学问题。

知识演绎

一、模式的概念与关键经验

模式认知能力作为儿童早期基本数学能力之一，与其他数学内容相互联系，渗透在分析数量关系、问题解决、建模、判断、证明、预测等各种活动中，是儿童进入数学世界的重要中介。第一，模式与儿童的代数思维和逻辑推理能力紧密相连，为儿童日后进行更抽象的数学学习奠定基础。第二，模式的学习有助于帮助儿童去发现、理解数学自身独特的结构以及数学中数、几何、测量等各大主题之间的联系，使儿童获得有效的数学图式。第三，模式的学习与儿童日后的学习关系密切，日常生活中的艺术、建筑、舞蹈、音乐等方面都存在大量的模式方面的因素，如一个人学习舞蹈时，如果不能及时发现其中的舞蹈模式，学习起来则会存在困难，所以模式经验的获得对儿童一生的学习都会有重大意义。

（一）模式基本概念

1. 模式

数学是模式的科学和语言。模式指客观事物和现象之间本质、稳定、反复出现的关系，对事物和现象的隐蔽性、抽象性的规律特征的认知。模式具有重复性和可预测性。模式不仅是数学的基本主题，也反映了数学的实质是对客观世界的形式、结构和关系的抽象化。比如说，周而复始的“上午—下午—晚上”的自然现象，按照“红珠子—白珠子—粉珠子”规律穿起来的手链等，都可以抽象成模式。

2. 模式单元

模式单元指模式中有规律地重复出现的部分。比如街角绿化带中按照“红花—粉花—紫花—白花，红花—粉花—紫花—白花”规律摆放的观赏花卉，其基本单元是“红花—粉花—紫花—白花”，口令“1—2—1，1—2—1，1—2—1”的基本单元是“1—2—1”。模式“拍手—点头—拍手—点头—点头—拍手—点头—点头—点头”的基本单元是“1 拍手—1 点头，1 拍手—2 点头，1 拍手—3 点头”。

3. 模式的主要类型

模式类型有两个划分标准，一个是按模式组成的基本单元来划分，一个是组成模式的载体。

第一种按照模式组成的基本单元划分的方法，将模式分为重复性模式和发展性模式两类。重复性模式指组成模式的单元是由 n 个相同的、保持不变的单元构成的，重复的单元中元素的数量不同，模式的难度也不同，如“红绿，红绿，红绿”，“ABC，ABC，ABC”，“ABCD，ABCD，ABCD”，“ABBCCD，ABBCCD，ABBCCD”等。发展性模式指由按照同一规律发展变化的单元构成。如“AB，ABB，ABBB”模式，“AB，AABB，AAABBB”模式，“AB，AAB，AAAB”模式等。

还有一种按照模式组成的基本单元划分的方法，将模式分为重复模式、循环模式、滋长模式和变异模式。循环模式如“潮起—潮落，日出—日落，春—夏—秋—冬，生—老—病—死”等自然现象，滋长模式如“AB，ABB，ABBB……”，变异模式如：“1—2—3，1—2—4，1—2—5……”。

按照组成模式的载体不同，可将模式分为实物模式和符号模式。实物模式指以实物或动作、声音等实体的形式呈现的模式，如“走—跑—跳”的动作模式。符号模式指通过字母、数字、文字等抽象的符号系统来表达的模式，如数列“1，2，3，4，5……”。从组成模式的载体来看，实物或者图片对儿童来说是最容易的，动作、声音等稍有难度，而符号形式的模式对儿童来说则相对有难度。

4. 模式能力的结构

模式能力主要包括模式的识别、复制、扩展、填充、创造、比较、转换等。其中模式的识别能力是基础，其他能力都是在模式识别能力的基础上发展起来的运用模式经验的能力。

模式识别能力是指辨别模式结构的能力，即能够识别模式单元有哪些组成元素，以及模式单元之间的关系。

模式复制能力指按照示范模式，制造出具有相同结构的模式。比如，老师拿着按照一定的颜色规律排列的串珠项链，让儿童穿出相同结构的串珠。

模式扩展能力指在模式识别基础上对模式发展的预测能力，儿童需要分析模式的整体结构及其中的规律性联系，从而对模式在任何时间、空间中的发展、变化进行预测。比如教师拿着一条颜色有规律排列的串珠项链，让儿童继续按照原来的规律穿下去。

模式填充能力就是幼儿按照模式的规律对给定的模式序列中缺失的部分进行补充操作。

模式创造能力指一种对模式结构的新的学习和反应能力，它要求儿童对所要创造的模式结构有清晰的预想，能够自己创造出一种模式结构或序列。比如教师拿着一条颜色有规律排列的串珠项链，让儿童再穿出一种“不一样”的项链来。

模式比较能力，关键在于分析模式结构的异同，促使儿童透过表面现象，把握决定模式结构的本质要素。如通过对于动作模式“坐，站，坐，站”与数字模式“1，2，1，2”的比较分析，儿童会发现尽管它们在表现形式上不同，但它们具有相同的结构，是相同模式在不同情境中的不同表现形式，都可以概括成“A，B，A，B”。

模式转换能力，也就是用不同的表现形式（材料、动作、声音、符号）表征同一模式。比如儿童用“跳，蹲，跳，蹲”的动作表征串珠中“红，绿，红，绿”的颜色模式。能够进行模式转换，意味着儿童对模式的本质和内涵有了准确的理解。

二、学前儿童模式的发展特点

儿童模式识别、复制、扩展、填充、创造、比较、转换的能力是层层递进的，儿童模式经验的获得也是从模式的识别逐步发展为模式的转换。对于3—4岁儿童来说，应该能够识别并发现规律；对于4—5岁儿童来说，应该发现事物简单的规律并加以运用，如发现铺排瓷砖的规律是一黑一白之后，能正确地延续；5—6岁儿童应该能在发现排列规律的基础上进行创造，如学习律动之后自己编出一个新的动作程序。

三、模式活动的设计与实施

（一）教学活动

1. 学前儿童模式概念的教育要求

模式的识别和运用能力的培养是促进儿童数学认知发展和逻辑思维能力发展的重要方面，其具体的教学内容就包括对模式的识别、复制、扩展、填充、创造、比较、转换等。

（1）小班。能识别模式，并按照简单的模式排序（序列在3以内）。

（2）中班。能按照简单模式（序列在5以内）排序。能复制和扩展模式，并能对物体和图案进行排序。

（3）大班。学习按模式排序。能根据物体和图案创造出某种模式并进行排序。

2. 设计要点

（1）合理、巧妙利用生活情境和故事情境。

模式涉及事物隐蔽性和抽象性的特征，反映了儿童思维抽象性的水平。但在学前阶段对于幼儿模式能力的培养，应当符合幼儿的年龄特点，以幼儿身心发展为依据。有关模式的学习活动，不能是纯粹的模式教学，而应当将有关模式的内容贯穿于幼儿一日生活的各个环节之中，在不同的情境中巧妙渗透相关的概念，比如幼儿感知每天"上午—下午—晚上"的时间变化，幼儿运动会上"一个男孩、一个女孩"间隔排队，美工区域按照一定的颜色规律绘画、制作装饰品，益智区的"消消乐"（相邻的几个正方体满足指定的模式规律，就会被拿走）。即使是教师有组织的集体教学活动中，也应当巧妙地设置情境，合理融入模式的概念。

（2）有序体现模式能力发展的渐进要求。

从儿童模式能力的结构来看，儿童模式识别、复制、扩展、填充、创造、比较、转换的能力是层层递进的，儿童模式经验的获得也是从模式的识别逐步发展为模式的转换。教师在设计有关模式的学习活动时，对于初次接触模式或有关模式的经验不多的低龄幼儿，可从2个单元的模式开始，逐渐增加至3个单元、4个单元；构成每个单元的元素个数上，也需逐渐从2个（AB）增加至3个（ABC）、4个（ABCD）；模式的类型上，从没有变化的模式（拍手、拍手……），逐渐过渡到有一个元素变化的模式（拍手、叉腰……），再到有重复一个元素的模式（拍手、拍手、叉腰……或拍手、叉腰、叉腰……）或包含多个特征的模式（大红圆形、小黄三角形……）。设计学习活动时，幼儿的年龄阶段是重要的参照，但更为重要的是教师要准确地把握幼儿已经获得的有关经验和所达到的发展水平，这才是有效设计学习活动的关键。

（3）关注多样化的模式表征。

幼儿用不同的表现形式（材料、动作、声音、符号等）来表征同一模式的能力，也就是幼儿具有模式转换的能力，这表明幼儿对模式的本质和内涵有了准确的理解，也是幼儿抽象思维进一步发展的体现。教师在设计模式学习活动时，可以启发幼儿用不同的形式，来表达自己对一定规律的理解。比如幼儿用“跳，蹲，跳，蹲”的动作和串珠中“红，绿，红，绿”的颜色模式来表征模式“AB”，或根据音乐节奏规律自主编排舞蹈动作。这样既可以拓展幼儿对模式本质特点的理解，也可以发展幼儿思维的变通性、发散性、抽象性。

3. 教学活动举例

案例研讨

中班数学活动　漂亮的礼物（两种颜色或形状间隔排序）①

活动目标

1. 能用两种颜色或形状的材料有规律地间隔排序。

2. 尝试运用多种方法进行规律的排列。

3. 积极参加操作活动，感受不同排列的形式美。

活动准备

1. 教具。盘子、领带图片，大的黑白围棋子(或黑白圆点标记)。

2. 学具。第一、二组:《装饰帽子》操作单人手 1 张，树叶、花朵和彩色圆点贴纸若干。第三、四组:圆形纸板(花芯)人手 1 个，2 种颜色的木夹子若干。第五、六组:《美丽的项链》操作单人手 1 张，装材料用的小篓子若干。

活动过程

1. 引导幼儿观察盘子图片，发现并尝试记录图案排列的规律。

教师:小兔要过生日了，朋友们送给它几件漂亮的礼物，我们看看是什么?(出示盘子图片)

教师引导幼儿观察:这个盘子漂亮吗? 盘子上有什么样的花纹? 是怎么排列的呢?(1 个大圈、1 个小圈间隔排列)你们能按盘子花纹的排列方法也用这些黑白围棋子排一排吗?

个别幼儿上来尝试用黑白围棋子记录花纹排列的方法。

师幼共同验证。

2. 引导幼儿观察领带图片，发现并尝试记录图案排列的规律。

出示领带图片:朋友们还送给小兔什么礼物呢? 领带上花纹的排列方法和盘子花纹的一样吗? 它是按什么规律排列的?(1 个绿色、2 个红色间隔排列)个别幼儿尝试运用围棋子记录领带花纹的排列方法。

集体验证，如有不同的想法，教师也请他用围棋子进行记录，并集体讨论是否正确。

3. 引导幼儿比较两种物品花纹排列的规律。

教师引导幼儿观察:我们用围棋子记录了盘子和领带上花纹排列的方法，小朋友们看一看，这两种方法有什么不一样的地方? 教师引导幼儿总结出盘子是两种花纹交替排列，领带虽然是两种花纹交替排列，但是两种花纹的数量是 1 个和 2 个交替的。

---

① 赵寄石，唐淑.幼儿园渗透式领域课程·科学艺术·中班(上)[M].3 版.南京:南京师范大学出版社，2017:30.

4. 拓展幼儿思路。

教师：花纹除了可以这样排列，还可以怎么排列呢？

幼儿相互交流自己的想法，若有与之前不同的想法，可请幼儿上来用围棋子记录。

5. 操作活动。

教师：小兔子快过生日了，我们也做一些礼物送给它吧！

第一、二组：装饰帽子。现在的帽子上缺少美丽的花纹，请小朋友挑选两种自己喜欢的小贴画，把它们有规律地贴在帽檐上，制作成一顶漂亮的帽子。记住，贴在帽子上的花纹一定要有规律！

第三、四组：做小花。现在只有圆形纸板的花芯，小朋友要在花芯上夹夹子当作花瓣，夹的时候要想一想：选择什么样的颜色怎么排列才能做出又漂亮又有规律的花呢？

第五、六组：美丽的项链。美丽的项链少了一些珠子，请小朋友按照珠子颜色排列的规律，在空白的圆圈里涂上适合的颜色，变成一串完整的项链。

幼儿操作，教师重点关注幼儿的操作方法。

6. 展示与交流。

展示幼儿的作品，请个别幼儿介绍自己的排列方法。

教师引导幼儿发现花纹排列的规律：小朋友们帮助小兔制作了这么多漂亮的帽子、小花和项链，你最喜欢哪一个呢？它的花纹是怎么排列的？

幼儿相互交流自己的想法。

教师小结：今天小兔收到了这么多朋友送来的礼物，它特别开心！每一样礼物上的花纹都是按规律排列的，所以非常美丽。小兔子谢谢大家！

活动建议

1. 在用黑白围棋子记录图案排列的方法时，有可能会出现不同的方法(即黑色围棋子在前或是白色围棋子在前)，教师应给予幼儿充分表达的机会，并引导幼儿关注无论哪种颜色的围棋子在前都是两种颜色的交替，一种是1个和1个交替，另一种是1个和2个交替。

2. 教师在为幼儿准备穿项链的材料时，需要事先穿好一部分珠子，其规律也应该是两种颜色或形状的交替，在数量上可有些变化，如1个和1个的交替，1个和2个或2个和1个的交替。

3. 在呈现幼儿作品时，请幼儿将作品分类摆放，便于幼儿欣赏与比较。

4. 在活动结束之后，教师让幼儿在周围的环境中找一找哪些物体的排列是有规律的，鼓励他们用自己的方式记录排列的规律。也可以在美工区域活动中渗透这部分内容，如装饰手绢、裙子等。

(二) 区域活动

对于模式能力的培养在幼儿园区域活动之中的贯彻和实施，则应当以儿童的年龄特点、心理发展特点为依据，将有关模式的内容渗透到各个区域中，如美工区装饰活动中的模式规律、积木建构活动中的模式规律等。儿童的模式能力发展是一个渐进的、有序的过程，它包括识别、复制、扩展、填充、创造、比较、转换等一系列发展的过程，在教师关于模式相关活动的设计中，特别要遵循的就是按照模式能力结构的有序发展来编排活动进度，体现渐进有序性。首先，教师在活动设计中要考虑一个模式单元中构成元素的个数及其构成的复杂性问题，对初次进行模式相关活动或者模式相关经验并不多的低龄幼儿来说，单元个数可以从 2 个开始，慢慢发展到 3—4 个；同样，构成每个单元的元素复杂程度也是需要有序递增的，一般可以从没有变化的模式（拍手、拍手……）到有一个变化的模式（AB、AB、AB……）到重复一个构成元素的模式（AAB、AAB、AAB……或 ABB、ABB、ABB……）再到包含一个以上特征的模式（大且红、小且黄、小且黄；大且红、小且黄、小且黄……）。在这种有序的渐进序列中，儿童的年龄阶段当然是一个很重要的参照点，但相对于模式能力本身的发展序列而言，年龄阶段不是绝对的，而发展的线索才是教师在活动设计中要把握好并加以有效设计的。

表 3 - 2　模式材料的序列性投放①

投放次数及参考年龄	样　图
第一次投放（小班）： 识别 AB 模式并进行复制	
第二次投放（小班）： 识别 AAB、ABB 模式并进行复制	
第三次投放（小班）： 发现模式的规律并进行结构复制	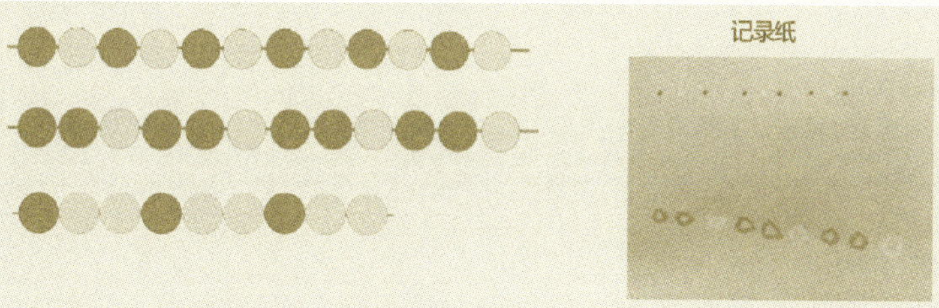
第四次投放（小班）： 识别 AABB、ABC 模式并进行复制	
第五次投放（小班）： 识别 AB、AAB、ABB 模式的规律并进行拓展	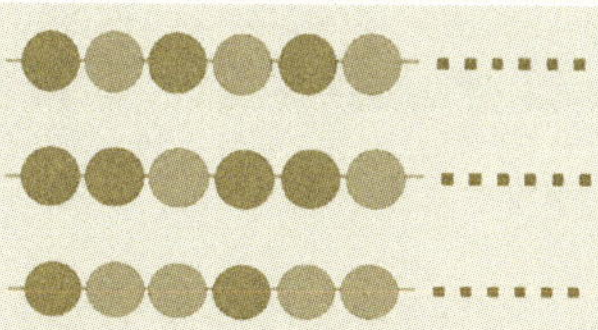
第六次投放（中班）： 能够发现 AB 模式的规律，推测并判断出一个空缺部位	
第七次投放（中班）： 能够发现 AB 模式的规律，推断并判断出两个空缺的部位	

① 该案例由开封市实验幼儿园任雨老师提供，张亚杰指导。

续 表

投放次数及参考年龄	样 图
第八次投放(中班): 能够发现 AAB、ABB 模式的规律,推测并判断出一个空缺部位	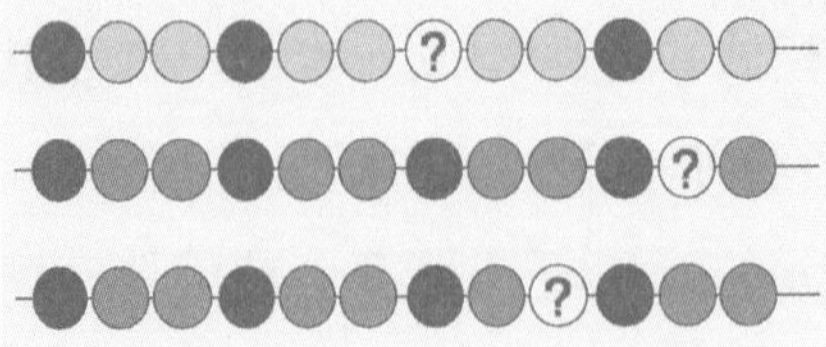
第九次投放(中班): 能够发现 AAB、ABB 模式的规律,推测并判断出两个空缺部位	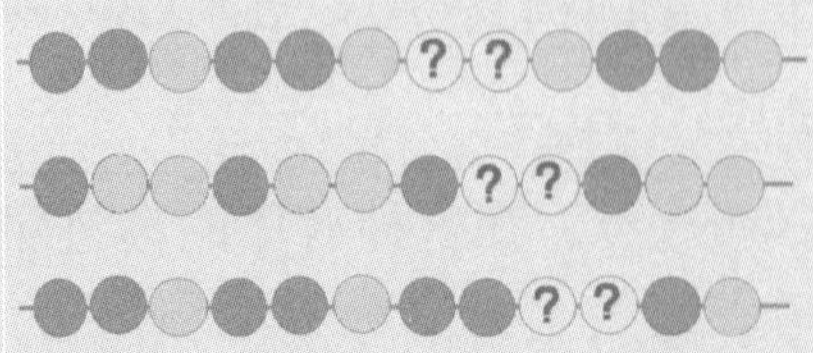
第十次投放(中班): 能够发现 AAB、ABB 模式的规律,推测并判断出三个空缺位置	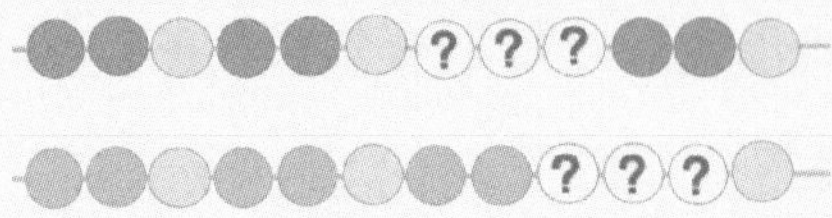
第十一次投放(中班): 能够发现 AABB 模式的规律,推测并判断出一个空缺位置	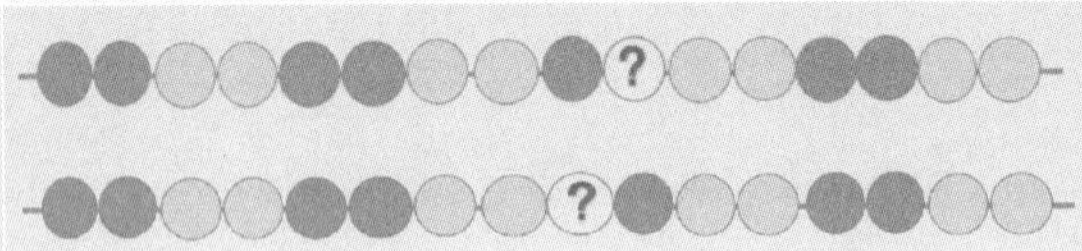
第十二次投放(大班): 发现 AABB 模式的规律,推测并判断出两个空缺部位	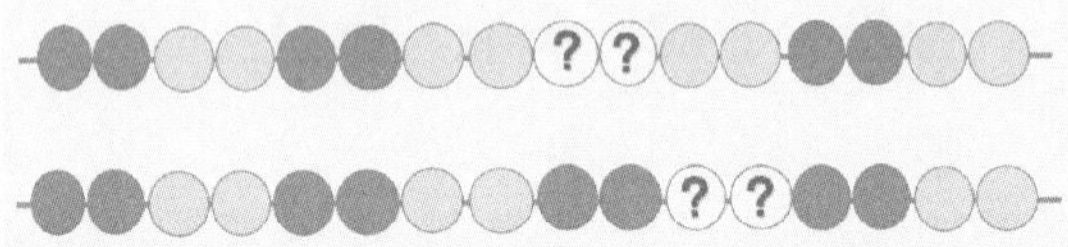
第十三次投放(大班): 发现 AABB 模式的规律,推测并判断出三个空缺部位	
第十四次投放(大班): 发现 AABB 模式的规律,推测并判断出四个空缺部位	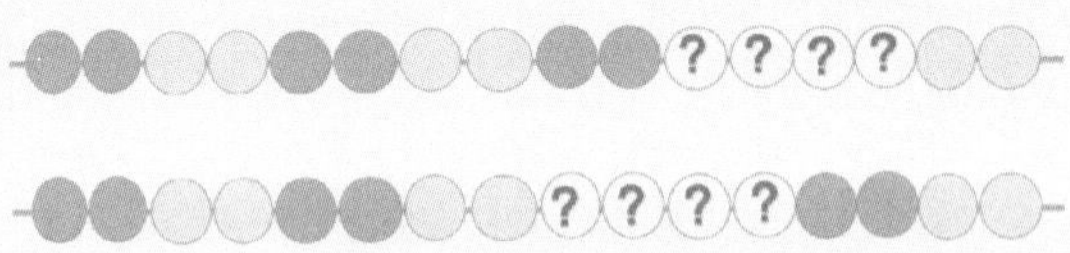
第十五次投放(大班): 提供模式的结构,用符号的形式进行转化	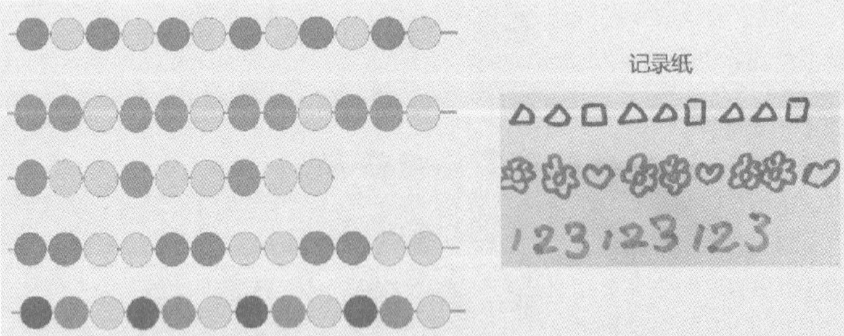
第十六次投放(大班): 发现 ABABBABBB 模式的规律,进行复制、扩展	
第十七次投放(大班): 发现 ABAABAAABAAAAB 模式的规律,进行复制、扩展	

（三）其他活动

1. 游戏活动

“请你像我这样做”的游戏中，第一个幼儿做出自己的几个动作，比如：拍手、拍手、停、拍手（重复两遍）；第二个幼儿要复制第一个幼儿的动作，然后第二个幼儿再重新做另外的动作，比如：跺脚、跺脚、跳，跺脚、跺脚、跳；第三个幼儿复制第二个幼儿的动作，并重新设计自己的动作，以此类推，哪位幼儿模仿前面幼儿的动作时出错，该幼儿被淘汰。教育实践中，教师往往比较偏重视觉上的模式，即图形、形状、大小、符号等不同排列组成的模式，容易忽视听觉或动作方面的模式。我们在设计模式活动时，要注意模式的多种表征方式，它可以为儿童模式比较能力的发展奠定一定的基础，不仅可以拓展儿童对模式本质规律的认识，还培养和发展了幼儿思维的发散性和变通性。

2. 生活活动

生活中到处充满了模式，成人应该注意这些模式的元素。比如排队时，教师要求按照一个男孩、一个女孩、一个男孩、一个女孩的形式排队；午饭后散步时，看到房檐上有规律的图案排列也可以与幼儿交流；教室的墙面布置也有模式的元素，教师也可以与幼儿一起识别、交流模式；大班的儿童每天观察自己种植的大蒜，教师可以鼓励儿童把每天的豆苗画下来，儿童每一张画上的豆苗都会比前面一张长一点，这也是发展性模式的学习；教师也应该引导儿童注意每天作息时间安排的重复性模式、美工区装饰活动中的模式规律、积木建构区中的模式规律。

3. 各领域渗透活动

美工活动中，幼儿设计围巾的图案时，可以有规律地画出各种图形、涂上各种颜色。教师或家长与幼儿一起阅读绘本时，引导幼儿关注画面中事物的排列规律，描述自己发现的规律。建筑活动中，幼儿在铺排地砖的时候，可以引导幼儿回忆生活经验，家里的厨房、卫生间的瓷砖是按照什么规律来铺的。幼儿在盖房子的时候，为幼儿提供不同颜色、大小、图案的积木片，让幼儿思考并自主设计和建造自己的房子，使建造的房子有规律、有美感。

4. STEM 活动

在 STEM 活动中，幼儿会按照一定的规律去制作作品，也会考虑制作作品的美观，会用各种有规律的装饰物去装饰作品。

［趣味研究］

设计一项研究，调查一所幼儿园所有的大班幼儿比较集合大小能力的发展，了解任务测试条件对幼儿集合比较能力的影响。分别通过控制以下几个因素来设置不同难度的任务：两个集合数量的大小（两个集合数量均为 5 以内或者 5—10，或者一个集合数量为 5 以内，另一个集合数量为 5—10 之间）；两个集合数量相等或不相等；活动材料是以实物、实物图片还是抽象符号来表示；两个集合出示的方式是松散无序还是规律有序；研究者依托幼儿熟悉的情境提出任务还是直接提出数量比较的任务。在不同的任务情境下，幼儿表现出的比较两个集合数量大小的水平如何？并解释不同条件下幼儿能力水平出现异同的原因。该研究结果对幼儿园集合比较教育活动的开展有什么启示？

［实践项目］

请为小班幼儿设计一套感知集合的材料，并使用这套材料开展游戏。

主题自测

1. 学前儿童感知集合发展的阶段性特点是什么？
2. 什么是分类？分类的形式有哪些？
3. 一一对应比较的方法有哪些？具体怎样做？请举例说明。

主题四　学前儿童数概念和运算活动的设计与实施

主题目标

引导幼儿感知事物的数量及其关系，建构初步的数概念，形成数感，是幼儿数学教育的主要内容之一。通过本章的学习，学习者应完成以下目标：

1. 学习和了解学前儿童初步数概念和数运算所包含的名种关键经验，了解各关键经验对儿童数学学习的重要意义。

2. 学习和把握学前儿童初步数概念和运算能力的发展规律及其特点。

3. 学习和把握学前儿童数概念各部分内容的教学要求和教育活动设计要点。

4. 学习和把握学前儿童数运算的教学要求和教育活动的设计要点。

内容脉络

- 学前儿童数概念和运算活动的设计与实施
  - 数和数字
    - 数的概念与关键经验
    - 学前儿童数概念的发展特点
    - 数概念活动的设计与实施
  - 计数
    - 计数的概念与关键经验
    - 学前儿童计数的发展特点
    - 计数活动的设计与实施
  - 数的分解与组合
    - 数的分解与组合的概念与关键经验
    - 学前儿童数的分解与组合的发展特点
    - 数的分解与组合活动的设计与实施
  - 运算
    - 运算的概念与关键经验
    - 学前儿童运算的发展特点
    - 运算活动的设计与实施

模块一　数和数字

情境导入

杨老师在大班进行相邻数教学时，设计了“找朋友”的活动。她先请小朋友们动手操作，按照图片上星星的数量进行排序，排好后让小朋友们分别说一说是怎么排的，谁排在前面，谁排在中间，谁排在最后。（1颗星星排在最前面，2颗星星排在1颗星星的后面，3颗星星排在最后）接着让小朋友们把中间的数字用蜡笔圈出来，然后与它前后的两个数字比一比，看看发现了什么。（引导幼儿说出，1比2少1，它是2的朋友，排在2的前面；3比2多1，它也是2的朋友，排在2的后面）排在一起的3个数叫相邻数。最后让小朋友们自己找一找图片上的数字是几，它的相邻数是谁和谁。

点评：相邻数教学的目的在于帮助幼儿理解自然数序列的顺序性。在对数字已经有一定认识的基础上，幼儿有了初步的数与数之间存在某种逻辑关系的概念。结合幼儿具体形象思维占主体地位，抽象逻辑思维初步发展的年龄特点，幼儿所要学习的知识应在操作体验中自己去探索，自己去发现。在本次活动中，教师设计了若干操作活动，把相邻数的概念渗透在其中，为幼儿提供了主动探索的机会；引导幼儿按照数量多少的顺序给图片排序，进而发现数的序列的规律；让幼儿尽量在具体的事物中理解抽象的数的逻辑概念，在游戏活动中快乐地学习、体验、理解，从而提高学习相邻数的兴趣。

知识演绎

一、数的概念与关键经验

(一) 数

数是一个用作计数、标记或用作量度的抽象概念，是比较同质或同属性事物的等级的简单符号记录形式(或称度量)。在日常生活中，数通常出现在标记(如公路、电话和门牌号码)、序列的指标(序列号)和代码(ID)上。在学前教育阶段，幼儿主要学习有关自然数的知识内容。

1. 自然数

自然数是指用以计量事物的件数或表示事物次序的数。即用数码 0，1，2，3，4……所表示的数。自然数由 0 开始，一个接一个，组成一个无穷的集体。自然数是一切等价有限集合共同特征的标记，例如“6”可以表示“6”个苹果、“6”棵大树等所有元素个数为“6”的集合的共同特征。

2. 基数和序数

基数是对应量词的“数”，用来表示集合中元素的个数，例如“小童一共有 4 颗糖果”。

序数是对应排列的“数”，用来表示集合中元素排列的次序，例如“这是我的第五本故事书”。

每一个自然数都有双重性，既可以表示基数，也可以表示序数。

(二) 数字

数字是一种抽象的符号，代表数词用来记数的一种符号。幼儿在生活中，会遇到许多接触数字的机会，如电话号码、房间门牌号、钟表数字等。数字是在忽略事物其他特征的基础上，对其数量本质数理逻辑特征的一种概括和提炼，因此让幼儿认识数字就必须理解数字所表达的实际意义，而不是纯粹的数字认读。只有当幼儿从 6 颗糖、6 本书、6 只气球等数量物体中，把 6 作为代表一切数目是 6 的物体的数词和记数符号时，才是真正理解了数字所包含的意义。因此，在对学前儿童进行数字认读和书写教育时，应当避免机械化、简单化、形式化的倾向。

二、学前儿童数概念的发展特点

幼儿数概念的形成和发展包括计数能力的发展，包括对数序认识、数的守恒及数的组成的掌握等几个方面。儿童数概念的发展过程是与其集合概念和计数概念的发展紧密联系在一起的，它们既在概念和思维过程上具有密切的关系，在发展进程上也具有年龄阶段上的同步性和一致性。学前儿童的数概念发展，既是一个连续的过程，又具有阶段性的特点。

（一）对数量的感知阶段（3岁以前）

这个阶段的儿童对数量中的大小关系和多少关系有了笼统的感知，能够对明显的大小和多少的差别作出判断和区分；会唱数，但一般不超过10；逐步学会了用一一对应的方式手口协调地在小范围内（1—5）点数，但却不一定能说出总数。因此，这个阶段的儿童的数概念主要是通过感知和运动来把握客体的数量关系，而且往往只具有对小数量物体的数量关系的初步理解。

（二）数词和物体数量间联系的建立阶段（4—5岁）

数词和物体数量间建立联系表明儿童开始理解数所表征的实际意义。这一阶段儿童的数概念基本形成。这个阶段的特点是：儿童不仅能够手口一致协调地点数，而且在点数后能够说出物体的总数，即有了最初的数群的概念；末期开始出现数的守恒现象；在理解基数概念的同时，能够完成按物取数和按数取物，并认识10以内的序数；随着计数活动经验的积累，能够逐步认识数与数之间的关系，能按数序排列10以内的自然数序列；能够借助具体的实物进行数的组合与分解，初步理解一定数量物体的总数可以分解为两个部分数；末期开始能做简单的实物运算。这个阶段的儿童已经具有了一定的计数能力，建构和理解了一定的数量关系，这表明儿童已经能够在较低水平上形成初步的数概念。

（三）数的运算初期阶段（5岁以上）

这个阶段儿童的数概念进入一个较深入的快速发展阶段，此时幼儿的计数能力，对基数、序数意义的理解和把握，以及数的运算能力都呈现了一个飞跃上升的趋势。这个阶段是儿童数概念发展的转折点。具体表现在：对10以内的数大多具备了数量守恒的观念；计数能力有了进一步的发展，具备了按群计数的能力；对基数概念、序数概念的理解有不同程度的开展和加深，进一步掌握了相邻数、单双数等数关系；能够掌握10以内数的组合与分解，能感知和理解数的组成中数群间的等量关系、互补关系、互换关系；从表象运算向抽象数符号运算过渡。总之，这一时期的儿童在数概念发展上表现出从表象水平向抽象水平过渡的特点。

三、数概念活动的设计与实施

（一）教学活动

1. 要求

（1）序数教学要求。

中班：学习10以内序数，理解序数的含义，会用序数词正确表示物体在序列中的位置；会从不同方向(如从左到右、从右到左、从上到下、从下到上等)正确表示物体在序列中的位置。

(2) 数符号认读与书写的要求。

中班:能正确认读 1—10 的阿拉伯数字符号,并能用 10 以内的数字符号正确表示 10 以内物体的数量。

大班:学习正确书写阿拉伯数字符号。

(3) 自然数列的教学要求。

小班:会从 1 开始的顺数唱数,感知正确的数序。

中班:会从 10 以内任意数开始的顺数和 10 以内的倒数;知道 10 以内相邻两数的大小关系(多“1”和少“1”的关系)。

大班:熟练掌握 10 以内自然数的顺序;认识 10 以内三个相邻数的关系及自然数列的数差关系。

2. 设计要点

(1) 序数设计要点。

幼儿在基数学习过程中积累的数经验,是学习序数的基础。序数可以集中进行教学,不需要分解逐个进行。学习序数,要结合材料的排列变化,明确序列的起点和方向。利用多种操作材料,结合计数活动和排序活动,引导幼儿确定物体的位置。引导幼儿在日常生活和游戏活动中进行序数学习。如户外活动的排队,体育竞赛中的名次排列,送小动物上火车(如让小兔上第四节车厢)等。

(2) 数符号认读与书写。

结合基数学习进行,帮助儿童建立数量和数字符号之间的联系。在理解数实际意义的过程中,可以在感知数量之后,引导儿童认识数字符号,通过数和物的匹配,知道数字可以用来表示物体的数目。

引导儿童辨认数字的音、形、义。每个数字都有其相应的音、形、义,应引导儿童有意识地进行辨识。例如“1”像小棍、竹竿,“2”像鸭子……通过形象化的描述,使儿童产生深刻的印象。

适当书写练习。数字书写要采用讲解和示范的方法,帮助儿童熟悉正确的笔顺和笔画,通过适当书写练习,巩固对书写的要求。

(3) 自然数列设计要点。

利用儿童口头唱数来感知自然数的序列关系。如从 1 开始的顺数,从 10 以内任意数开始的顺数,从 10 开始的倒数,从 10 以内任意数开始的倒数。利用相邻两个数的比较和转换,引导幼儿感知和认识 10 以内相邻两数的数差关系,促使幼儿深刻理解两个自然数之间多 1 和少 1 的关系。利用扑克牌游戏、数棒材料操作性活动等,构建相邻三个数之间的比较与转换,从而感知自然数列的等差关系、传递关系、相对关系。

3. 教学活动举例

案例研讨

大班数学活动　找位置[①]

设计意图

《指南》中指出:数学认知的目标是让幼儿初步感知生活中数学的有用和有趣。它强调儿童对自己周围环境中的数学问题的关注和兴趣。近些年随着我国电影业的繁荣,孩子进入电影院的机会越来越多,但他们还不能独立找到座位。电影院的座位与序数联系密切,可进行不同方向的序数练习,而大班的幼儿已经对序数有了初步经验,怎样让幼儿在原有的经验中提升能力并为自己的生活服务,逐步养成从数学角度观察现实世界的意识与习惯呢?本活动通过设置场景、赋予任务、为电影院设计座位、找座位等环节,让幼儿充分感受数学与生活的密切联系,对身边与数学有关的事物产生好奇心,能够有意识地运用数学语言表达现实生活。

活动目标

1. 能横向、纵向辨别序数,并能用序数词准确描述。

2. 尝试通过观察、分析、推理提高解决生活中问题的能力。

3. 愿意参加数学活动,体验解决问题的乐趣。

活动重难点

1. 重点:能横向、纵向辨别序数。

2. 难点:能以不同方向为起点,掌握序数词。

活动准备

1. 经验准备:对序数有简单的认识。

2. 物质准备:数字卡片、视频、电影票,椅子排成3排。

活动过程

(一) 创设情境,激发兴趣

创设看电影的情境,唤起儿童的已有经验,引发活动主题。

教师:小朋友们好,大家都有到电影院看电影的经历,今天老师也要带领小朋友们去看电影,大家说一说,看电影先要买什么呢?

教师:电影票有什么作用呢?

小结:是的,电影票既是进入电影院的凭证,上面也有位置信息呢!

(二) 生成问题,探索新知

出示电影票,启发幼儿观察发现上面的序数信息。

教师:现在每一位小朋友的手上都有一张电影票,请你仔细观察,上面都有什么?每一个信息都有什么用呢?

---

① 该案例由商丘市第二幼儿园秦华老师提供。

教师：如何按照电影票上的信息找到座位呢？（先找到第几排，再找到第几座）

小结：原来电影票上的每一个信息都有它的含义，特别是座位信息，我们一定要仔细观察。

（三）应用知识，解决问题

设置电影院真实情境，根据电影票请幼儿找座位，再讨论探究解决实际问题。

1. 确定小小影院座位的排和座。

教师：哪儿是第一排？为什么？哪儿是第一排的第一个座位？为什么？

教师提出 1 号的几种假设，请幼儿提出不同的看法，并说出自己的理由。

幼儿合作、协商得出结果，请幼儿粘贴第一排和第一排的座位号 1。

2. 找座位。

（1）幼儿根据电影票进场找座位。

（2）请幼儿分享说出自己怎么找到座位的。

教师：你的位置是第几排，第几座？你是怎么找到的？

（四）活动结束

观看视频《生活中的序数》，唤起儿童对生活中的数学的关注，体会到数学的有趣和有用。

师幼小结：今天我们一起认识序数，表达序数，并运用自己的本领解决了电影院里找座位的问题。生活中有很多序数存在，我们也可以开动脑筋，试着用序数解决生活中的问题哟！

活动延伸

1. 生活环节有意识地引导幼儿观察、表达序数。

2. 区域活动中提供不同难易程度的序数操作活动，为不同能力发展的幼儿提供巩固练习的机会。

活动反思

本节教学活动的设计始终遵循幼儿学习发展的规律和年龄特点，层层递进，步步深入。活动中没有像往常那样先让幼儿探讨电影票，找到方法以后再去找座位，而是一反常态请幼儿根据自己对序数的理解和认知，不断地尝试。活动中幼儿自主设定、商讨“排、座”的次序；教师有意不为第二、三排标注座号，请幼儿根据自己的理解和认知拿着电影票找座位……这些环节的设计基于幼儿的“前期关键经验”，依据“最近发展区”精心设计问题情境，激发幼儿积极主动地发现事物中的序数，通过观察、分析、推理，独立思考，解决实际问题并知道解决问题的方法有很多种。活动中幼儿的学习兴趣浓厚，活动结束时仍是意犹未尽。

（二）区域活动

1. 序数投放材料及观察要点

关于序数的学习，教师可以将两则教学活动引入区域活动中，比如在表演区给幼儿提供火车模型，让幼儿扮演不同的小动物玩开火车的游戏；在火车票上写上数字，幼儿要根据数字上的第几号车厢找座位。教师还可以提供快递柜、快递包裹、取货码等材料，让幼儿扮演快递员帮助客人取快递，引导幼儿继续探索发现数字排列的规律，能根据取货码利用数物对应的方法取快递。

观察要点：对于序数的学习，教师要注意观察幼儿在活动中是否能够正确表征序数，能够从不同的方向正确表示物体在序列中的位置。

2. 数符号认读与书写材料投放及观察要点

教师提供的材料要充分，以满足幼儿反复摆弄的需要；同时材料要多样化，满足儿童逻辑思维的发展。同一类的材料应具备实物、图片、符号三个层次。

观察要点：儿童是否能够正确认读数字；儿童在日常活动中是否理解了数字的实际意义，能否正确说出集合数量和物体所在的序列位置；能否正确书写数字。

3. 自然数列活动的材料投放原则及观察要点

教师在投放材料时要明晰目标，以有效地帮助儿童理解和运用数的序列关系。投放材料要以儿童为主体，贴合儿童的兴趣，也可以让儿童自主设计材料，既满足了材料的丰富性，又能够让儿童获得成就感和满足感。此外，投放的材料要具有层次性，按照儿童的身心特点和发展水平及时更新迭代。

观察要点：儿童是否能够正确地按照数序进行唱数；在操作过程中，是否按照顺序正确拿取物体；是否理解自然数列的等差关系、传递关系和相对关系，并且能够用语言进行表达。

（三）其他活动

1. 游戏活动

在学习序数时可以结合游戏的方法，帮助幼儿更好地理解序数的实际意义，能够运用序数知识解决生活中的实际问题，如找密码游戏、排队游戏等。

2. 生活活动

在幼儿一日生活中，有很多学习和复习序数知识的契机。比如，让幼儿在排队时，看看自己是第几个；在玩游戏时，看看谁是第一名，谁是第二名。此外，家长也可以通过电影座位、碗筷的摆放等方式与幼儿交流序数经验，让幼儿从日常生活中内化序数的概念知识。

生活中不同场景下出现的数字代表不同的意思，一般分为基数和序数。如重量、多少、价格等可归到基数类。有的表示物体的位置、顺序、时间等，可以归到序数类。还有一种情况，数字是指用于识别名称或代码的数词，如电话号码、汽车牌照、衣服尺码等。这些号码数字本身并没有大小之分，只是作为物体的代码。

数序的排列在幼儿生活中也随处可见，比如楼栋单元的排列，以及幼儿入园时的签到表。关于数序的理解，教师还可以在日常生活中进行言语表征，而不仅仅是让幼儿停留在动手操作的水平，从而提升幼儿的抽象概括水平，促使幼儿在数学学习的过程中自由转换使用不同的表征方式。

案例研讨

火车票上的秘密①

图 4-1 火车票

教师出示火车票，让幼儿感知火车票上的数字，讨论图片上数字的含义。初步了解火车票上不同数字的意义，重点感知时间、车次及座位号中的数字。在火车票上寻找检票口、价格、日期的信息，并圈画出正确的答案。幼儿运用数字，尝试自己设计火车票。鼓励幼儿在与家人出行时，尝试根据车票信息解决问题。

3. 各领域的渗透

在户外活动中，教师可以询问小朋友站在第几排，或者谁站在第一个；他的后面是谁，应该说第几；谁第三个上来玩游戏……语言活动中，教师也可以通过人物的出场顺序，帮助小朋友更好地理解故事情境，如第一个出现的是小兔子，接下来是小刺猬，然后是……最后是……这样的表达方式，也可以引导小朋友自己回忆人物次序。在美术活动中，教师可询问小朋友第一个用的是什么颜色的画笔，这个画笔是从第几个格子里取的；引导幼儿画出 1 个宝宝、2 个爸爸妈妈；让幼儿用图画表征的方式去理解数序的关系。在美工活动中，教师可以选择用橡皮泥让小朋友捏出不同的数字，用火柴棒拼摆数字，或者用串珠穿数字宝宝。在建构区，教师可以引导幼儿利用积木摆出相邻数，让幼儿亲自动手操作摆弄不同的数量，更直观地理解多 1 和少 1 的区别。

4. STEM 活动

关于幼儿对数的实际意义理解和数字的拼写认读，教师也可在 STEM 活动中引导幼儿再次感知和巩固。如幼儿需要记录一些数据时，可以自然而然地进行书写。

① 该案例由驻马店幼儿师范高等专科学校附属幼儿园白静静老师提供。

模块二　计数

情境导入

自由活动时间，3岁的佳佳坐在区角里，嘴里数着："1，2，3，4，5，6，7，8，9，10。"老师问："佳佳，你数得真好，可以继续往下数吗？"佳佳说："我没有手指头了。"

点评：案例中的佳佳已经有了一定的计数能力，能手口一致地点数10以内的物体，表明佳佳已经形成了初步的数概念。她不能接着10继续往下数，说明其唱数水平可能在10以内。但若要准确评估佳佳真实的唱数水平和数数水平，仍需要多次观察佳佳在其他情境下的表现。此外，即便幼儿能够进行唱数和点数，也不代表她真正理解数的含义。学前儿童的数学教育，重点不在于训练幼儿数数、计算等知识技能，而是要引导幼儿关注多种情境中的数学要素，增进幼儿对数学概念的理解。

知识演绎

一、计数的概念与关键经验

计数技能也被称作数数技能。计数活动在内容方面主要包含唱数、点数(包括按物取数和按数取物)、按群计数；动作方面主要是指手、口、眼之间的一一对应。计数从其技能的连续性来看，包含三项子技能——用正确的顺序有声或无声地说出数词；能确认可用于计数的若干单位物体；能把数词和计数的单位物体一一对应。

(一) 唱数

唱数是指口头数数，即口头上依次序说出数词。儿童能够说出"1，2，3，4，5，6，7，8，9，10"

时，就能在记忆层面上计数 1 至 10。唱数一般可以分为顺数和倒数两种关键经验。顺数是按照与自然数序列顺序一致的方向唱数(1、2、3……)；倒数是按照与自然数序列顺序相反的方向进行唱数(……3、2、1)。

（二）点数

点数就是理解性数数，即需要将每个数词与数过的一个物品相对应。它是建立在儿童对一一对应的理解的基础之上。在点数过程中，使手的动作(逐一指点物体)和口的动作(有顺序地逐个说出数词)之间产生一一对应。格尔曼和加利斯特尔(Gelman & Gallistel)提出了正确数数的五个原则。

(1) 一一对应原则：一个数词只能对应一个数过的物体。即一个物体只能数一次，一个数词也只能用一次。

(2) 固定顺序原则：数与数之间有一个不变的顺序(1、2、3……)，这是由数词系统自身特定的顺序和规律决定的，是不可以任意改变的。

(3) 基数原则：数到某个集合的最后一个物体的数词就代表这个集合的总数。基数原则的对应性关键经验包含两种，即说出总数和按数取物。说出总数是让儿童说出一个集合中物体的总数量是多少，按数取物是要求儿童从一个集合中取出特定数量的物体。

(4) 顺序无关原则：即一个集合的总数与开始数这个集合中的物体的顺序没有关系。

(5) 抽象性原则：关于数数的前四个原则可用于任何一个可数的集合。

（三）按群计数

按群计数即计数时不用一一点数的方式，而是以数群为单位，如两个两个数、三个三个数、五个五个数等，这表明幼儿能将数群作为一个整体加以把握，具有更抽象的性质。

二、学前儿童计数的发展特点

幼儿计数能力的发展顺序是：口头数数，按物点数，说出总数，按群计数四个阶段。

（一）口头数数

口头数数是指儿童口头上按自然数顺序来唱数的能力。3—4 岁的幼儿一般能从 1 唱数到 10，但都是凭着机械记忆，背儿歌似的背诵这些数词，带有顺口溜性质，并没有形成数词与实物之间的一一对应联系。这个阶段幼儿的口头数数表现出以下特点：

(1) 幼儿一般只会从“1”开始唱数，如果遇到干扰就不会继续数了，需要重新从“1”开始。

(2) 幼儿一般不能从中间的任意一个数开始数，更不会倒着数。

(3) 在口头数数中，幼儿常会出现脱漏数字或循环重复数字的现象。

5 岁以后，有不少幼儿能够从自然数列中的任意一个数开始接着往下数，这说明他们在数词之间逐渐建立了较牢固的联系。

（二）按物点数

按物点数是指用手逐一指点物体，同时有顺序地逐个说出数词，建立数与物之间一一对应的关系。按物点数的过程是儿童口头动作（唱出数词）和手的动作（指点物体）的协调一致的一一对应的过程。3—4 岁幼儿手眼协调动作不灵活，口头数数还不熟练，常常会产生点数中的种种手口不一致现象。有的虽能正确点数实物，但常不能说出集合的总数。4 岁以后儿童的按物点数能力有所增强，5 岁以后儿童点数实物的协调性和灵活性得到快速发展。

（三）说出总数

说出总数是指幼儿在计数过程中，在按物点数之后能将所数的最后一个数词用来表示集合的总数。即回答“一共是几个”的问题。只有能够说出总数，才能称之为学会计数。它表明儿童计数能力达到了一个新的水平，形成了最初的数概念。4 岁以后的儿童大多数都能够数出 10 以内的物体并说出总数。

幼儿从按物点数过渡到说出总数是一个发展的过程。他们在学会说出总数之前往往会出现下列几种现象：① 直接回答“不知道”；② 重复按物点数的过程；③ 用一个固定的数词作答，如不论点数几个物体都回答是“5 个”；④ 机械地模仿成人的答案，等等。

对计数过程中的说出总数即“在数数和基数概念间建立关系”这一本质的反映，按数取物可以较好地体现这一关系的建立和完善。按数取物就是按一定的数拿取同样多的物体。它是对数概念的实际运用。

（四）按群计数

按群计数是数群概念初步发展的标志之一，幼儿的按群计数能力是在其掌握 10 以内的数概念基础上发展起来的。三四岁儿童点数后能够说出总数，这时就具有了从整体把握一个数的初步能力和经验。这种经验和能力的不断积累和熟化，到五六岁时，就可以发展为按群计数的能力。

三、计数活动的设计与实施

（一）教学活动

1. 要求

（1）小班：会手口一致地点数 5 以内的实物，并能说出总数；会按实物范例和指定的数（5 以内）取出相等数量的物体。

(2) 中班:会正确点数10以内的实物,并能说出总数;能不受物体的大小、形状或排列等的影响,正确判断10以内物体的数量。

(3) 大班:认识10以内的单、双数;了解0的含义;会10以内计数的倒数、顺接数和倒接数;学习按群计数。

2. 设计要点

(1) 计数活动是幼儿认识10以内自然数的基本方法,也是理解数的实际意义的基本途径。

① 不同年龄段计数活动要求不同。对较小年龄的儿童来说,计数活动的目的是掌握计数规则,建立计数活动和基数之间的联系;对于较大年龄的儿童来说,计数活动的目的在于发展计数的策略,如目测计数、按群计数等。

② 调动幼儿的各种感官去感知数量。如听觉(敲铃声、击鼓声);运动觉(跳几下、拍几次手);视觉(点数呈现的糖果)、触觉(袋子里的乒乓球)等。在实际教学过程中,可以把多种感官体验结合起来。例如,老师拍3下手,儿童取3片雪花片。

③ 通过按数取物,建立计数和基数之间的联系。根据参照范例的抽象水平不同,按数取物的形式有不同难度。形式一:按物取物。例如,给儿童提供5张小白兔卡片,让儿童数一数小白兔的数量,然后要求儿童拿出和小白兔一样多的胡萝卜卡片。形式二:按"点卡"取物。教师出示圆点或其他半抽象符号的卡片,让儿童根据卡片上圆点的数量拿相应数量的物品。形式三:按数取物。教师呈现数字卡片或说出数字,让儿童拿出相应数量的物体。

(2) 数守恒活动。在10以内基数意义的活动中,中班可开展关于数守恒的内容,要使儿童学会不受物体大小或排列形式的干扰,正确地判断物体的数量。

(3) 认识相邻数。相邻数的关系就是自然数的数差关系,即"多1"或少"1"的关系。中班儿童可学习相邻两数的数差关系,大班儿童学习3个数的相邻关系。

(4) 区别单双数。10以内单双数的区别与认识是大班儿童所要学习的一项内容。单双数学习重点应是让儿童知道有的数两个两个组合后还剩一个,而有的数没有剩余。这需要让儿童通过组合、辨别、归纳推理来获得。

3. 教学活动举例

案例研讨

大班数学活动　计数小能手①

活动目标

1. 尝试用按群计数的方法,两个两个地数20以内的物体,并说出总数。
2. 通过整理活动区材料,巩固按群计数的方法,建立数群概念。
3. 能大胆与他人交流自己操作的过程,体验按群计数在生活中的运用。

---

① 该案例由河南省省直机关第一幼儿园牛丽伟老师提供。

活动重难点

1. 重点：尝试用按群计数的方法，两个两个地数 20 以内的物体，并说出总数。

2. 难点：探索按从上到下或从左到右的顺序，用将宝石两两摆放在一起的方法按群计数。

活动准备

1. 经验准备：幼儿已有点数 20 以内的数的经验。

2. 物质准备：PPT 课件、操作材料、水笔、记录单。

活动过程

（一）点数物体数量，探索记录单的填写方法

1. 以故事引出统计数量活动。

教师：在一座城堡里，有一个著名的"宝石银行"，人们把金银财宝存在这里。一天，一个小胡子悄悄地走进了银行，他拿起手中的黑袋子，往柜台上一摊，哗啦啦……一堆闪闪发光的宝石瞬间照亮了整个银行……

教师：这么多的宝石，怎么数清楚呢？（一个一个数）

2. 幼儿操作，总结计数方法。

教师：这些宝石都藏在盘子里，快去取一盘，数数盘子里有几颗宝石。

教师指导幼儿操作计数，鼓励幼儿大胆表达操作过程。

3. 出示记录单，引导幼儿共同探索记录单的填写方法。

(1) 观察记录单：记录单有大小两个方格，应该怎么填写呢？

(2) 请 2 名幼儿尝试填写记录单，分享记录方法。

在上面的小方格中填写记录的方法，在下面的大方格中记录总数。例如：用一个一个数的方法计数就在小方格中写数字 1 或相同数量的点，一共 8 个，就在大方格写数字 8 或画相同数量的点。

（二）探索两个两个数数的方法，尝试按群计数

1. 引导幼儿用两个两个数的方法进行计数。

(1) 教师：除了一个一个数，还能几个几个数？

(2) 尝试两个两个数的计数方法，并总结出：按群计数的方法更快捷方便。

(3) 指导幼儿在点数中 1、3（轻读）、2、4（重读），然后用"嗯"代替单数，最后，单数不出声，双数读出来。

(4) 集体用双数进行点数：2、4、6、8、10……

教师：请你用两个两个数的方法，数数宝石有几个，并在记录单上记下你的方法和总数。

2. 随拍 2—3 组幼儿按群摆放的照片，幼儿交流、讨论：如何在计数过程中有序摆放宝石才能更方便按群计数。

教师：我们看看这几个小朋友在数数的时候，宝石摆放得有什么不同？

小结：两个两个宝石上下摞在一起摆放，或按两个一组平放在一起，再进行计数，完成速度较快。

3. 幼儿再次操作，分享操作经验。

教师：你们也和他们一样，给宝石排排队吧！

将宝石两个两个摆放在一起，用笔圈起来。用两个两个数的方法，在记录单上记录下方法和总数。

总结：将宝石两两摆在一起，按从上到下或从左到右的顺序，能更快捷准确地计数。

同伴互相检查，验证结果。

4. 部分幼儿没有按群有序摆放，计数过程中出现单数漏数、重复数的现象，容易出错，速度较慢，经教师或同伴提醒，可正确调整。

（三）体验按群计数在生活中的运用

1. 提出问题，引发幼儿思考：还可以怎么数？一会儿请小朋友试一试。

2. 幼儿统计美工区材料数量，巩固按群计数的方法。

教师：美工区的材料很多，请小朋友们每人取一种，可以用不同的方法计数，把你们用的方法和总数记录在记录单上。

3. 幼儿交换材料，验证计数结果。

（四）幼儿将统计过的区域材料收回玩具柜里，自然结束

教师：请把你的材料送回架子，将记录单贴在旁边。

小结：今天我们学会了两个两个数物品的方法，并统计了美工区的材料数量。小朋友们也可以用这个方法查看其他区域的材料，平时在游戏时发现哪些物品数量不够了，可以告诉老师或小朋友们，大家一起收集材料，补充到区域里。

活动延伸

用按群计数的方法统计其他区域的材料或家庭中的物品数量。

（二）区域活动

教师在投放基数活动的区域材料时，要考虑到幼儿年龄的发展特点，投放的材料要有层次性，比如给小班幼儿呈现更多直观、易于操作的材料，材料的数量最好是人手一份，并保证每个小朋友都有足够的时间和空间去亲自操作和摆弄；对于中班的小朋友，可以减少一些实物材料的提供，增加一些图片等象征性的示例，这时候操作的难度也要有所提升；对于大班幼儿尽可能地减少实物，因为这个年龄段的幼儿已经逐步从具体实物水平过渡到抽象水平，应多锻炼幼儿的逻辑思维能力，在投放的材料上也可以相应减少，比如可以两个人一份或者一个小组一份，加强合作性，提升幼儿的社会交往能力。

针对不同年龄段幼儿，应设置不同观察重点。小班阶段，教师需要注意幼儿能否做到手口一致点数。中班时，关注幼儿在进行按数取物时，是否可以做到不受形状、颜色、大小的影响。大班幼儿则需要更高水平的发展引导，可以引导幼儿学习按群计数，重点观察幼儿是否可以正确地用语言来表征自己的行为，是否可以利用自己学到的数字知识去解决相应的问题。

案例研讨

百变扑克牌①

主要玩法介绍

排序：幼儿根据数字1—10进行正序、倒序的排列。

比大小：根据数字大小进行比较。

指导要点

观察幼儿是否可以正确地进行数字正序、倒序的排列。

观察案例

今天区域活动时昆昆来到数学区，玩新的材料——扑克牌。他将1—10的纸牌进行排列，先拿出1，接着找出2、3、4等，一会儿就完成了正序的排列。我问："还可以怎么排列呢？"他表示想不出来。于是我说："1、2、3、4、5、6、7、8、9、10，那倒过来呢？"他恍然大悟："我会了。"于是他又进行了10、9、8、7、6、5、4、3、2、1的倒序排列。玩了一会儿，他可能觉得有些无聊了，就换一种玩法，于是就进行比大小，大的扑克牌可以把小的扑克牌吃掉。

调整方案

根据幼儿的兴趣进行比大小的玩法，于是我们增加了大于号、小于号，为游戏增加难度。

教师反思

扑克牌是本学期新增在智力区的材料之一，孩子们特别喜欢去玩扑克牌，还特别享受和大人一样玩扑克牌时的感觉，每到区域游戏时，总会看到很多孩子在那边摆弄着扑克牌。当孩子对扑克牌充满兴趣，并以自己喜欢的方式探索和积累数学知识时，才能充分体验到数学的有趣。

（三）其他活动

1. 游戏活动

游戏是幼儿最自然的学习方式，数学又是抽象难懂的一个领域，教师应从幼儿喜欢的学习方式入手，有效地将数概念知识贯穿到游戏当中，引导幼儿主动、积极地学习，最终获得良好的学习效果。

2. 生活活动

在幼儿园的一日活动中处处隐含着数学教育的内容。教师要在日常生活中引导幼儿运用数学知识解决一些简单问题，使数学问题生活化，生活经验数学化，让幼儿主动积极地发展数学思维能力。针对幼儿计数能力，可以引导幼儿数一数自己的家人、自己的手指头、娃娃家里有几个娃娃、幼儿园凉亭里有几根柱子、小朋友能爬多少层台阶等。教师还可以充分发挥家园

① 该案例由濮阳市市直幼儿园周婕老师提供。

互动的作用，请家长配合，比如家长带孩子看电影的时候，利用单双数的知识找座位，做饭的时候需要用到几颗西红柿等。要善于创设、发现和利用生活化的数学情景，帮助幼儿积累数学经验，运用数学知识解决日常生活中的简单问题。

3. 各领域渗透活动

户外活动教师可以告诉幼儿需要拍几下皮球，跳绳跳了多少下；我们在建构区域，共有几种积木，拼一个小火车需要用到多少块积木？在美术活动中，让幼儿数一数一共用到了几种颜色，谁用到的颜色最多。在语言或音乐活动中，可以把儿歌、顺口溜与数字巧妙结合起来，将抽象和单调的数字知识转换为有韵律、有节奏的艺术形式，使幼儿在活泼、欢快的氛围中学习和巩固数的实际意义。

4. STEM 活动

在 STEM 活动中有大量的数数的实际运用的机会，教师要引导幼儿运用数数去解决问题。

模块三 数的分解与组合

情境导入

在学习数的分解与组合时，李老师带领小朋友们玩击打保龄球的游戏。地上摆了10个瓶子，儿童站在离瓶子一定距离处“打保龄球”，然后数一数自己打倒了几个瓶子、没打倒几个瓶子。在这之后，儿童取出相应的小木棍插入图表下方的口袋里，并写出相应的分解式和加法算式。例如，打倒了6个瓶子，就在“瓶子倒了”图表下的口袋里插入6根小木棍，在“站立瓶子”图表下的口袋里插入4根小棍，并写出“6+4=10”。对于那些还没有接触加法算式的儿童，李老师选择改用数的分解式。不一会儿，大部分小朋友都学会了10的分解与组合。

点评：数的分解这一概念涉及“整体与部分”“集合比较”“加减法”等概念。其一，学前儿童应知道被分解的数量与分解后的数量之间是整体与部分的关系，而且被分解的数量比较大；其二，学前儿童需要更加精确地知道哪两个集合的数量相加等于被分解的数量。对于学前儿童来说，这个概念是非常抽象的，而实物和行动过程演示有助于他们理解。我们可以看出，教师在玩游戏的过程中可以把数的分解过程完全显现出来。例如，“10可以分成6和4”，完全可以用“打倒了6个瓶子，站立4个瓶子”这一动作和形象表征出来。由于学前儿童处于具体形象思维阶段，教师把内部运算过程外显化，有助于他们理解抽象的概念。

知识演绎

一、数的分解与组合的概念与关键经验

数的组成是指一个数(总数)可以分成几个部分数，几个部分数可以合成一个数(总数)，数的组成包括组合和分解两部分。数的组合是指除1以外的任何一个自然数都是由两个或者两

个以上的自然数组成的。数的分解是指除1以外的任何一个自然数都可以分解成两个或者两个以上的自然数。当一个数被分成两个部分数时,数的组成涉及3个数群,即总数和两个部分数。这3个数群之间存在着3种基本的逻辑关系。

(一) 等量关系

总数可以分成相等或不相等的两个部分数,两个部分数合起来就等于总数。例如,4可以分成2和2,2和2合起来还是4;5可以分成2和3,2和3合起来还是5。

(二) 互补关系

在总数不变的情况下,一个部分数减少一个数量,另一个部分数就必须增加相应的数量。例如,5分成2和3这两个数,如果2减少1,那么3必然增加1。

(三) 互换关系

两个部分数交换位置,总数不变。例如,4可以分成1和3,也可以分成3和1。

二、学前儿童数的分解与组合的发展特点

数的组成指数的分和合。儿童对于数的组成的理解比较晚,是一个从具体到抽象的认识过程,即从实物的分合到图片形象,最后到对数字符号的理解。5岁以下的儿童对于数的组成理解得很少。例如,给儿童3块积木,让他摆成两堆,问:"几个和几个合起来是3个?"能答对的儿童不到20%。5岁以后的儿童多数能借助教具和实物初步理解数的组成,会按教师的要求,把10个以内的物体分为不同的两个部分;但掌握抽象数的组成还有一定的困难,不会连贯地讲述一个数可以分成两个数,两个数合起来又是原数。经过适当的教育,6岁左右的儿童基本上能理解数的组成,初步理解数群整体与部分、部分与部分之间的关系。

三、数的分解与组合活动的设计与实施

(一) 教学活动

1. 教学要求(大班)

(1) 理解数的组成含义,知道10以内除1以外任何一个数均能分解成两个数,两个数合起来就是原来的数。

(2) 知道一个数和它分解出来的两数之间的关系:包含关系、等量关系和大小关系。

(3) 能感知和体验分成的两个数之间的互补关系和互换关系,并掌握10以内各数的全部

组成形式。

2. 设计要点

（1）学习内容分阶段进行。

10 以内数的组成的学习，在内容上可以划分为三个单元：先学习 5 以内数的组成，理解分解和组合关系中的等量关系；再学习 6、7、8 三个数的组成，学习按顺序排列分合，感知和体验部分数之间的互补关系和互换关系；然后学习 9、10 两个数的组成，按照已有的经验进行类推，从互换关系和互补关系进入到数群的关系认识。

（2）通过幼儿亲手操作感知理解数的分合。

幼儿对数组成概念的掌握是从外部动作向内部动作发展的，幼儿需要在操作和探索中发现和体验基本的数群关系。如给幼儿分发一些雪花片、串珠等玩具，让幼儿自己动手摆弄，知道一个数可以分成两个或两个以上的部分数，这些部分数合起来还等于原来的数。

（3）利用图示结合讲解、讨论，逐步提升儿童对数的组成的认知。

儿童在操作分合的基础上，教师可以引入图片帮助幼儿更好地表征数的分合关系。例如教师可以把 5 朵花中 2 朵紫花画一个圈，3 朵红花画一个圈，幼儿能认识到 2 朵紫花是一个数群，3 朵红花是一个数群。还可以用分合式让幼儿形成对分合整体化的理解。

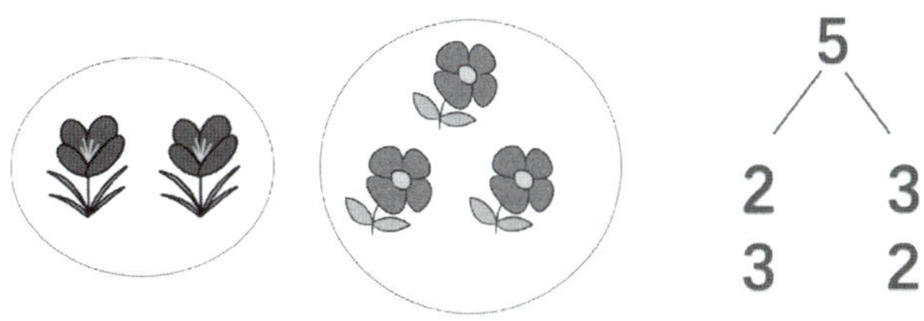

图 4－2　数的组成

3. 教学活动举例

案例研讨

大班数学活动　分金币（5 的分解组合）①

设计意图

故事《种金子》中，巴依老爷和阿凡提分金币的情节让孩子们记忆犹新，那 5 个金币分给 2 个人该怎么分？有几种不同分法呢？孩子们激烈讨论着……一节有关 5 的分解组合的数学活动由此产生，通过分金币的情景活动，延伸到把生活中 5 以内的物品分成两部分的 4 种不同分法，激发幼儿探索兴趣，在反复的操作中发现总数和两个部分数之间的关系，尝试运用“分合号”进行记录，体验数学操作活动的乐趣，从而培养幼儿良好的数学学习能力。

活动目标

1. 在生活中反复操作，探索发现 5 的不同分解方法，并尝试记录。

① 该案例由洛阳市实验幼儿园张梦瑶老师提供。

2. 在观察、比较中发现总数与两个部分数之间的关系，初步认识分合号。

3. 能够尝试讲述自己的分解和记录方法，体验数学活动的有趣和有用。

活动重难点

1. 重点：探索5的4种不同分解方法，并尝试记录。

2. 难点：发现总数与两个部分数之间的关系，初步认识分合号。

活动准备

1. 经验准备：幼儿已有分点心、分物品并记录的经验。

2. 物质准备：生活中数量为5的物品，白纸、笔、分合号图示。

活动过程

（一）导入

《种金子》故事导入，提出问题：把5枚金币分给阿凡提和巴依老爷，怎么分？有几种分法呢？（激发幼儿操作和探究的兴趣）

（二）环节一（可根据具体活动调整）

集体探究：在保证金币完整性和2个人都能分到的情况下，5枚金币分给2个人会有几种不同分法？（4种）

（三）环节二

生活中数量为5的物品分为两份的4种不同分法，并记录自己分的过程，发现其中规律。（左边分得少，右边就分得多；左边越来越少，右边就越来越多）

（四）环节三

分享讨论，在观察和比较中发现总数与两个部分数之间的关系，初步认识分合号（山尖表示总数，两个山脚表示两个部分数），并用分合号来记录分的过程。

（五）小结

幼儿分享自己的分解和记录方法，发现5的4种不同分法，初步理解总数可以分成两个部分数，两个部分数之和等于总数。

活动延伸

运用生活中的物品，尝试操作6的不同分法。

活动反思

数的分解和组合是数概念中的一个重要组成部分，本次活动结合《种金子》故事情境，激发幼儿活动兴趣。幼儿从游戏和生活中感知事物数量的互换、互补关系，通过动手操作、记录结果，让数学活动和生活紧密相连，发现数学活动的趣味性。在教师的引导下寻找分解和组合的规律，并用自己的语言讲述分解的过程，初步理解一个总数可以分成两个部分数，两个部分数合起来就是总数，并尝试用分合号进行记录，从而锻炼数学思维表达的流畅性，为后继学习奠定基础。

（二）区域活动

巧妙设计材料，比如在 5 的组成中，互换关系凸显 5 可以分为 1 和 4，也可以分成 4 和 1。而在互补关系中，每当 1 增加一个，4 就要随之减少一个。这就要求教师要能够巧妙设计材料，同一种材料能够进行不同的关系转化。投放的材料不能过于直观，同时附上图像或符号文字，让幼儿对数的组成能够从不同角度和不同的操作方式上进行理解。所投放的材料要多维度，不仅要满足数学活动的需求，也尽量让幼儿在其他领域活动中也能够使用。

观察要点是：① 儿童是否能够正确理解，除了 1 之外，任何一个数都能分成两个或两个以上的数；② 儿童能够在活动操作中理解数的组成的三种关系；③ 儿童能够利用学到的知识解决相应的问题。

（三）其他活动

1. 游戏活动

积极参与游戏活动也是获得相关组成概念的一种好的途径。在体育游戏类活动中，教师可以带领小朋友们玩投沙包、投篮、掷保龄球等一类的活动，可以让幼儿记录下一共投了几次，投中了几次，未投中几次，引导幼儿发现总数与分成的两个部分数之间的关系。教师要注意让幼儿以操作为先、体验为主。教师单纯地讲解知识点并不能够真正让幼儿理解数组成之间的关系，让幼儿通过亲身感知数量变化的这一行动过程，教师归纳讲解为辅，更有利于帮助幼儿对组成概念的理解和掌握。

2. 生活活动

生活中处处体现了数的组成，比如幼儿在入园时，教师可以带领幼儿统计今天的出勤人数：今天一共来了多少小朋友，来的小朋友里面有几个是男生，几个是女生？今天一共有几个小朋友请假了？请假的小朋友里几个是男生，几个是女生？布艺坊一次只能容纳 8 个小朋友，现在已经有 5 个小朋友报名了，还有几个小朋友可以报名呢？通过分析与幼儿联系最紧密的事情，让幼儿认识到学习数学的重要性和实用性。在家庭中，父母也可以利用家庭生活情景帮助幼儿理解和巩固数组成知识，比如妈妈今天买了 5 颗鸡蛋，做饭的时候用掉了 3 颗，让幼儿数一数还剩下几颗。去超市购物时，爸爸总共带了 10 元钱，买棒棒糖花掉了 2 元，还剩下多少钱呢？

3. 各领域渗透活动

在美术课上，儿童可以积极收集身边的材料，找出总数为 7 的材料都有哪些，让小朋友们自己分一分，并记录下来。在体育课上，可以选择呼啦圈套圈活动，小花身上套了 2 个，贝贝身上套了 4 个，加起来是 6 个；浩浩身上套了 3 个，婷婷身上套了 3 个，加起来总数也是 6。教师引导幼儿自己玩耍，互相套圈，最后由小朋友总结自己发现的规律。

4. STEM 活动

在 STEM 活动区域中，幼儿能够自由自主地探索，不受学科限制，运用多学科整合的经验，自我尝试解决各类问题与完成任务。同时在 STEM 项目开展的过程中，幼儿能够持续关注某一问题，持续探索某个项目。例如在“小溪园林的吊床”这一活动中，教师引导幼儿计算两棵大树之间的距离、计算吊床的长度、统计最高票数等，这些都需要数学运算过程的参与。在 STEM 活动中，幼儿获得的经验不是孤立的、片面的，而是在自我探索的过程中主动地将所有学科知识进行运用、内化的结果。

STEM 活动中会遇到大量的需要计数、分配材料、分配工具等数的分解与组合的情境，因此在 STEM 活动中，有大量的对数的感知经验及运用经验。

模块四　运算

情境导入

乐乐(5岁)的妈妈和李老师诉说了这样一个困惑。她问乐乐:"你有3块蛋糕,妈妈再给你2块蛋糕,你现在有几块蛋糕?"乐乐小声数了一下,3、4、5,并回答"5块蛋糕",可是问她"3+2=?"时,乐乐却回答不出来,这是为什么?

点评:在妈妈口头给出的计算蛋糕总数的情境中,乐乐采取了从大数开始数的策略进行5以内的加法运算,也就是在原来3个蛋糕的基础上,接着数了两个数(4和5),并说出结果是5。这说明乐乐能够理解情境中的数量关系,并通过数数的方法得出了蛋糕总数,而且能够说出计算结果。但是乐乐在运算时,还依赖于具体情境,不能将情境中的数学关系抽象为"3+2=?"的算式。

一方面,5岁的乐乐已经能够理解情境中的数学信息和数量关系,采用一定的策略进行5以内的加法运算,符合该年龄幼儿数学能力的发展水平。另一方面,幼儿的思维发展过程具有从直观形象到逻辑抽象过渡的特点。幼儿只有在多种情境下获得丰富的直观经验,并理解数字符号的实际意义的基础上,才能逐渐从具体的实物过渡到使用符号表征这一抽象思维水平,这需要较长时间的积累。因此,一方面,我们并不要求5岁幼儿能够进行书面符号的加减运算;另一方面,幼儿教师或家长应引导幼儿关注问题情境中的数量信息和数量关系,并在生活情境中引导幼儿理解数字符号的真实意义,为幼儿抽象思维水平的发展创造条件。

知识演绎

一、运算的概念与关键经验

学前儿童数的运算经验主要是10以内的加减运算,即通过实物和符号来理解运算的实际意义,并能运用简单的运算理解和表征生活中的情景问题。因此,帮助幼儿理解加法和减法运算的定义、法则以及符号所代表的意义是极其必要的。

(一) 加法的定义和运算法则

加法即求和运算,用来表示两个任意的子集都可以合并构成一个总集。学前儿童学习的加法运算主要涉及的是两个数合并成一个数的运算,可以表示为“A+B=C”。其中,数A与数B叫作加数;数C叫作和;符号“+”叫作加号,读作“加”,例如,2个小蛋糕加上1个小蛋糕等于3个小蛋糕,用算式表示为:2+1=3,如图4-3所示。

图4-3 加法

加法运算的法则主要是交换律,即“A+B=B+A”,加号前后的两个数互换位置,它们的和不变。

(二) 减法的定义和运算法则

减法指从一个数中去掉一个部分数,求剩余数,可用“C-A=B”来表示。其中C称为被减数;A称为减数;B叫作差;符号“-”叫作减号,读作“减”。例如,3个小蛋糕减去1个小蛋糕,还剩2个小蛋糕,用算式表示为“3-1=2”,如图4-4所示。

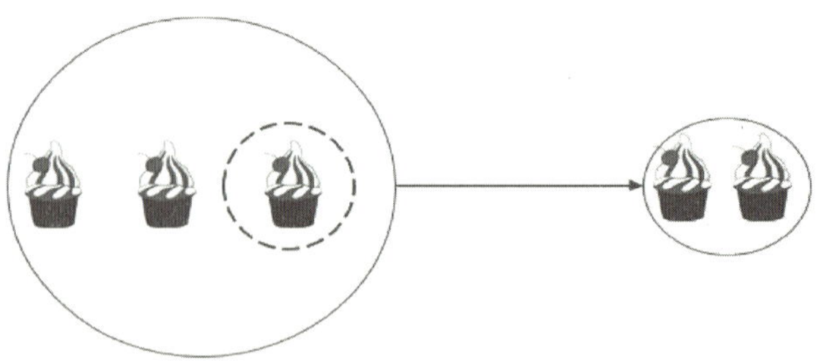

图4-4 减法

学前儿童减法运算主要涉及已知两个数的和与其中一个加数,求另一个加数的运算,它是加法的逆运算。在学习的过程中,应当把加法和减法的运算相结合,可通过相互验证来进一步获得相应概念。

二、学前儿童运算的发展特点

学前儿童的加减运算能力的发展可以从两个方面反映出来：一是抽象水平的逐步提高，二是运算方法选择的灵活性增加。

(一) 幼儿加减运算概念发展的三种水平①

1. 实物演示的运算

儿童最初要依靠实物来演示题目中的行动和关系，可能有两种做法，一种是儿童在数出两个加数集合后把它们放在一起，然后再把所有物体从 1 开始一一数一遍。另一种是在不把它们放在一起的情况下进行一一点数。在实物加减运算发展阶段的后期，儿童在加法上发展出“从一个加数接着数”的方法，如 3 个苹果加上 2 个苹果，儿童从 3 开始数，然后再接着数 4、5，就可以了。

减法的方法是通过拿走物体的动作来完成。即把小的数量从大的数量集合中拿走，再把剩下的物体数一下。此外，儿童还可能采取其他实物方法来完成减法运算。如儿童可以采用匹配法，把两个集合的实物一一对应的匹配，多出来的实物的数量就是减法的结果；儿童也可以采用倒数的办法，从大的数上倒数回去，如小花原来有 5 颗糖，吃掉了 2 颗后还剩下了几颗糖？儿童从 5 开始接着倒数 4、3，就可以得到结果。当然儿童还可以用加上去的办法来做减法。如儿童会从 2 开始接着点数物体，点数到与大的数相同为止，然后把这个集合点数出来就可以得出结果了。

2. 口头数数的运算

儿童运算概念发展的第二个阶段是把利用实物演示进行的外部动作过程逐步内化，他们把注意力由物体转换到数词本身，认识到在加减运算时可以脱离实物，用数词就可以完成。

在这一阶段中，儿童有时会运用手指来帮助运算，但手指所代表的作用大多与实物的作用不同。儿童此时的手指并不是代表集合中的物体，而是用来帮助代表已经加了几个数词，即作为一种记忆的辅助性手段。

3. 数的组合或口诀的运算

儿童运算概念发展的第三个阶段是儿童运用数的组合知识和口诀来做加减运算。这种能力实际是数群概念水平上的加减运算。研究发现，有些儿童第二阶段向第三阶段转换的过程非常缓慢。但大多数儿童最终都要运用这些数群知识来进行加减运算。

---

① 周欣.儿童数概念的早期发展[M].上海：华东师范大学出版社，2004：176－195.

（二）儿童加减运算方法选择的转化

1. 逐一加减

逐一加减就是用计数的方法进行加减运算。表现在加法运算上，常常是将两个集合的物体合并为一个集合，再逐一计数新集合中元素的个数，或者是以第一个加数为起点，再接着计数第二个加数集合的物体，直至点数完为止。在减法运算中就是先将要减去的物体拿走，再逐一计数剩下的物体数，或者是从总集合中逐一倒着数，数到要减去的数量为止。

2. 按数群加减

按数群加减是指儿童能够把数作为一个整体来把握，从抽象的数群出发进行数群间的加减运算。实质上是依靠抽象的数概念进行加减运算。这是以儿童掌握了数的组成为基础的，当儿童掌握了10以内数的组成后才能逐步达到按数群加减的水平。

（三）儿童加减运算能力发展的年龄特点

一般认为，4岁以前的儿童基本上不会加减运算，他们不懂加减的含义，也不会自己动手将实物分开或合拢进行加减运算。但有研究也表明，三四岁的儿童已经具有解口头应用题的能力，这种运算能力主要是依赖于感知的过程和具体的物体。

4岁儿童一般会自己运用实物进行加减运算，但在进行运算时，常常采用的是实物逐一加减的方法。

4岁以后的儿童已经表现出初步运用表象和数词进行加减运算的能力了。

5岁以后，儿童学习顺着数和倒着数，他们能够将顺数和倒数的经验运用到加减的运算中。5岁半以后，随着儿童数群概念的发展，能够开始运用数的组成知识进行加减运算。所以，5—6岁也是儿童加减运算能力发展的一个重要转折点。

三、运算活动的设计与实施

（一）教学活动

1. 教学要求

（1）中班：借助实物或情境理解10以内集合的数量变化。

（2）大班：学会解答简单的（求和、求剩余）口述应用题。① 学习用描述和模仿的方法自编简单口述应用题；② 学习10以内加减法：理解加、减的含义，认识加号、减号、等号及其含义，认识加、减算式并学会运算。

2. 设计要点

（1）引导幼儿在实物动作和数数水平上理解加减的含义，会解答简单的加减口述应用题，积累加减运算的感性经验。

(2) 利用儿童学习加法比学习减法容易的规律，在学习5以内加减时，先学习加法，理解加法含义，再学习减法，理解减法含义。在学习6—10的加减运算时，可以利用已有经验，把加和减结合进行。

(3) 教师可以通过口述应用题，帮助幼儿理解加减含义和应用题的结构。

(4) 教师要提供丰富的材料，让幼儿通过自己的操作活动，感知和体验加减运算的含义和应用题的结构。适时引导幼儿观察、表述加减运算中的数量变化过程和数量关系。

(5) 教师要引导幼儿适时地运用数的组成经验学习加减运算，把加减运算提升到抽象的水平。

3. 教学活动举例

案例研讨

大班教学活动　吃火锅①

活动目标

1. 运用运算等数学经验制订购物计划书。

2. 在小组交流协商的活动过程中，体验合作的快乐。

活动准备

贴有食物照片和1元、2元、3元、4元、5元价格标签的货架；食物小照片、钱币(10元1张，5元2张，1元硬币10个)每组1份；空白纸、笔若干。

活动过程

(一) 交流吃火锅的经验

教师：现在是什么季节？在冬季，人们喜欢围在一起吃东西，吃什么可以让身体变得暖暖的？

教师：你们吃过火锅吗？你们知道火锅里都会放些什么？

(二) 制订吃火锅的计划书

1. 与幼儿讨论如何做计划书。

教师：今天我们分组采购吃火锅的食品，看看“超市”里有些什么。

教师：三人组成一个家庭采购吃火锅的食品。我给你们每人10元钱，那么一个家庭三个人合在一起就是多少钱了？

教师：请你们每个家庭制订一份购物计划书，把要“买些什么、买多少、一共要用多少钱”都写在计划书上，我们购物就方便了。

2. 幼儿分组制订购物的计划书。

---

① 周欣，黄瑾，杨宗华.幼儿园综合课程中的数学教育[M].南京：南京师范大学出版社，2012：264－269.

（三）交流各组的计划书

1. 每组幼儿介绍计划书。

教师：哪组计划把钱用完？你们是怎么计划的？

教师：哪组做计划有困难？

2. 交流计算钱的方法。

教师：在做计划书的时候，你们是怎么知道钱已经用了多少？还够不够？有什么好方法可以知道？（如使用加法合计、数的组成、钱物对应等方法）

活动延伸

修改计划书。

教师：你们每个家庭的计划书都做得很好，如果请你把钱都用完，你会怎么制订计划？你们再讨论、修改一下计划书，下次就可以按照计划书上的内容去购物了。

（二）区域活动

区域活动中要让幼儿理解加减运算的含义和具体过程。区域活动的材料应兼备趣味性和逻辑性，既能促使幼儿区域活动的兴趣被充分调动起来，同时也能保证幼儿的数学思维得到良好发展。材料还应符合区域活动的探索性原则。对于幼儿来说，一些未知且留有想象空间的材料不仅能引发他们参与活动的兴趣和欲望，而且能强化他们用脑思考和动手操作的能力，还起到激发他们的探索和创造能力的作用。

观察要点：① 幼儿能否正确地完成 10 以内的加减运算；② 幼儿经过实物操作后，是否可以用语言表征加减运算的具体行动过程；③ 幼儿是否具有自编口述应用题的能力。

（三）其他活动

1. 游戏活动

教师可以选择飞行棋益智游戏，让幼儿通过计算得出自己需要走的步骤，在游戏结束后，通过计算名次选出获胜者。这种游戏具有竞赛类的性质，符合幼儿的兴趣爱好，游戏结束后，还可以让幼儿说一说自己玩游戏的心得体会，互相交流经验，增强幼儿的社会性能力。

2. 生活活动

教师在生活中可以引导幼儿进行加减运算，比如：一个星期有 7 天，今天已经是第 3 天了，那么这个星期还剩几天呢？我们今天要喝 6 次水，已经喝了 2 次了，还剩几次呢？我们的教室里一共有 10 套彩笔套盒，已经用了 5 套了，还有几套新的呢？教师利用与幼儿联系比较紧密的话题，引发幼儿进行思考，或者采取口述应用题的形式，让幼儿进行加减运算，更容易让幼儿理解加和减的具体过程。家长在带幼儿去超市的时候，可以给幼儿一定数额的钱，让幼儿自由购物，这样不但能增强他们对钱币的使用能力，还能巩固对数字操作的理解。

3. 各领域渗透活动

在社会活动中，教师可以引导幼儿玩角色游戏，扮演百货超市的售货员和客人，充分发挥幼儿的自主性，让他们根据生活经验进行超市环境的布置、货品和钱币的准备、角色的分工与合作等，体验游戏的乐趣，发展幼儿的合作能力、社会交往能力和问题解决能力。在买卖游戏中，通过钱币和商品交换，培养幼儿对金钱的意识；同时让幼儿在充满乐趣的角色游戏情境中感知生活中数学的有用和有趣，帮助幼儿提升生活中积累的有关数学零散的、偶发的经验，促进数学认知能力的发展。在体育活动中，请幼儿计算获奖名次，既有助于他们积极参与活动，又能够巩固数的运算知识。

4. STEM 活动

在大班 STEM 活动“作品展示架”中，幼儿为了制作作品展示架，根据方案绘制展示架的设计图，并用完整的语言讲述自己的设计图。通过测量尺寸计算出作品展示架的长度和宽度，最终制作出一个作品展示架，接着幼儿再接再厉，又制作了植物角的花架。①

图 4－5 作品展示架

［学习随笔］

许晓晖、庞丽娟、陶沙、韩小雨(2008)采用纵向研究设计，通过个别测查，运用实物题、口头文字题和符号计算题三种不同呈现方式的任务，考察 99 名大班幼儿在不同任务呈现方式下加减能力发展的共同性与差异性。结果表明，在三种呈现方式下，5—6 岁幼儿解决加减问题的能力都有所发展，6 岁时加减问题解决能力显著高于 5 岁时。这说明随着年龄的增长、认知经验的丰富及思维水平的提升，幼儿加减问题的解决能力也相应提高：在 5 岁和 6 岁时，于三种任

① 该案例由开封市实验幼儿园王瑞格、朱家璐老师提供。

务呈现方式下，均以解决实物加减题得分最高。此外，幼儿解决以三种不同方式呈现加减问题的能力在 5 岁和 6 岁时存在不同的发展模式，5 岁时实物题得分最高，符号计算题得分最低；6 岁时实物题得分最高，口头文字题得分最低；在 5—6 岁期间，幼儿解决以三种不同方式呈现加减问题的能力的发展速度不同，符号计算题的解决能力发展最快。这一结果提示在教育实践中，应防止将数学教育一味地窄化为技能技巧培训或口读背诵的过程，同时应明确数学教育的最终目标是提高幼儿的问题解决能力，激发幼儿数学学习的兴趣与信心，促进幼儿抽象思维能力的发展。在幼儿园应注重开展以问题解决为中心的数学教育，将问题解决能力培养与知识技能培养有机地融合在一起，在知识技能学习的基础上创设情境，引导幼儿将所学知识与经验运用于实际问题的解决中。①

[趣味研究]

1. 深入调查幼儿数概念发展水平及学习数概念的方式。
2. 观摩幼儿园各年龄班数概念教学，收集整理特色方法与途径。

[实践项目]

1. 设计幼儿园小、中、大班认识基数教育活动方案并试教。
2. 设计认识序数教育活动方案并试教。
3. 设计数的组合教育活动方案并试教。
4. 设计学习加减法教育活动方案并试教。

主题自测

1. 计数的实质是什么？如何向幼儿进行计数教学？
2. 简要概括数的组成的内涵及其对幼儿学习加减运算的意义。

① 许晓晖，庞丽娟，陶沙，等.不同任务呈现方式下幼儿加减能力的发展[J].学前教育研究，2008(8)：26－29.

主题五　学前儿童空间和时间活动的设计与实施

主题目标

学前儿童空间时间的学习内容包括几何形体、空间方位和时间，通过本主题的学习，学习者应该完成以下目标：

1. 了解几何形体、空间方位、时间的概念和关键经验。
2. 掌握几何形体的教学方法。
3. 掌握空间方位的教学方法。
4. 掌握时间的教学方法。

内容脉络

- 学前儿童空间和时间活动的设计与实施
  - 几何形体
    - 几何形体的概念与关键经验
    - 学前儿童几何形体的发展特点
    - 几何形体活动的设计与实施
  - 空间方位
    - 空间方位的概念与关键经验
    - 学前儿童空间方位的发展特点
    - 空间方位活动的设计与实施
  - 时间
    - 时间的概念与关键经验
    - 学前儿童时间的发展特点
    - 时间活动的设计与实施

模块一　几何形体

情境导入

三岁半的明明(上小班两个月)看着纸上的尖朝上的三角形说:这是三角形;指着旁边的底朝上尖朝下的三角形说:这个不是三角形。妈妈说:这个也是三角形。明明说:不是不是,三角形上面有一个尖尖,这个上面是平平的,这个不是三角形。妈妈很不解,问老师:这是怎么回事?

分析:该幼儿目前能够认识三角形,但是对三角形的变式缺乏认识,还不能做到图形守恒,易受图形大小、颜色和摆放位置的影响,无法对图形做出正确的辨认和命名。

知识演绎

一、几何形体的概念与关键经验

几何是研究空间中的形状和空间形式的数学。几何形体指我们仅仅抽取物体的形状、大小,而略去其他特征的物体,是对客观物体形状的抽象概括,具有普遍性和典型性。它来源于物体高于物体,物体的形状在几何形体中得到概括的反映。幼儿对几何形体的认识要比他们认识实物的形状晚。儿童学习几何是从识别几何图形、掌握几何概念开始的。学前儿童的几何能力主要体现在图形的辨认与比较、图形的组合与分解等方面。初步认识一些简单的平面几何图形和一些简单的立体几何图形的名称、特征,并能按其不同特征进行分类、排序等活动,和具有辨认、拼搭、分解几何图形的能力,是学前儿童数学教育的重要内容之一。

幼儿学习几何形体具有重要意义。幼儿学习一些几何形体的简单知识能帮助他们辨认和区分客观世界中的物体,发展空间知觉能力,培养初步的空间想象能力,为在小学中学进一步学习几何形体打下基础。幼儿获得的空间和形体知觉,可以让他们学习生存并适应社会生活。

幼儿形体概念的发展，是幼儿以物代物表征水平发展的基础。以物代物的表征水平是幼儿对事物形体进行抽象的具体表现，他们会认识到图形比起数来要具体、直观得多。“它提供儿童连接数学与真实世界的一个最佳机会。”[①]

（一）空间几何图形的辨认与比较

儿童对几何图形的辨认经过了知觉辨认和特征辨认两个水平。知觉辨认即通过视觉或触觉系统来对几何图形的类别进行判断，特征辨认是根据几何图形的特征，如边、角、边与边的关系、角与角的关系等来进行判断。一般主要通过“匹配”（找出相同的形状）、“指认”（根据名称指认形状）、“命名”（说出形状的名称）、“分类”（将同一类形状放在一起）、“拼合”（将拆分后的形状拼回原形）等任务来分析儿童的图形辨认能力。学前儿童数学教育的几何图形主要涉及平面图形和立体图形两部分。

1. 平面图形

几何图形是指点、线、面以及它们的集合。而在同一平面内的点、线、面所构成的图形叫平面图形，它只表示空间的长度和宽度，又称二维平面图形。学前期儿童的平面几何图形认知一般包括圆形、三角形、正方形、长方形、椭圆形、梯形等。

圆形：在平面内，到一定点距离等于定长的点的集合。

三角形：由不在同一直线上的三条线段所围成的封闭图形，如三角尺、三角铁等。

正方形：有一个角是直角，且有一组邻边相等的平行四边形（两组对边分别平行的四边形）。正方形的四个角都相等，都为 90°，四条边也相等。

长方形：有一个角是直角的平行四边形。长方形的四个角都相等，两组对边分别相等。

梯形：只有一组对边平行的四边形。平行的两条边叫梯形的底，不平行的两条边叫梯形的腰。

正方形、长方形、梯形都是四边形的特殊情况。

椭圆形：在平面内，到二定点距离的和等于常量的点的集合。椭圆也是封闭曲线围成的，长轴和短轴不相等。圆形是椭圆形的特殊情况。[②]

2. 立体图形

立体图形是指由空间点、线、面所构成的图形，它是由面围成的封闭图形，表示空间的长、宽、高三个维度。学前儿童对立体图形的认识一般包括球体、长方体、正方体、圆柱体。

球体：一个半圆以它的直径为轴旋转所得的曲面所围成的几何体，如皮球、弹子等。球的截面是一个个大大小小的不同的圆形，经过球心截得的圆形为最大圆。

长方体：底面是长方形的直平行六面体（底面是平行四边形且侧棱和底面垂直的平行六面体），如火柴盒、包装盒等。其表面展开图的六个面都是长方形或四个面是长方形、两个面是正方形。

---

① 周淑惠.幼儿数学新论——教材教法[M].台北：心理出版社，1995：110.

② 邹兆芳.幼儿数学新编（教师用书）[M].上海：上海三联书店，2005：16－17.

正方体：棱都相等的长方体叫正方体，如玩具魔方、骰子等。其表面展开图由六个正方形组成。

圆柱体：以长方形一边所在直线为轴旋转一周形成的曲面所围成的几何体，如圆木头、易拉罐、电池棒等。其展开图为两个圆和一个长方形。[①]

(二) 空间几何图形的组合与分解

1. 几何图形的组合

几何图形组合能力是几何能力的一个重要方面，它是指把多个图形组合起来，形成一个更大的图形或者形成一个几何图案的能力，主要表现为：使用几何图形进行自由组合创造、用几何图形填充图案拼图，以及图形组合的心理表征等方面。克莱门茨等人通过对儿童的几何图形组合能力进行系统研究后提出，儿童要有效地完成几何图形的组合任务，必须具有以下能力：① 能够形成形状的图示，并能将想象的图示与目标图示进行匹配；② 能够逐渐具有辨别、操作单个以及多个几何形状的能力；③ 能将一个形状与另一个结合起来（从尝试错误到考虑原因）；④ 能够进行形状的替代等。

组合和分解几何图形的能力对于幼儿来说具有非常重要的意义。几何图形组合活动能够帮助儿童感知和理解图形的特征、发现图形之间的关系、形成图形以及图形组合过程的心理表征等。它为幼儿理解数学的其他内容奠定了基础，特别是数数和运算，如整体与部分之间的关系、分数概念等。

2. 几何图形的等分

等分几何形体就是把某些几何形体分成相等的几份。等分的份数越多，每一份就越小。其中，分成相等的两份叫二等分；分成相等的四份叫四等分。学前儿童主要学习二等分和四等分。儿童在日常生活过程中经常会有等分的经验，如切分蛋糕的经验、折纸的经验（将一张正方形的纸折成两个一样的长方形或三角形，或将一张正方形的纸折成四个一样的正方形或三角形等）等。等分经验不仅可以帮助儿童获取等分的知识和技能，了解整体与部分的关系，而且也是儿童建立初步的除法和分数概念的感性经验基础。

二、学前儿童几何形体的发展特点

(一) 学前儿童空间几何形体的认知发展

几何形体是对客观物体形状的抽象和概括，具有普遍性和典型性。各种几何形体源于世界中的具体物体，但又高于具体的物体。物体的形状在几何形体中得到概括性的反映。幼儿

① 邹兆芳.幼儿数学新编（教师用书）[M].上海：上海三联书店，2005：17.

对几何形体的认知过程是一个动态的发展过程。学前儿童由具体的事物到认识由具体事物抽象出来的几何图形仍是一个漫长的过程，并且在不同的年龄段还有其相应的发展特点。

1. 学前儿童辨认各种几何形体的顺序

幼儿认识几何形体时，表现出明显的先后顺序。一是先平面图形后立体图形。二是在平面图形中，国内外的研究中比较一致的看法是：圆形、正方形、三角形、长方形、半圆形、椭圆形、梯形、菱形等；立体图形的认识顺序是球体、正方体、圆柱体、长方体和圆锥体。幼儿在认识立体图形时，易和平面图形相混淆。

2. 幼儿几何图形组合能力的发展

几何图形组合能力是指将两个及其以上的几何图形组合起来，形成一个图形或者是一个几何图案的能力。它体现了儿童对几何形体之间关系的认知、理解和应用能力。学前儿童主要处于这四个阶段。①

(1) 前组合阶段：不能够进行图形组合，甚至不能完成简单的拼图任务。

(2) 零散组合阶段：使用尝试错误完成简单的图案框架，将图形简单连接起来形成图案，从整体上看待图形。

(3) 图像阶段：使用尝试错误来将几个图形连接起来形成一个图案，通过图案的轮廓线或者轮廓线的长度来匹配图形。开始尝试错误地旋转和翻转形状。

(4) 形状组合阶段：有意识地将图形组合起来形成新的图形或图案。既通过边也通过角来判断要选择的图形，并逐渐能根据已经拼好的部分的角来考虑多个备选的形状。能够形成图形的图示，有目的地旋转和翻转形状。

总体来说，幼儿的几何图形组合能力的发展是由尝试错误的方式走向利用图形的心理表征来预期图形的组合。儿童可能是在中班（4—5 岁）开始出现图形组合的心理表征能力，并在中大班阶段（4—6 岁）得到显著的发展。

3. 学前儿童认识几何图形的一般过程

(1) 从不规则图形到规则图形。

从不规则图形到规则图形是被学前儿童认知的几何图形形状的发展变化过程。儿童借助日常熟悉的物体，如皮球、积木、饼干等来认识几何图形。在儿童眼中没有曲线和直线的区分，他们对物体的形状是一种笼统不规则的感觉。随着儿童不断摆弄物体感知物体的形状带来的不同刺激和成人的教育，他们逐渐有了形状的意识，逐渐地知道了圆圆的、可以向任意方向滚动的，是球（体）；有的积木块各个面都是方方正正的，叫作正方体；有的物体有三个角，摸上去尖尖的，有些扎手，叫作三角形；饭碗口的边缘是曲的；筷子是直的；月牙儿的边缘是弯的，不是直的；窗户的边缘是直的，不是弯的……逐渐从对图形不规则形状的笼统感知过渡到对各形体的细节和典型部分的认识（如角和边、弯和直等），最后才形成了抽象的几何图形概念。

---

① 常宏.3—6 岁儿童平面几何图形组合能力的发展研究[D].上海：华东师范大学，2009.

(2) 从简单到复杂、从平面到立体。

从简单到复杂、从平面到立体是学前儿童对几何图形的认识顺序的发展变化过程。学前儿童认识图形的先后顺序主要取决于儿童的生活经验，儿童对日常生活中经常接触到的形状认识得较早，对较少接触的形状认识得较晚。另外，简单图形较复杂图形认识得早，更容易为儿童识别。

(二) 学前儿童几何形体认知的年龄特点

1. 3—4 岁(小班)

小班幼儿已对学前期认知的大多数平面图形有较好的匹配能力，能正确认识圆形、正方形和三角形。他们对这三种图形不仅能正确匹配、指认，而且能正确命名。他们也能按照这些图形找出周围环境中的相应物体。但他们不是从这些图形的特征来认识，而是将其和自己日常生活中熟悉的物体相对照，所以有的幼儿会把圆形说成是“太阳”，把三角形说成是“小旗”，等等。

2. 4—5 岁(中班)

中班幼儿能够正确认识的平面图形增多，如长方形、半圆形、椭圆形、梯形、菱形等，而且能理解平面图形的基本特征(角和边的特征)，并能根据特征比较不同的图形。中班幼儿已经能做到图形守恒，不受图形大小、颜色和摆放位置所影响，对图形做出正确的辨认和命名。他们能理解平面几何图形之间的简单关系，对使用平面图形拼搭物体表现出很高的积极性和一定的创造性。

3. 5—6 岁(大班)

大班幼儿已能够理解一种图形的典型特征，并在头脑中形成某种图形的“标准样式”，从而能够根据图形的特征进行正确判断。大班幼儿能够理解图形之间较复杂的组合关系，如图形之间的关系不仅表现为一个图形可以由几个相同样式的其他图形组成，也可以由几个不同的图形组合而成。大班幼儿还开始认识一些基本的几何形体，做到能正确命名并知道其基本特征。

三、几何形体活动的设计与实施

(一) 教学活动

1. 要求

(1) 小班：认识圆形、正方形、三角形，正确说出图形的名称，能够在周围环境中寻找和图形相似的物体。

(2) 中班：认识长方形、椭圆形、梯形，能正确说出图形的名称，知道正方形、长方形、三角形、梯形以及圆形和椭圆形的基本特征(如正方形有 4 个一样大的角、4 条一样长的边)，能从周围环境中寻找和图形相似的物体。能不受颜色、大小及摆放位置的影响，正确辨认和命名图形，并能按图形的基本特征进行分类。会用各种几何体(积木或积塑)按要求或自由进行拼搭和建造活动，感知图形的边、角关系。初步理解图形之间的简单关系，如 1 个正方形可以分成两个长方形或 4 个小正方形，也可以分成两个三角形或 4 个小三角形，而两个正方形也可以拼成一个长方形等。

(3) 大班：认识正方体、长方体、球体、圆柱体，能正确说出名称和基本特征。能根据几何形体特征进行分类。能够对平面图形和立体图形进行辨别、区分。体验平面图形和立体图形之间的关系。学习对实物和形体的等分，理解等分后的部分与原整体的关系。

2. 设计要点

(1) 紧密联系幼儿的生活经验。

几何教学就应从幼儿的生活实际经验着手，让幼儿在动手操作的活动中，感知和体验几何形体的特点。儿童早期应该操作具体的形状，通过组合、折叠、创造、复制等操作探索形状的特征，如边的关系、对称等，按照特征对形状进行分类等，为进入下一个阶段做准备。教师应该给幼儿提供充足的图形操作机会。图形组合、拼搭、分割等活动的操作过程，不仅能让幼儿熟悉图形组合的策略和方法，更有助于幼儿形成几何图形的心理表征，探究和发现几何形体之间的关系。而这些基本的能力则是儿童后期的几何知识和几何能力的基础。

(2) 充分调动各种感官。

幼儿认识图形是图形知觉问题。幼儿感知图形特征的操作过程是多种感觉分析器共同参与的过程。教师要让幼儿在活动中运用观察、触摸、拼搭、比较等多种途径感知图形及图形之间的边、角关系，运用视觉、触觉、动觉感知形体的特征，逐步形成对几何图形的特征性认识。

(3) 多样化的图形分割、组合活动。

在几何图形的活动设计中，教师可以利用多种操作的形式让幼儿在图形分割与组合的活动中认识几何图形之间的关系。幼儿一方面可以从这种分割与组合的活动中感知图形之间的关系，另一方面，幼儿也可以在多种尝试中形成对图形间关系的预见性，以及思维的变通性和灵活性。

(4) 通过类比和比较的方法学习新图形。

图形对比是几何图形教学的常见方法。在教认新几何图形，特别是教认与其他图形相似的图形时，运用对比方法是重要的，但是根据相似图形混淆的特点，在选择比较图形时，相比较的图形中必须有一种是已被幼儿很好地掌握了的，不宜用两个都不大熟悉或都是生疏的图形对比。

3. 教学活动举例

案例研讨

中班数学活动　认识梯形(感受梯形的基本特征)①

活动目标

1. 认识梯形,感受梯形的基本特征。

2. 不受图形摆放位置的影响,正确辨认梯形。

3. 在观察和讨论时能大胆地表达自己的看法。

活动准备

1. 教具:2个梯形、1个长方形组合成帆船。

2. 学具:红色梯形、黄色长方形人手1个。第一、二组:找梯形记录单人手1份、笔12支。第三、四组:彩色小棒(雪花片)若干、小篓子。第五、六组:7×7的方格纸(第一排印有7个红点子)人手1份、点子印章12个、印泥4盒。

活动过程

1. 引出话题。

教师边出示破了洞的帆船边提出问题:小狗报名参加了动物帆船比赛。可是,眼看着就要比赛了,小狗却发现船帆被老鼠咬了好几个洞。它重新找来一块布做船帆,却发现这块布和原来的船帆不一样。小朋友们,你们能看出来都有哪些地方不一样吗?(边说边将长方形卡片摆放在梯形船帆的旁边)

幼儿观察两个图形,简单交流自己的发现:这两块布一样吗?各是什么形状?

2. 比较图形。

教师:在你们的桌上也有一个长方形和一个梯形,请大家拿起来看一看、比一比,找找它们有哪里不一样。

幼儿操作时,教师注意观察幼儿比较的方法。对于有困难的幼儿,教师可提示他们将长方形和梯形重叠起来观察比较。

集体交流:谁来说说这两个图形都有哪些不一样的地方?幼儿边说教师边借助教具进行集体验证。

师幼共同小结:长方形的边都是平平的、直直的,两条长边一样长,两条短边也一样长,4个角也是一样大的。而梯形的边有两条是斜斜的,还有两条边是直直的、平平的,可是两条直直的边不一样长,梯形的4个角也不一样大。

教师:你们觉得小狗需要找一块什么形状的布做船帆呀?

3. 幼儿操作。

第一、二组:找梯形。

---

① 赵寄石,唐淑.幼儿园渗透式领域课程·科学艺术·中班(下)[M].3版.南京:南京师范大学出版社,2017:16.

教师：小狗遇到的困难大家都知道了，朋友们送来了很多块布，小狗想请小朋友帮忙把梯形的布都找出来，找到后用画圈的方法表示出来。

第三、四组：拼梯形。

教师：这里有许多小棒(雪花片)，你能帮助小狗用这些材料拼出梯形的帆船来吗?

第五、六组：印比 7 少的点子。

教师：先数数第一排有几个点子，然后在下面的格子里印出比它少的点子，每一批印的点子数不一样但都要比第一排的点子少。想一想，怎样印既有序又不会漏掉一个数。

4. 活动评价。

教师：你们帮小狗挑出梯形的布了吗？都有哪些呢?

展示个别幼儿的记录单，集体检查验证：他把所有的梯形都找到了吗？你们从哪里看出来这些图形都是梯形的呢?

鼓励幼儿运用已知经验进行解释。

教师：拼梯形的游戏大家都玩过了吗？你们是怎么拼的?

请幼儿展示各不相同的操作方法。

小结：小狗今天很开心，因为有那么多的小朋友帮它一起找到了梯形的布，这样它就可以参加比赛了。

活动建议

1. 教师使用的帆船教具是由两个梯形加一条线组合而成，不要拼贴成一张图。这样的设计有利于教师将帆从船身上取下，便于和长方形进行比较。另外，提供给幼儿观察比较的梯形和长方形除了大小相同外，颜色应有所区别，这样可以便于幼儿观察比对。

2. 活动结束后，教师可以带幼儿在教室或幼儿园其他地方寻找类似梯形的物品，并将找到的物品用绘画的方式记录下来，制作出有关梯形的图画书或班级主题墙饰。此活动也可发动家长一起加入，寻找日常生活中各种各样类似梯形的物品。

（二）区域活动

教师可以请幼儿在家庭生活中搜集各种几何形体的材料，如牙膏盒、纸盒、胶卷筒、固体胶棒、纽扣、镜子等，这些材料既可以放在数学区角中让幼儿进行对照、比较，也可以在教学活动中让幼儿摆弄、触摸、观察、比较，从而感知几何形体的基本特点。如在认识立体图形时，教师可以利用一些生活中收集到的各种形状的包装盒作为活动材料，让幼儿动手操作，指导幼儿把盒子拆开，再把拆开的盒子按面分解成几个部分，也可以把拆开的盒子再让幼儿折叠、粘贴成原来的样子，或者以平面形式将轮廓描绘到材料纸上，再让幼儿沿着盒子的折叠线完成折纸，然后复原包装盒。在这样的操作活动中，幼儿会直观地感知到立体图形和平面图形之间的关系。同时，要充分和建构活动结合起来，在积木建构活动中，有大量的立体图形的组合与分解经验。

幼儿在完成不同类别的图形组合任务时表现出了不同的特点，这些特点反映了幼儿图形组合能力的不同方面。因此，教师可以提供不同的图形组合任务来丰富幼儿的图形组合经验。如：① 用组合图形的方式来填充图案，即图形的拼图任务，这类任务可以提高幼儿根据图案的边和角的特征来知觉所需要的图形，以及旋转和翻转图形的能力；② 图形的自由组合任务，这类任务有助于幼儿探索图形之间的关系，如 3 个三角形可以组合成梯形；③ 图形组合的心理表征任务，如判断 1 个六边形分成两半后分别是什么图形，这类任务可以帮助幼儿形成图形以及图形组合单元的图示，使幼儿能够对图形组合的过程和结果进行有目的、有意识地预期。

此外，根据不同年龄段幼儿图形组合能力的特点进行有针对性的指导。小班阶段，为幼儿提供的图形组合任务可以从带有图形轮廓的图案逐渐过渡到不带图形轮廓的简单图案。中班幼儿可以多种形状的自由组合材料为主，同时可以增加部分图形组合的心理表征任务，如鼓励幼儿推测几个图形组合在一起后会变成什么形状，或者某个图形被拆分后会变成哪些形状等。大班阶段，能够对图形组合的过程和结果进行心理表征的幼儿数量更多，他们选择图形的目的性和意识性更强，能够开始将边和角的特征结合起来推测所需要的图形，更为有效地旋转和翻转图形。部分幼儿开始认识到图形之间存在关系，并开始在操作过程中通过图形替代的方式来探索和利用图形之间的关系。这时，教师除了给幼儿提供更为复杂的图形组合操作材料、图形组合的心理表征材料以外，还可以提供一些能够帮助幼儿探索图形之间关系的材料，如几何形状积木等。教师应鼓励幼儿发现图形之间的关系。

旋转和翻转是学前儿童在进行图形组合的过程中会运用的两个关键技能。教师为学前儿童提供的待拼的任务，不能只有那些需要平移就能完成的任务，还需要有那些只有让他们旋转和翻转才能完成的任务，因为旋转和翻转能促进学前儿童的心理表征能力的发展。幼儿在完成几何形体的各种活动时，还要注意对任务要求的理解，例如，给幼儿样图，让幼儿照着样子拼的时候，幼儿要明白任务要求是要和样图拼得一模一样才算完成任务，如果有哪一块没有拼对，说明该任务没有完成，因此需要幼儿认真观察、仔细比较，在拼完之后要细心的检查。

案例研讨

七巧板的序列性投放①

本案例遵循由低级到高级、由简单到复杂的原则，设计七巧板的序列性投放材料。根据七巧板的块数、样图是否有分割线、已知的完整图形、样图与七巧板的比例等条件设计投放顺序。样图如表 5-1 所示。

① 该案例由开封市实验幼儿园任雨老师提供，张亚杰指导。

表 5－1

投放次数及参考年龄	样　图
第一次投放(小班)： 2 块图形全分割线	
第二次投放(小班)： 3 块图形全分割线	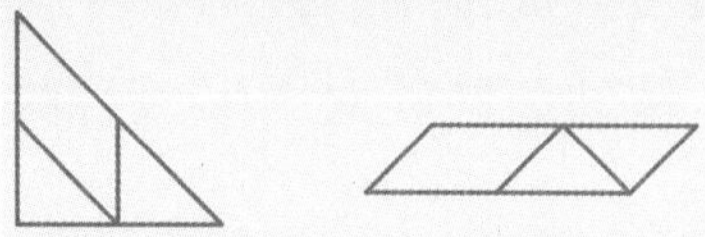
第三次投放(小班)： (1) 2 块图形外轮廓线 (2) 4 块图形全分割线	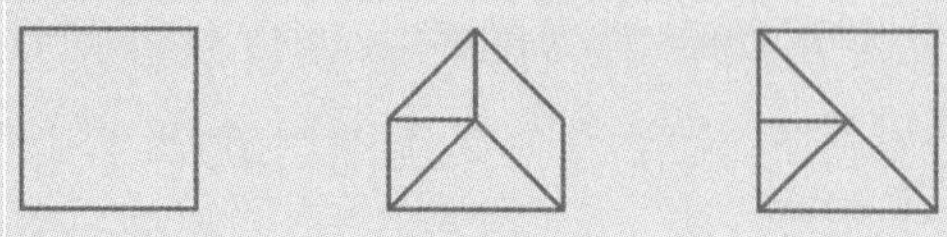
第四次投放(小班)： (1) 3 块图形减少一条不同位置分割线 (2) 5 块图形全分割线	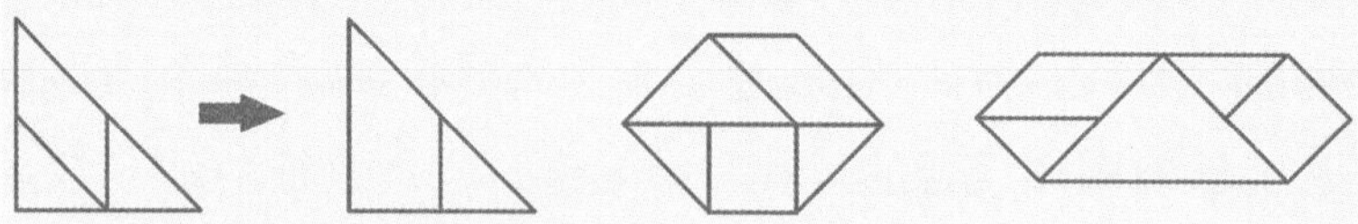
第五次投放(小班)： (1) 3 块图形外轮廓线 (2) 6 块图形全分割线	
第六次投放(中班)： (1) 4 块图形减少 1 条不同位置分割线 (2) 7 块图形全分割线	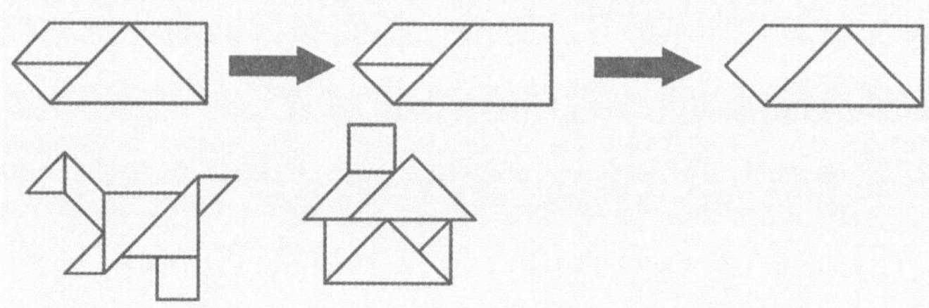
第七次投放(中班)： (1) 4 块图形减少 2 条不同位置分割线 (2) 4 块图形外轮廓线 (3) 已知 3 块完整图形	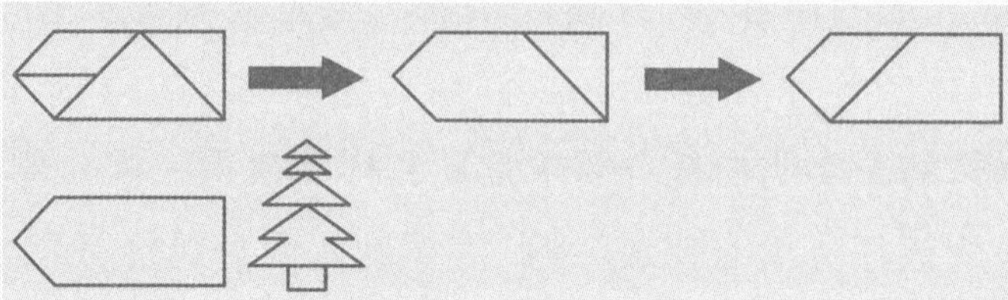
第八次投放(中班)： (1) 5 块图形减少 1—2 条不同位置分割线 (2) 小样图的 4 块图形外轮廓线	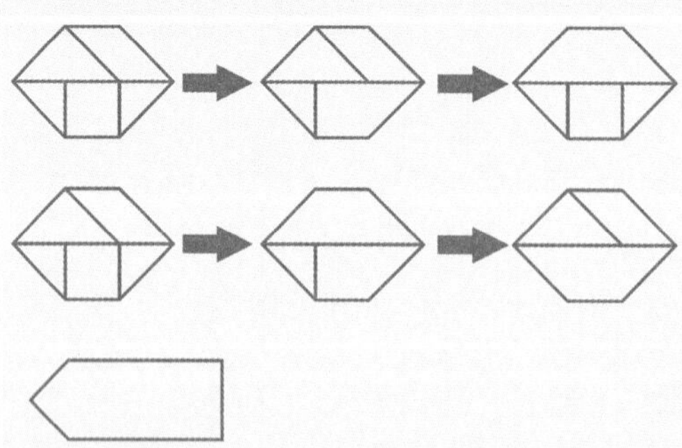
第九次投放(中班)： 5 块图形减少 3 条不同位置分割线	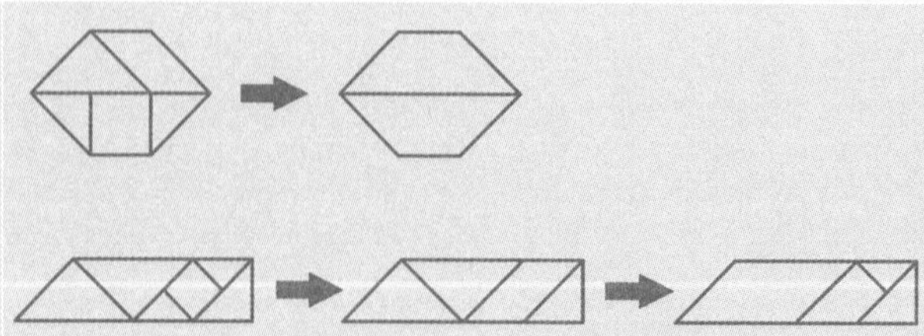

续　表

投放次数及参考年龄	样　图
第十次投放(中班)： 6—7 块图形减少 1—2 条不同位置分割线	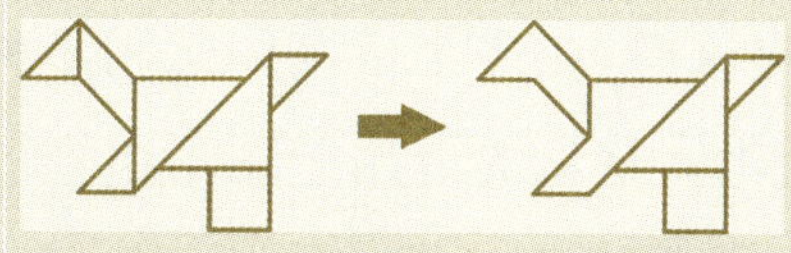
第十一次投放(大班)： (1) 5 块图形外轮廓线 (2) 已知 2 块完整图形 (3) 6—7 块图形减少 3 条不同位置分割线	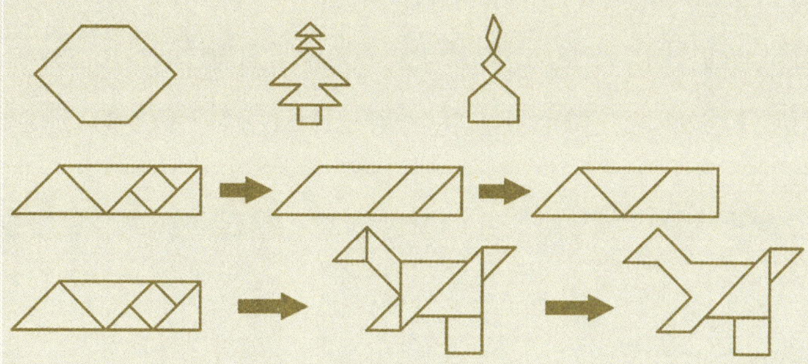
第十二次投放(大班)： (1) 6 块图形减少 4 条不同位置分割线 (2) 6 块图形外轮廓线 (3) 已知 1 块完整图形 (4) 小样图的 5 块图形外轮廓线	
第十三次投放(大班)： (1) 7 块图形减少 4 条不同位置分割线 (2) 7 块图形减少 5 条不同位置分割线 (3) 小样图的 6 块图形外轮廓线	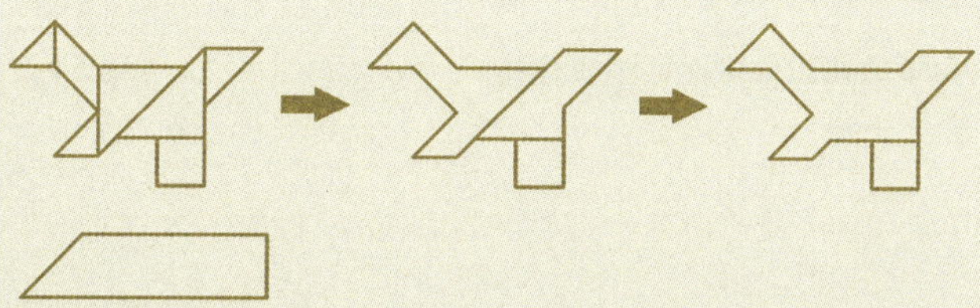
第十四次投放(大班)： 7 块图形外轮廓线	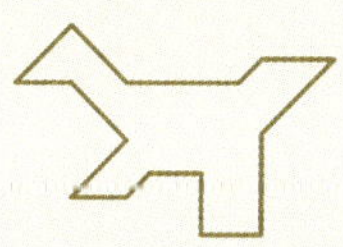
第十五次投放(大班)： 小样图的 7 块图形外轮廓线	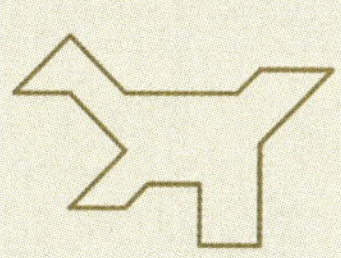

(三) 其他活动

1. 游戏活动

游戏活动中重要的一块内容是结构游戏。结构游戏是指学前儿童按照一定的计划或目的组织物体或游戏材料，使之呈现一定的形式或结构的活动，包括拼图、积木、积塑等。学前儿童在玩结构游戏时会体验和掌握艺术造型(平衡、对称、比例、空间关系)，这一过程会有利于学前儿童图形组合能力的提高。积木搭建能帮助学前儿童正确感知空间、几何和形体。学前儿童玩积木游戏获得的经验会促进其几何空间能力的发展，这比专门的数学活动带来的促进效果更显著。在玩积木游戏的过程中，学前儿童需要不断地思考应该使用什么形状的积木、用这些积木拼起来的形状是不是自己想要的图形。同时，在搭建积木的过程中，他们还要不断旋转积木，寻找自己想要的结构。通过玩这些有趣的积木搭建游戏，学前儿童的图形组合能力得到了很大的提高。

教师要为学前儿童提供多种结构材料，在多个情境中运用多种不同类型的材料发展他们的图形组合能力，避免他们思维的固化。常见的可用于图形组合的拼搭积木类型包括传统木质积木、磁力片、积塑类积木、七巧板、俄罗斯方块积木等。

游戏活动还包括图形归类活动、图形分类活动、制作图形活动（制作平面图形、立体图形）、图形的分割与拼合活动、轮廓拼图活动、创意拼图与建构活动、造型建构活动等。

图 5－1　河南大学幼儿园中班墙面创意建构

图 5－2　大班雪花片建构

2. 生活活动

学前儿童的思维处于具体形象思维阶段，与生活联系紧密的情境更利于他们抽象思维的获得。Resnick(1991) 认为生活化的教学内容可以帮助学生将抽象的数学知识与实际生活相联系，感受生活中的数学，体验数学实践和应用的重要性，从而形成正确的数学观念并转化成良好的数学意识。如对圆、球体、圆柱体特征和关系的认识，可以选取生活中的材料，如硬币、乒乓球、杯子等，既可以让幼儿在摆弄、滚动中认识到镜子、乒乓球和杯子的滚动性特征及其差异，还可以让幼儿在触摸镜子、杯子、乒乓球的过程中感受到圆、圆柱体和球体的线、面关系及其差异（幼儿用手指沿着镜子的边缘和面触摸，感受平面和边缘曲面的不同，把触摸的体验和视觉观察的信息结合，形成较为直观的形象）。

3. 各领域渗透活动

在美术活动中，会运用到大量的几何形体经验。剪贴、折纸、编织、纸塑等纸工活动也渗透形状、对称模式、平面图形之间以及平面图形与立体图形之间关系的体验和探索。体育活动中，教师可以有意识地赋予体育器械以一定的数学知识，通过体育活动的形式渗透数学教育。如果教师用可折叠的材料做成梯形、正方形等活动器材并替换形状单一的圈，那么幼儿在锻炼跳跃能力的同时，还可以积累更多有关图形的经验……

4. STEM 活动

在 STEM 活动中，几何形体的经验是幼儿经常会用到的，比如中班幼儿在“绿野仙踪”发现小鸟吃的食物都洒在地上，于是决定做喂鸟器。他们先调查了各种鸟的生活习性以及不同的鸟喙的特点，然后在做喂鸟器的过程中，幼儿需要设计喂鸟器的形状，并考虑喂鸟器需要几个面，如何将这些面组合成一个正方体等等。①

图 5－3　设计图

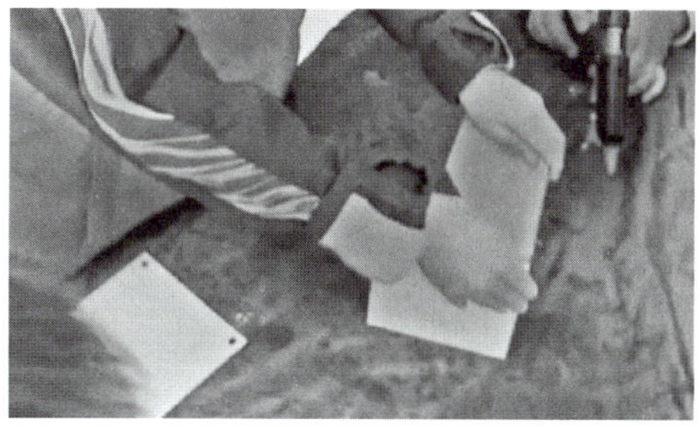

图 5－4　制作

① 该案例由开封市实验幼儿园王晓阳、李子娇老师提供。

模块二　空间方位

情境导入

小莉是幼儿园孩子家长，一次半日亲子活动时，她在看本班的老师带领小朋友做操时发现一个令她疑惑的地方：老师和孩子面对面，示范做操的动作，明明是该伸左手的，老师却伸右手和孩子的方向保持一致，这是怎么回事？活动结束后，小莉不解地询问老师。

分析：幼儿认识空间方位的顺序是从以自身为中心辨别左右，然后慢慢过渡到以客体为中心辨别左右，因此，幼儿园老师在带着幼儿做操时，采用的是镜面示范的方法，和幼儿伸同一侧的手臂，帮助幼儿理解。

知识演绎

一、空间方位的概念与关键经验

（一）空间方位的基本特性

任何物质都存在于一定的空间之中，并且和周围的其他物体存在着空间上的相互位置关系，也就是空间方位关系，一般用上下、前后、左右等词语表示。可见，空间方位是一个关系概念，位置和方向是空间范畴中的重要概念，也是两个有密切联系的概念，位置是占有一定空间的点、线、面、体，而方向是面对的某一位置。空间关系，一般地讲，是指某一物体（或该物体的动作或特征）同另一物体即参照物在空间上的相互位置关系，要确定位置的这个物体是焦点物，也叫目的物或目标物，为了说明该物体位置而参照的那个物体是参照物。

物体位置的辨别需要有一个基准，即以什么为基准来确定客体的空间位置。基准不同，位置就截然不同。如教师站在黑板和桌子的中间，如果以黑板为基准，教师就站在黑板的前面；

相反，如果以桌子为基准，教师就站在桌子的后面。所以在帮助幼儿辨别空间方位时，首先确定“基准”是十分重要的。

一般来说，空间位置关系具有以下三个基本特性。[①]

1. 相对性

我们生活的周围空间是向纵、横、深三个方向扩展的，空间坐标系按照纵、横、深三个扩展方向形成的三对相对应的基本方向分别表示为前后、左右和上下三对方向的位置。它们都是相对的方向位置概念，上是对下而言，前是对后而言，左是对右而言。人们在日常生活中对物体的位置定向的理解常包含了这种相对性，包括以下三个方面。

(1) 主体对它周围客体的相对位置。例如：我站在汽车的前面。

(2) 周围客体对主体的相对位置。例如：汽车在我的后面。

(3) 各物体相互之间的相对位置。例如：自行车在汽车的前面，汽车在自行车的后面。

物体位置的辨别需要有参照物（基准），如以自身、地球或其他自由选定的物体作为参照物。幼儿期认识空间方位是从以自身为中心逐步过渡到以他物为中心的。幼儿先认识以自身的定向为出发点：上面是头，下面是脚（如头上有片天，脚下有条路）；前面是胸，后面是背（如胸前，背后）；右边是右手，左边是左手；再逐步认识到以他物为出发点。由于参照物是可变的，是相对而依存的，因此，空间方位就具有相对性特征。

2. 连续性

由于空间方位是一种相对存在的位置关系，也就使得空间位置关系具有连续性特征。前后是相对的，上下、前后、左右都是空间向纵、横、深三个方向扩展的，前是向前扩展的一种无限的延伸，后是相对前而存在的一种向后的无限延伸。因而，这种相对的空间位置关系是处于一种空间连续体中。

3. 可变性

“上下、前后、左右”都是相对位置，即它们会随观察者视角的变化而变化。物体的空间位置关系的可变性主要是由于物体位置辨别中的参照体系是可变的，参照物的变化就会造成所考察的目标物的位置关系的变化。可变性、相对性和连续性所反映的物体空间位置关系的基本特性是一致的。

（二）空间方位的关键经验

空间方位关系在汉语中主要是用方位词来表征。方位词是汉语中一个封闭的词类，分单纯方位词和合成方位词，合计总数一百多个。单纯方位词数量极其有限，只有十六个，上、下、左、右、前、后、东、南、西、北、里、外、中、内、间、旁。除“上、下”“前、后”可以成对单用外（如“上有天堂，下有苏杭”，“前有埋伏，后有追兵”），一般不能单独使用表达空间关系。

---

① 黄瑾.幼儿园数学教育与活动设计[M].北京：高等教育出版社，2010：248.

上与下的主要意义是高于或低于某个参照物的位置，而且参照物与这个位置基本上在同一垂直于地面的垂线上或在该垂线两边附近，也就是说，垂直的概念和由它推导出来的高低概念是使用上和下的先决条件。

前后、左右是以参照物立足于一个水平面时所指的水平方位。这个水平面指地表或平行于地表的某个想象中的水平面。水平面的概念是使用前后、左右这组方位词的先决条件。

"左"与"右"所指的方位是以人左右手所指的方位为基础的。当参照物无左右手但本身的特征能定出前后方位时，就可以将它拟人化，以"左、右手"所指的方位为其左、右方位。

"里"与"外"属于拓扑性质的空间方位，即是说它们不随观察者视角的变化而变化，"里"指面或体的范围，范围圈所包围的方位为"里"，不被范围圈包围的范围为"外"。

幼儿对物体空间方位的知觉开始不能加以区分，他们只注意到物体本身而不能知觉到物体之间的位置关系。幼儿认识空间方位的区域是由近及远逐步扩大的。一般先把整个区域分成两个区域：或上和下，或前和后，或左和右，而且在每一对相对的位置关系中，开始只能分出一个标记来，如上面、前面等，然后在与一个标记的比较中才认识到相反的标记，形成互逆的空间概念。如里面—外面、上面—下面、前面—后面等。

二、学前儿童空间方位的发展特点

（一）学前儿童空间方位的认知发展

心理研究表明，个体心理起源于动作，动作是主体认识客观世界的源泉，儿童从很早开始就通过视觉、触觉等和周围世界中的物体接触。儿童通过与客体的接触，不仅获得了"客体永久性"概念，而且在对客体进行探寻的过程中，形成最初的空间意识。随着儿童思维的发展，儿童的空间概念也逐步发展起来。儿童空间方位概念的逐步发展过程中会表现出如下的规律和特点。

1. 幼儿对空间方位的认识，是从以自身为中心到以客体为中心逐渐过渡

幼儿在理解空间方位概念时必须从一个相对的关系来认识，这对于思维还不具有相对性的幼儿来说是有困难的。幼儿的空间方位概念总的来说是从以自我为中心的定向逐渐过渡到以客体为中心的定向过程。

研究表明，儿童在认识空间方位关系时，首先是从自身出发，以自己的身体作为参照体系来辨别周围客体的方位。幼儿首先学会的是辨别自身身体部位的不同方位，如头在上，脚在下，胸（脸）在前，背在后，右手拿勺子，左手扶碗等。然后儿童再把不同的方向与自己本身的一定部位相对应，建立了以下类型的联系：头上，脚下，面前（胸前），背后，右边是右手，左边是左手。儿童在判断客体空间方向的过程中，是以自己的身体为出发点，来判断相对于自己身体的客体在空间中所处的方位。如"头上有屋顶，脚下有地板""我的面前是一幢房子，

背后是一座小山”。

在此基础上，幼儿逐渐能做到以客体为中心区分空间方位关系。以客体为中心的定向，是从客体出发，以空间中的某一客体为参照物，确定其他目标客体与之形成的位置关系。如：桌子的前面是黑板，桌子的后面是椅子。但由于幼儿思维具有自我中心状态，他很难站在别人的立场上思考问题，因此这种客体中心定向能力（尤其是以客体为中心判断左右）在学前期是很不完善的。比如儿童逐步能以客体为中心判断上下、前后的方位，但以客体为中心判断左右却较为困难。

2. 幼儿对空间方位概念的理解从绝对性走向相对性

儿童最初是以自我为中心认识事物之间的空间位置关系，所以对以自己为中心的上下、前后、左右的方位关系，儿童会看作是绝对性的关系。但随着儿童能开始以客体为中心定向空间方位关系，儿童参照体系在发生不断的变化，儿童会认识到空间方位关系是随参照物的改变而变化的，任何空间方位关系均是依据参照体系的建立而存在的。没有绝对的上下、前后、左右的空间关系。

3. 幼儿认识空间方位的发展顺序从上下到前后再到左右

幼儿对空间基本方位的认识顺序是：上下→前后→左右。我国有学者关于 2—6 岁儿童对空间词汇掌握情况的研究表明[①]，儿童在 4 岁时能基本掌握“上、下、里”3 个方位词；5 岁时除能掌握上述 3 个词外，还能掌握“前、后、中、外”4 个方位词；儿童对于“左右”的掌握比较困难，直到 6 岁还有一部分儿童不能正确理解这两个方位词。出现这种发展规律的原因是和不同方位概念的复杂程度有关。虽然上下、前后、左右都是相对概念，但“上下”是垂直方向的，头为上、脚为下的竖直方向是以天、地的位置关系为标准建立的参照体系，其方向性一般是不会改变的。而前后和左右方位都是表征水平方向上的位置关系，这种方向关系会因定向者自身位置的改变而发生变化。如果儿童掉转身体，原来在他前面的东西就会变成在他后面，而原来在他左边的东西就会变成在他右边。儿童只有认识到这种相对性的变化关系，才能正确地区分前后、左右。

和其他方位词相比，“左右”方位词表示的空间方位具有明显的相对性和灵活性，人们要确定左右方位必须首先确定前后方位。这个要在三四岁之后，儿童凭借日常生活经验（写字，拿勺、筷子等）区分了自己的左右手，并知道把左右手和左右方位联系起来，儿童对左右方位的理解还只局限于自身的左右部位，之后，到了四五岁（有些孩子甚至更晚一些），在形成一定的推理能力的基础上，儿童才开始摆脱这种限制，知道用自己左右手作为推算的出发点来理解左右方位。由此可见，儿童是在区分自己的左右手并形成一定的推理能力的基础上习得“左右”方位词的。而这又总是以前后方位的确定为基准的。

4. 幼儿辨别空间方位的区域从近的区域扩展到远的区域

幼儿辨别空间方位的区域是随着他们年龄的增长，活动范围的扩展而不断扩展的。幼儿

---

① 张仁俊.儿童对空间词汇的掌握[J].华东师范大学学报，1985(4)：35－46.

以自身为中心去确定相对于自己的客体所处的位置时，起初常常局限于离自身不远的，自己能直接感知到的范围内的。而对于面向自己的客体，偏斜于自身的客体或离自身较远客体的空间位置的判别较为困难。比如3岁左右的幼儿对处于其右前方30度—45度区域内的物体，就不能明确给定其方位。他们常常会说不出它的方位，既不能认定它是在右面，也不能认定它是在前面，他们说"这不是在右边，而是靠前边一点"，或"这不是在前面，而是靠旁边一点"。随着年龄的增长，尤其是儿童对空间方位的相对性、连续性关系认识的深入和发展，儿童就逐渐能意识到并能辨别出离其身体较远的物体的上下、前后或左右的空间方位关系。儿童对前后、左右的方位区域的辨别范围逐步扩大，且能把每一个空间位置理解为两个有连续性的区域，比如前面可以分为前左和前右两个连续性的区域，右面也可以分为右前方和右后方两个连续性区域。这样就逐渐把空间方位理解为一个连续的统一的整体。

（二）学前儿童空间方位概念发展的年龄特点

1. 3—4岁(小班)

这一年龄阶段的幼儿基本能够较好地辨别上下的空间位置，开始学习辨别前后方位。但他们所能理解的空间方位的区域十分有限，仅限于直接感知的范围内，如自己身体的部位、紧挨自己或靠近自己身体、离自己不太远且正对自己身体的物体等等。对于不是正对自己身体的物体，他们就不能正确地辨别了。

2. 4—5岁(中班)

该年龄段是幼儿空间概念快速发展的时期，他们能够较好地辨别前后的空间方位，并且开始学习以自身为中心辨别左右方位，能够辨别离自己身体比较远的物体和稍微偏离上下、前后、左右方向的物体的空间方位。

3. 5—6岁(大班)

这一年龄段的幼儿基本上能够正确辨别上下、前后，他们能把空间分为两个区域，或者左和右，或者前和后；还能把其中一个区域分成两个部分，如把前面分成前面的左边和前面的右边，把左边分为左前方和左后方两个区域。同时，这个阶段的儿童已经能够确切地标出空间位置的中间点，这表明他们已经能够理解所感知的整个空间按基本方向的可分性。但是大班幼儿还不能完全做到以自身为中心辨别左右，以客体为中心辨别左右的能力还在初步的发展中。

三、空间方位活动的设计与实施

（一）教学活动

1. 要求

(1) 小班。能区分并说出以自身为中心的上下方位，包括自己身体部位的上下位置，在自己上面的物体和在自己下面的物体等。认识并说出近处两个物体之间明显的上下关系，说出什么在什么的上面，什么在什么的下面等。

(2) 中班。能区分并说出以自身为中心的前后方位，包括自己身体部位的前后位置，在自身身体前面和后面物体的位置。能区分并说出物体与物体之间的上下、前后位置关系。能按指定的上下、前后方向运动，如向上、向下、向前、向后等。

(3) 大班。能区分并说出自己的左手和右手，根据自己的身体判断自己与物体的左右关系。学习辨别物体与物体之间的左右位置关系。学习向左或向右方向的运动。

2. 设计要点

(1) 充分利用儿童身体和身体的动作，帮助儿童学习并理解空间方位词的意义。

正确地理解和运用方位词是认识空间方位关系的前提。而儿童认识空间方位是以自己的身体为出发点，并在实际的动作中试验、理解自己与物体之间、物体与物体之间的空间关系。儿童对自己身体有关部位的意识和直接的自我感知可以帮助儿童理解“上下”“前后”“左右”等方位词的意义。儿童将身体的部位与有关方位词联系起来，使词的获得及其意义的理解建立在直接感知的基础上。儿童通过移动物体或自身躯体的运动，可以在实际行动中探索空间关系。如先认识头在上、脚在下、脸在前、背在后等，然后让儿童对自身或物体施加向前、向后、向左、向右等趋向性的运动，从而进一步探索和理解空间方位词汇所表征的空间方位关系。

(2) 利用儿童的实际生活情境和经验，让儿童在日常生活情境中体验和理解空间方位关系。

儿童在日常生活中随时随处都可以接触到空间关系，如上下楼梯、排队、吃饭时左右手的使用、日常用具的摆放、搭积木等。儿童的空间经验是在其生活和游戏中不断丰富和发展的。教师在教学中应该利用儿童的实际生活情境，让儿童在日常生活中体验和理解空间方位关系。如让幼儿观察生活情境中的事物之间的空间关系，也可以让儿童在生活情境中拿取和放置某些物品，从而体验和理解空间方位词汇。教师在教学中也要利用与空间关系有关的游戏来丰富和拓展儿童的经验。如组织幼儿玩“给娃娃布置房间”“捉迷藏”“寻宝”等游戏活动，让儿童在游戏中体验空间方位关系。

(3) 鼓励儿童观察、比较、预测、寻找和描述物体之间的空间关系，形成向客体中心的转移。

儿童对空间概念的理解不是通过教师的讲解和传授形成的，而是儿童对物体之间关系主动探索的结果，是他们在实际的观察、比较、预测、寻找和描述的过程中，不断解决认知冲突，克服“自我中心”，从而学习从他人的角度去思考问题的结果。因此，在教学过程中，教师要尽可能为儿童提供观察、比较和描述物体之间空间关系的机会，并鼓励儿童大胆预测，通过具体的操作验证自己的预测。这样儿童可以在一系列具体的观察、比较等操作活动中不断形成认知冲突、解决认知冲突，逐渐形成向客体中心的转移。

3. 教学活动举例

案例研讨

大班空间方位活动　天天的计划单①

设计意图

试图用不同的问题情境，引导幼儿在活动中感受相关的空间方位关系，培养幼儿多角度的思考问题，举一反三，根据实际需要，选择合理的路线去走，理解选择路线的不同，产生的距离远近也不同。

活动目标

1. 了解路线图中箭头所指的方向，养成初步的方向感。

2. 根据情景设计并记录路线图，能在多条路线中辨别最近的路。

3. 积极参与探索活动，在设计路线图的过程中体验解决问题的快乐。

活动重难点

根据情景设计并记录路线图，能在多条路线中辨别最近的路。

活动准备

1. 经验准备：幼儿有走迷宫游戏的前期经验(知道一步只能走一格)。

2. 物质准备：课件，计划单，箭头卡片，建筑卡片，地图。

活动过程

(一) 导入部分：抛出问题，激发兴趣(约 2 分钟)

【设计理由：结合幼儿对前、后、左、右已有经验的积累，通过观察，比较发现生活中的事物可以用数学的方式表示。】

1. 观察箭头，感知作用。

【设计理由：引导幼儿了解和感受，发现箭头可以代表不同的意义。】

教师：小朋友们好，你们看，这是什么呀？你们在生活中哪些地方见过箭头？

幼儿：红绿灯上，马路上。

教师：你们能看懂箭头表示的方向吗？它们分别代表什么意思？(幼儿讨论)

2. 讨论。

乐乐：箭头尖尖的那一头就是箭头所指的方向。

壮壮：箭头指向上面就表示向前走，箭头向左就向左走，箭头向右就是向右走，跟着箭头走就不会迷路。

教师：原来箭头可以在出行时帮助我们指引方向。

(二) 基本部分：设计路线，记录路线图(总时长约 26 分钟)

【设计理由：通过设计、记录、比较路线长短的游戏方式，让幼儿在活动中亲自感知，探索，

---

① 该案例由开封市翠园幼儿园卢佳宁老师提供。

记录总结，体验空间方位的快乐。】

环节一：了解地图和计划单（约 5 分钟）

【设计理由：通过观察，认识地图上的建筑，了解计划单的内容。】

1. 认识建筑。

教师：老师带来了一张地图，从地图上你看到了什么？

幼儿：有理发店、学校、医院、甜品店等。

2. 了解计划单。

教师：天天小朋友给自己列了一个计划单，今天计划要到哪去呢？让我们一起去看看吧。

幼儿：7:00—7:30 从家到甜品店；7:30—8:00 从甜品店到学校；12:00 从学校到理发店。

小结：天天要做三件事情，他会走哪条路呢？让我们来帮他找一找出行的路线吧。

环节二：设计并记录路线图（约 21 分钟）

【设计理由：引导幼儿根据情景设计合理的路线图。】

1. 情景一"从家到甜品店"。

教师：早上 7 点天天要从家出发去甜品店，走哪条路呢？让我们一起去看看吧。

幼儿：可以从家里向前走两格，再往右走两格。

教师：我们可以怎么样将这条路记录下来呢？

幼儿：可以将路线用箭头记录在地图上。

（教师示范，将路线图用箭头的方式标记出来，师幼共同检查论证）

幼儿：我发现还有一条路线可以到达甜品店（幼儿上前示范）。

小结：原来从一个地方到另一个地方有不同的路可以走。

2. 情景二"从甜品店到学校"。

教师：孩子们，时间比较紧，马上就要迟到了，谁能帮天天找到从甜品店去学校最近的那条路呢？

小结：一个格子里画一个箭头，代表一步，箭头越少，就表示路程越短，所用的时间越少。

3. 情景三"从学校到理发店"。

教师：12 点了，天天中午要从学校出发去理发店剪头发，可是天天没有去过理发店，谁能来帮帮他？一共有几条路可以走，最近的是哪条路？

（幼儿操作，将不同的路线记录下来，在多条路线中辨别最近的路）

4. 情景四"设计路线"。

教师：如果你是天天，下午你会从哪个地方出发到哪里去呢？请你按照自己的计划设计一条路线吧。

（三）结束部分：分享总结（约 2 分钟）

【设计理由：对幼儿本节活动的实践过程进行经验梳理与总结，巩固幼儿的已有经验，帮助幼儿获得系统的新经验。】

小结：原来从一个地方到另一个地方有不同的路可以走，箭头越少，就表示路程越短，所用的时间越少，这样可以帮助我们节约时间。

活动延伸

【设计理由：进一步激发幼儿的探索欲望，结合亲身经历和已有经验通过本节活动学到的新经验论证身边出现的问题，发展幼儿思维的逻辑性。】

幼儿与家长共同设计从家到幼儿园的路线图，并将路线图记录下来，和大家分享。

活动反思

1. 创新之处。

通过设计、记录、比较路线长短的游戏方式，在层层递进的环节中让幼儿感知、探索、记录总结，大大提高了幼儿的兴趣。幼儿能在活动中大胆表达，描述物体的运动方向，体验空间方位的快乐，从而在语言、思维各方面得到发展。

2. 有待改进之处。

在活动延伸部分，可以让幼儿用其他的符号进行标记，同时在活动中，教师语言应该更加简洁明了。

（二）区域活动

投放材料帮助幼儿理解空间方位的基本特征。如理解相对性，让幼儿将操作材料摆放到不同位置，以不同物体做参照，并及时记录。理解可变性，通过对操作材料的描述及摆放，促进幼儿对空间位置关系的可变性进行了解。利用多个材料理解空间方位的连续性，如有草地、小河、树林、鲜花等的小花园图片；或让幼儿拿着小蝴蝶图片进行不同位置的摆放。针对不同年龄段的幼儿投放难度不同的材料。小班的幼儿可以辨别上下、前后。中班的幼儿可以在理解上下前后的基础上，学习以自身为中心辨别左右。大班幼儿能够在以自身为中心辨别左右的基础上，逐步增加以客体为中心辨别左右的活动。观察幼儿是否能够理解空间方位的特点。在幼儿操作材料时教师要观察幼儿的操作，是否真正理解了空间方位的相对性、可变性和连续性的特点。观察材料的难度是否适合幼儿。在投放材料时，注意观察投放材料的难度是否超出幼儿的能力水平，并进行及时的调整。

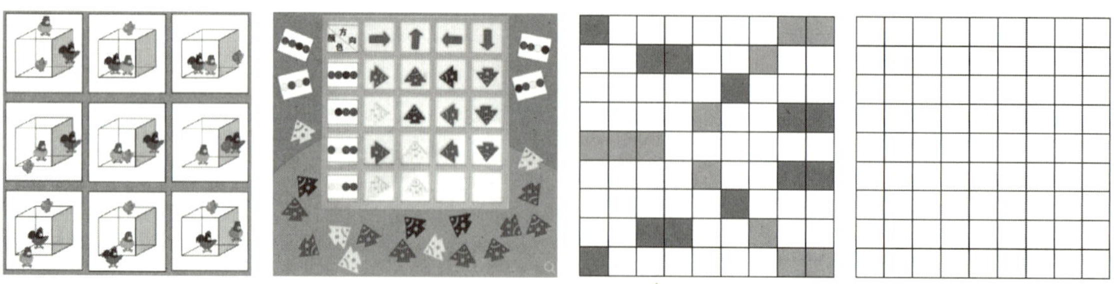

图 5－5　空间方位区域活动材料

案例研讨

猫小白大冒险①

活动目标

通过旋转、翻转积木的不同面，将其摆放至对应的位置，帮助幼儿进行颜色认知。通过上下左右空间方位辨识与对应，培养幼儿空间方位和专注力。

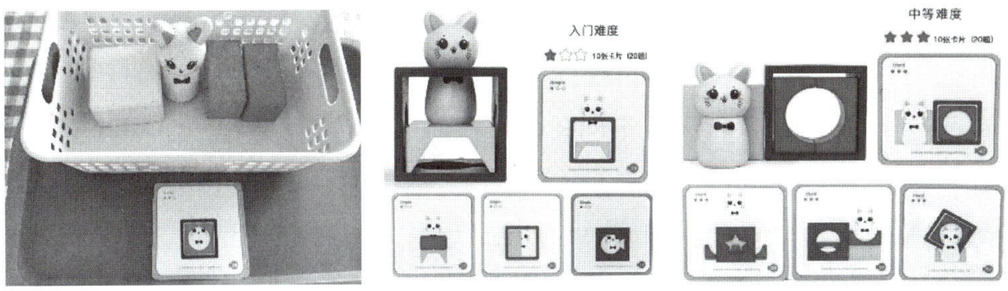

图 5-6　活动材料

玩法

观察题卡上的图案，找出所需的道具，按要求对应摆放。

投放后观察

从两块积木的位置摆放上，教师发现幼儿对于形状、大小的观察不够仔细，但幼儿在拿起题卡对应的时候，似乎发现了这个问题，然后进行了调整。

(三) 其他活动

1. 游戏活动

(1) 空间知觉游戏:“指鼻子”。教师在组织活动时，要明确活动的主要目的是帮助幼儿理解方位词，其次才是认识身体部位。因此，可以在指五官位置活动的基础上，设计让幼儿使用方位词的提问。

(2) 描述空间方位:运用方向标记表征空间方位。教师在幼儿园的环境中设置一些箭头标记来指示某一地点的方位。在幼儿理解了方向标记意义的基础之上，教师可以设计活动让幼儿运用方向标记来表征方位。如在平面图中用方向标记表征从一个地点到另一地点的路线。教师可提供一张简易的网格平面图，在其中标记几个地点，如幼儿园、家、超市、公园等，引导幼儿观察平面图中几个地点的位置关系，尝试用箭头画出从家到幼儿园、超市、公园的路径，发展分析与比较的能力，进一步体会方向标记的作用。

---

① 该案例由开封市金明幼儿园鲍璇老师提供。

图 5-7　空间方位游戏

(3) 手眼协调活动与视觉分辨练习活动：走迷宫。走迷宫的游戏可设计成多种多样的方式，如用笔画线、用磁铁吸住回形针走，还可以用纸绳沿迷宫线粘贴，形成一些通道，再让幼儿用弹珠滚动着走等。

(4) 空间表征：认识平面示意图。平面图是三维实景世界的一种表征形式，教师为幼儿提供一张实景平面图，同时利用实景或提供有关场景的模型，让幼儿分析实景中物体与物体之间的邻近、分离、次序、包围等空间关系，进一步促进幼儿对平面示意图和实景空间对应关系的理解，发展心理旋转能力以及空间定位能力。教师还可提供娃娃家的布局图，供幼儿观察，进行娃娃家游戏场景的布置。教师也可以鼓励幼儿互相合作、讨论，设计娃娃家的布置，用画平面图的方式将自己脑中想象的布局画下来，并根据平面图来布置。

2. 生活活动

幼儿空间方位的教育除必要的上课外，可大量地在一日生活各种活动中进行。因为一日生活中的各种活动，随时都需要幼儿对方位作出辨别。因此，从幼儿入园的第一天起就应结合各种活动让幼儿学习辨别方位。如排队或散步时谁在前面，谁在后面；做早操时，手往上举，蹲下来；吃饭时，请幼儿左手扶碗，右手拿勺等。在音乐和体育活动中，也离不开向上向下、向前向后、向左向右等动作。教师要善于利用各种机会，引导幼儿通过自身的各种活动学习辨别方位。

3. 各领域渗透活动

语言领域可以在带幼儿阅读绘本时注重观察每一页绘本上的人物关系以及各种细节，让幼儿用谁在谁后面、谁在谁左边等这样的语言表述。艺术领域可以在舞蹈活动中发展幼儿的空间能力，突出强调身体的运动方位，增强幼儿的方位感，教师与幼儿应选择合适的站位，可以通过选用适当的辅助材料，帮助幼儿进行空间辨认，发展对自身以及与他人空间位置的感知能力。美术是一种造型艺术，就拿绘画来说，要把现实世界中的三维物体呈现在画纸的两维空间之中，就需要辨别被描绘景物的基本形状，确定它在与周围其他物体的对比中是大还是小、所处位置是在邻近的某物体上面还是下面，还要选择表现物体的视角，是从正面、侧面，还是背面来表现等等。幼儿在绘画中可以积累很多这样的数学经验，同时教师也可以引导幼儿对照实际情境来发现他们自己对事物形状的描绘以及事物间关系的处理是否合适，这是非常好的发展幼儿形体抽象能力和认识空间方位以及空间关系的机会。

4. STEM 活动

在 STEM 活动中，幼儿打算做一个储物柜。首先进行调查、统计，利用信息技术查询储物柜的不同种类，在了解储物柜构造的基础上探索每一种材料的优缺点，根据班级的布局选出合理摆放储物柜的位置。接下来设计、统计。根据方案制作储物柜的初级设计图，知道自己设计的储物柜的位置和尺寸，并能把自己的设计图用完整的语言讲述。根据图纸，收集并统计各种制作储物柜的原材料与制作工具。然后是任务分工：以小组为单位，由幼儿自主进行分工，能有效协商活动准备环节每一个人的任务。分工协作收集制作储物柜时所需的材料、工具，同时协调家庭参与收集。制作储物柜：在制作过程中根据出现的问题及时调整。制作完成后尝试使用。幼儿将制作好的储物柜摆放到班级里尝试使用，根据使用过程中出现的问题进行讨论并进一步改进。最后装饰储物柜，对储物柜添加装饰，使储物柜在实用性的基础上兼具观赏性。①

图 5－8　制作储物柜

① 该案例由开封市实验幼儿园石宁宁、朱柯老师提供。

模块三 时间

情境导入

方老师带的孩子大班下学期了，她想让孩子在生活中认识时钟。于是她设计了一张记录表，让孩子们每天到幼儿园就自己看墙上挂的时钟，记录下入园的时间。结果第一天方老师就发现了孩子们记录中的问题，第一个到的孩子明明是八点零五分到的，记录的是8:01；第二个孩子八点零八分到，记录的是8:02；第三个孩子八点十分到，记录的是8:03；后面到的孩子按照入园顺序依次记录的是8:04、8:05……方老师很奇怪，便在教研的时候提出了这个问题。张老师给她想了一个办法，把记录表换成了每人一个表盘，孩子只用画出时针和分针指着哪个数字即可。这一次，孩子都记录得非常好。①

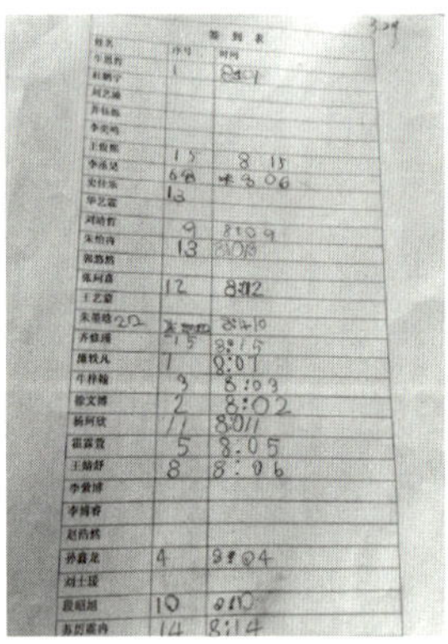

图5-9　第一次记录

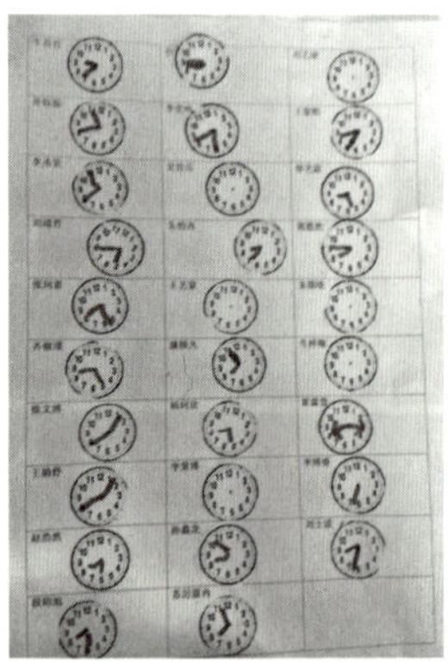

图5-10　第二次记录

分析：大班的孩子还不知道如何用数字记录时间，因此出现这样的错误，经过调整，教师让幼儿记录下自己到班上时时针和分针指的位置，这是直观的、幼儿可以理解的方式。然后等幼儿明白了如何用数字记录时间时，就可以使用第一种记录方式。

① 该案例由河南大学幼儿园方玲老师提供。

知识演绎

一、时间的概念与关键经验

时间是客观物质存在的一种形式，是物质运动、变化的持续性、顺序性的表现。它是由过去、现在和未来所构成的一个连续性范畴。时间概念是指人脑对物质运动过程的持续性和顺序性的反映，是人脑对时间的长短、先后、快慢等变化的反映。时间是客观存在的，但人类却没有特定的感知时间的感受器，个体对时间的知觉是在多种感受器的参与下，通过对事件的始末的时点及有关的时间参照系进行加工而间接地认知时间的。时间与幼儿生活密切联系，幼儿初步认识时间，有利于感知时间存在和时间知觉的发展。

时间具有以下特点：① 流动性——时间与物质运动相联系；② 连续性——时间是永远不能也不会间断的；③ 均匀性——时间均匀地流动着；④ 不可逆性——时间不能倒转，流逝的时间不能再回来；⑤ 无直观性——时间看不见、摸不到，没有直观的形象；⑥ 相对性——时间的程序不是绝对不变的，同一天中的晚上比早上晚，但今天晚上比明天早上早。

我们在日常生活中会经常涉及时间概念，但所有的时间词汇常常表示着不同的含义。有的表示时间的长短（如一天、一小时等），有的表示时间的先后顺序（上午、中午、下午等），有的表示具体的时间节点（如 6 月 1 日，三点一刻等），还有的则表示速度（快、慢等）。已有研究认为时间认知主要分为时序认知、时距认知和时点认知。而时序、时距、时点三个概念又是相互联系、彼此依存的。

（一）时序

时序是指客观现象的顺序性，即两个或多个事件可以被感知为按顺序组织的不同事件，它依赖于我们对变化的体验。如昨天、今天、明天，去年、今年、明年等。因此，学前儿童的时序认知，主要在于顺序判断。幼儿期初步认识时间的内容主要包括早晨、中午、晚上，白天、黑夜，今天、昨天、明天；一星期的七天排列，今天是星期几、昨天是星期几、明天是星期几等时序概念。幼儿感知时序需要成人把通用的时间标准和时间单位与幼儿的实际生活联系起来，如幼儿每天生活的整个节律，即早上盥洗、吃早饭、上幼儿园、学习活动、吃午饭、睡午觉、游戏、回家、吃晚饭、睡觉的时序促使幼儿对时间条件反射的形成。

众多研究表明，幼儿认知时序由近及远，先认识一天中的早、中、晚，再认识一周内的星期几和一年内的四季。幼儿常对时序作静止的和固定的理解，他们对一天中早、中、晚的时序容易理解，而对把昨天的晚上和今天的早上、中午进行排序感到不理解。

（二）时距

时距是客观现象的持续性，即两个连续事件间的间隔性或某一事件持续时间段。如从家到学校所花费的小时等。对时距的认知主要包括时距知觉与时距估计两个方面，时间的计算是利用物质运动的周期性作为尺度的。例如地球环绕太阳公转一周所经历时间称作 1 年（公历），地球自转一周所需时间称为 1 天。一年有 365 天，每月有 30 或 31 天，二月通常有 28 天。一年有 12 个月。一周有 7 天，星期日、星期一、星期二、星期三、星期四、星期五、星期六。一天分成 24 个小时，一小时分为 60 分钟，一分钟分为 60 秒。在儿童生活中，他们常会用很长时间、很短时间、一小会儿时间、马上等时间词语对时距做总体描述，也会逐步采用一些具体的时间单元概念来表述，如儿童能说出具体有几天、几个星期、几个月等。

（三）时点

时点，主要是关注具体的时刻，是连续性时间序列上的具体节点。主要包括儿童对常用时间、时钟、日历等时间单位的初步认识，以及具体的时间点上所要做的事件等的认知。如现在几点了？今天是几号？今天是什么节日？不管是历史事件还是个人事件，人们总是能将其定位在时间轴的某一点，如发生在某日的几刻，甚至更为详尽。人们也通常通过这种习俗时间定位方式来计划自己的未来，如要在何年何月何日完成某项任务。

钟表在幼儿的生活中是经常可以接触到的，钟和表用来计算时间，时间单位是秒、分、时，既可以计算时距，又可以用来指示时点。钟和表上的短时针指示小时，它每 12 小时走一圈；长针指示分，它每 60 分走一圈。钟面上的每一个数代表某一点钟，用长针和短针的指示来表示具体的时点。学前期儿童主要是对整点和半点进行认知。

二、学前儿童时间的发展特点

儿童对时间的认识兴趣很早就产生了，并随着语言的发展开始使用一些日常时间词汇，但直到上幼儿园小班（3—4 岁），儿童并不能理解时间词汇的真正含义。儿童时间概念的发展，是建立在其对时间的知觉基础上，同时受到其思维发展水平的制约。心理学研究中把儿童时间认知能力的发展过程大致分为 3 个阶段：3 岁前的萌芽期、4—7 岁时的发展期及 7 岁后的逐步完善期。学前儿童时间概念的发展首先是对时间的知觉发展过程，幼儿在感知生活中事物运动、变化的延续性、顺序性和周期性的过程中，逐步形成对时间的持续性、顺序性、周期性特征的理解，从而加深对时间概念的认知。学前儿童在时间概念的认识上，既表现出一些规律性特点，也表现出某些阶段性的年龄特点。

（一）学前儿童时间概念发展的一般特点

学前儿童时间概念的发展过程是主体与环境互动发展的过程，学前儿童理解时间概念的困难和他们思维发展的特点密切相关。

1. 幼儿的时间认知是以生活经验为基础，由感性直观逐步走向抽象概括的过程

由于时间概念是抽象的，没有具体的形象作为支柱，人类也没有专门针对时间的感受器官，因而，幼儿对时间的感知是建立在对周围事物运动、变化的感性经验基础上的。这主要表现在两个方面：其一，儿童对时间的认知是由近及远、由短及长的发展。幼儿对时间的理解往往是从和其生活密切联系的“一天”开始的，然后才逐渐向更长和更短的时间延伸。其二，儿童对时序的理解是以本身的生活经验为时间关系的参照物的，其中周期性发生的生活经验如生活作息制度、幼儿园的活动和日月运行等对儿童认知时序有重要的影响。

2. 幼儿对时间概念的认知经历了时间关系和空间关系的分化过程

学前儿童掌握时间概念的发展过程，还表现在逐渐把时间因素和空间因素分开。由于幼儿对时间没有特定的感受器官，其对时间的感知主要是通过对事物的运动、变化的感知来形成的。而事物的运动变化又常常会表现出空间关系的变化。幼儿对时间信息的获取常常通过各种媒介物感知，而空间因素相对来说就较为直观。因而，幼儿常常把时间因素和空间因素混淆。事实上，在传统的习俗时间概念中，也常常用空间概念来表征时间，如上午、下午，前天、后天等。此外，时间概念与距离、速度概念紧密联系，人们经常用时间来描述距离，或用距离描述时间。

3. 幼儿对时间的认知由固定性走向相对性

研究表明，学前儿童对一日时间的延伸(昨晚和明早)认知水平低于对当日之内时序(早上、中午、晚上)的认知。4岁幼儿基本上还不具有时间相对性概念。5—6岁幼儿对一日前后延伸的时序相对性认知水平也很低。幼儿之所以能够正确认知一日之内的时序，是因为一日之内的早上、中午、晚上是固定的。幼儿把这种时序看作孤立、静止的，将其从整个时间流中割裂出来。而“昨晚”是在今天早上之前，“明早”则在今天晚上之后，这种具有相对性的时间概念，要求儿童既认识时间顺序的固定性，又认识时间概念的相对性，儿童到7岁时才能掌握。

4. 幼儿对时间的认知由主观、模糊走向客观、精确

最初，儿童还不能对有关时间的刺激物进行归类；其后，儿童能够在知觉水平上作出分类；再后来，儿童能把某一特定的时序与具体生活事件联系起来，并用故事的形式正确叙述先后发生的连续事件；最后，儿童能够摆脱具体的直观的生活内容，把时间关系抽象概括出来，真正形成时间概念。

(二) 学前儿童时间概念认知的年龄特点

1. 3—4岁(小班)

3—4岁幼儿能掌握一些最初步的时间概念，如早上、晚上、白天、黑夜，他们对时间的理解往往和生活中熟悉的事件相联系，而对具有相对意义的时间观念如昨天、今天、明天还不能掌握。虽然他们在生活中也会接触和使用一些时间词语，但他们并不真正理解其确切的含义。

2. 4—5岁(中班)

从4岁开始，儿童已经开始出现依据因果关系判断时序的萌芽，4—5岁幼儿开始能表征一日顺序，知道早晨、白天、晚上、夜里的含义，并且能理解和说出早晨、白天、晚上、夜里等时间词汇。在此基础上，逐步能够认识今天、明天和昨天。

3. 5—6岁(大班)

一般认为5—7岁是儿童时间认知发展的飞跃期。从5岁开始，儿童已经能对未来一周内以日为单位和未来一年内以月为单位的代表性事件与相应参照事件的时距进行区别，而且判断的准确性呈现出随年龄递增的趋势。大班幼儿对时间的认识逐渐向更长、更短的时间段扩展。他们能认识前天、后天，具有"星期"及"几点钟"的概念。基本能表征一周的顺序。但是整个学前期对更大或更小的时间单位还不能掌握。在有时间作为参照物的情况下，5岁儿童已具有把时间看作是可以计数的潜力，6岁儿童已能使用时间标尺测量时间。

三、时间活动的设计与实施

(一) 教学活动

1. 要求

(1) 小班。初步理解早晨、晚上、白天、黑夜的含义，并能正确运用这些时间词汇。

(2) 中班。能理解一日内的上午(早上)、中午、下午(晚上)的时间关系。理解昨天、今天和明天的含义，知道它们之间的关系，理解快、慢、快些、慢些等时间词汇的含义，并能在日常生活中正确使用这些时间词汇。

(3) 大班。认识时钟及其用途。知道时针和分针的名称、用途和运转规律，学会看整点、半点。学会看日历，知道一周有7天，知道星期的名称和顺序，能确定当天是星期几，昨天是星期几，明天是星期几。

2. 设计要点

(1) 让儿童在日常生活中感知和理解时间概念。

生活经验是儿童感知和理解时间概念的基础。儿童在日常生活中有各种各样的机会接触到时间关系。儿童对时间概念的理解正是通过日常生活中对时间关系的体验而逐步发展起来的。因而，在教学活动的设计中，教师要尽量将时间概念的学习与儿童的日常生活背景相联系。

(2) 以"时间标尺"为支撑点，帮助儿童理解时间概念。

时间认知的教学是一个比较抽象的教学内容，因为时间既没有开始又没有结束，如果不用

“时间标尺”对片段时间进行衡量，那么对时间的理解就会失去支撑点。“日历”是十分重要的“时间标尺”，要通过幼儿园的教学使儿童学会使用这个“时间标尺”。在实际的教学中，教师首先要通过教学活动，给儿童提供“日历”这个“时间标尺”，以此来“激活”“唤醒”儿童关于时间的已有经验。

(3) 注重观察、讨论、总结。

如时钟的认识是大班年龄段时间概念教学中的一个重点和难点。在教学中可以从以下几步着手：

① 出示时钟讲解用途。教师可以通过给幼儿猜谜语的方式出示时钟，然后引导幼儿了解钟有什么作用。通过让幼儿讨论、教师讲解，让幼儿知道钟能告诉爸爸妈妈什么时候上班、小朋友什么时候到幼儿园等。

② 引导幼儿观察、认识钟面的结构。引导幼儿观察钟面上有什么，让幼儿知道钟面上有 1 至 12 的数字，这些数字是按 1、2……12 的顺序排列的，并让幼儿学会读这些数字。还应让幼儿知道钟面上有两根针，长的叫分针，短的叫时针，有的钟面上还可能有一根更长的秒针。

③ 演示讲解时针分针转动的方向及规律。教师把时针、分针都拨到 12 上，以演示时针、分针都是顺着 1、2、3……12 的方向走动的。提醒幼儿看清楚分针走得快、时针走得慢，分针走一圈，时针才走一个数字，表示过了一个小时。

④ 多次演示讲解整点(半点)。演示整点要强调分针从 12 开始，沿着 1、2……的方向行走，走到 12 上，时针走在数字 3 上时，就表示 3 点整。同样，多次演示讲解 4 点整、8 点整、10 点整等。由于 12 点整时时针循环了一圈，时针与分针重叠在一起了，所以 12 点整应着重解释。讲解半点时，强调分针从 12 开始，沿着 1、2……的方向行走，走到 6 上，如果时针处在数字 1 过去一点的位置时，表示一点半。再多次演示 3 点半、7 点半、9 点半等。6 点半应着重讲解。

⑤ 总结整点、半点规律。教师在多次演示讲解整点的基础上，可告诉幼儿“分针在 12 上，时针在几，就是几点整”从而让幼儿掌握规律，认识整点。教师在多次演示讲解半点的基础上，可告诉幼儿“分针在数字 6 上时，时针在几过去一点处就是几点半”，让幼儿掌握规律，认识半点。

⑥ 幼儿练习，巩固对整点(半点)的认识。教师可以分给幼儿每人一只小钟模型，教师报时间，幼儿拨钟点，通过操作活动巩固对整点、半点的认识。教师可以组织幼儿玩“送钟宝宝回家”的游戏，把钟面为 6 点整的宝宝送到挂有“6:00”牌号的家里，4 点整的宝宝送到挂有“4:00”牌号的家里，使幼儿巩固对时钟整点和半点的认识。

通过以上几个步骤的详细介绍，教师可以了解到“认识时钟”教学中的一些关键点，尤其是在演示讲解部分中的教具操作，应注意按顺时针方向拨动指针。另外，教学的形式可以结合“演示讲解”，而不一定是以“演示讲解”为主，也可以先尝试让幼儿操作，教师再加以归纳、纠正，通过进一步地“演示讲解”，帮助幼儿掌握正确的概念。也可以借助其他教学形式，提高幼儿对“时钟认识”的兴趣。

3. 教学活动举例

案例研讨

大班数学活动　认识时钟[①]

设计意图

时钟是我们生活中常见的日常生活用品，对于即将步入小学的大班幼儿来说，认识钟表，加强时间观念，懂得爱惜时间是很有必要的。因此，我们设计了"认识时钟"这个活动。以钟表博览会为情境成功吸引孩子们的兴趣，以游戏为引导，从感知入手，以实物为媒体。综合运用发现法、游戏法，通过幼儿动手操作，帮助幼儿梳理、提升清晰准确的概念，促进幼儿自主学习。

活动目标

1. 引导幼儿了解时钟时针、分针的运行规律。
2. 通过操作和游戏，学会看整点。培养幼儿探究、自主学习的意识和能力。
3. 培养幼儿珍惜时间、遵守时间的良好习惯。

活动重难点

了解时钟的结构及时针分针的运行规律，学会看整点。

活动准备

1. 经验准备：关注生活中的钟表、与时间有关的话题。
2. 物质准备：幼儿每人自备一个钟表。

活动过程

（一）导入

教师：今天我们把自己家里的钟表带到了班里，我们一起来了解一些和钟表有关的知识吧。

（二）环节一：巩固已有经验

1. 分享指认自己钟表上的时针与分针。

小结：又粗又短的指针叫作时针，细细长长的是分针。

2. 观察钟面上的数字是怎样排列的。（可以简单提出顺时针方向）

小结：钟面上的数字按照正数的顺序排列成一个圆，正上方是数字几、正下方是数字几、最左边是数字几、最右边是数字几？（关注12、6、3、9的位置）

（三）环节二：时针分针的跑步比赛

1. 时针和分针要比赛跑步了，他们的起点在12的位置。（鼓励幼儿猜测谁会赢）
2. 教师操作钟表，幼儿观察。（谁跑得快呢？）
3. 引导幼儿讨论：时针分针赛跑时，你发现了什么秘密？（教师反复操作）
4. 小结：分针每跑一圈，时针只向前跑了一个数字。
5. 幼儿操作体验时针与分针的运行规律。（带领幼儿进行反复操作）

---

① 该案例由开封市群英幼儿园潘婷老师提供，张亚杰指导。

（四）环节三：认识整点

1. 提问：时针分针和钟面上的数字是怎么告诉我们时间的呢？（幼儿充分讨论）

2. 引导幼儿关注整点时，时针、分针的位置。（引导幼儿讨论为什么整点时时针都会指向12）

3. 梳理、提升幼儿的生活经验。

教师：看钟表时通常先看时针再看分针，当时针正指着一个数字，分针又正指着12时，就表示是几点了。（教师一边操作，一边小结）

例如：时针指到3，分针指到12，就是3点整。

时针指到6，分针指到12，就是6点整。

时针指到12，分针指到12，就是几点整？

（五）环节四：操作与练习“老狼老狼几点了”

1. 游戏玩法一：幼儿问“老狼老狼几点了”，教师拨表针，幼儿认读。

2. 游戏玩法二：幼儿问“老狼老狼几点了”，教师报时，幼儿拨表针。

幼儿分享指针位置、互相验证，说出这个时间我们该做什么了。

（7:00起床；8:00到校，9:00开始上课；11:00准备洗手吃饭；12:00午睡……）

（六）小结

时钟是我们用来计时的工具，它可以告诉我们现在是什么时间，我们应该做什么事情了：它可以帮助我们形成良好的生活习惯。时钟是我们的好朋友，小朋友认识了时钟就可以按时起床、按时上幼儿园；老师可以根据时钟上的时间显示按时上课、按时做游戏。我们认识了时钟，就可以有计划地安排自己的时间，不拖拖拉拉不浪费时间。做一个珍惜时间的好孩子，首先就从每天不迟到开始吧！

活动延伸

区域活动“时间管理大师”，让幼儿自己摆弄时钟，为下次活动认识半点做准备。

活动反思

本次活动创设钟表博览会的情境引导幼儿自主探索认识钟表，分辨表盘、时针、分针及表盘上的数字排列规律，通过游戏帮助幼儿初步感知时针分针的运转规律，鼓励幼儿大胆操作的同时认识整点。孩子们在保持兴趣的同时更加直观、更加主动地去掌握教学内容，课堂上孩子们主动参与、课堂气氛热烈，知识获得与情感体验得以同步提升。

（二）区域活动

尽量让幼儿通过材料理解真实的时间。可以将真正的钟表投放到区域中，让幼儿能够便利地观察、记录、讨论。教师在开展各项活动前，有意识地引导幼儿讨论时间，并观察指针的活动特点，从而了解真实的时间。将时间的认知和幼儿的真实生活联系起来。利用材料，让幼儿联系真实生活进行时间连线活动或者时间排序活动，如一日流程、时间配对、记录天气、时间排序等活动。教师应在相应的时间点及时提醒幼儿观察时钟的指针，并潜移默化地丰富幼儿对时间的认知。观察幼儿是否真正理解时间，在操作中判断幼儿的操作是模仿行为还是在理解时间的基础上进行操作，教师要进一步通过询问、提供操作材料的方式来了解，并根据观察了解调整材料。在时间连线活动或者排序活动中的操作活动中，观察幼儿是否能够进行适宜的操作，如果操作动作表现出幼儿的一些问题，需要进一步了解出现错误操作的原因。

案例研讨

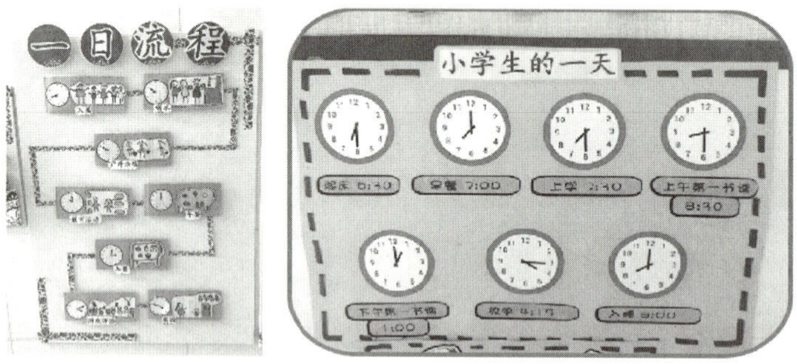

图 5－11 认识时间区域活动材料 1①

图 5－12 认识时间区域活动材料 2

（三）其他活动

1. 游戏活动

老狼老狼几点钟。参加游戏的人在横线后站成一横排（扮羊），请一个人当老狼，站在横线前。游戏开始时扮羊的人与扮老狼的人一起往前走，扮羊的人齐声问：老狼老狼几点了？老狼回答说：一点了。然后又问：老狼老狼几点了？老狼回答说：两点了。这样继续下去，直到老狼答天黑了或 12 点了时，幼儿就转身向横线跑，老狼转身追捕，但不能越过横线，在横线前被拍到的即为被抓到者。当有人被抓到，或经过几次游戏后，可以另选一个人担任“老狼”角色，随后游戏重新开始。

① 该图片由郑州市郑东新区普惠路第二幼儿园提供。

在角色游戏中，表演娃娃家的爸爸早晨上班，晚上下班回家吃晚饭；娃娃家的妈妈白天带娃娃去公园玩，中午喂娃娃吃饭，晚上让娃娃睡觉等，以此来让儿童不断地理解早晨、白天、晚上等时间观念。

2. 生活活动

学前儿童在日常生活中会体验到各种物体在时间上的变化历程，教儿童初步认知时间有利于儿童感知时间的存在、发展时间知觉，而且能帮助儿童树立时间概念。制定有规律的生活作息制度以培养学前儿童的时间观念。建立并坚持有规律的生活作息。在儿童执行任务时，教师要有意识地向儿童提出完成任务的时间要求，如“请你们把玩具收拾好，上厕所，5 分钟以后我们在门口排队去楼上午睡”，让儿童在这个过程中感受到 5 分钟的时长。

3. 各领域渗透活动

科学活动中可以让幼儿观察研究钟表内部的机械装置并绘制示意图；用记录表表现绿豆生长的过程。社会活动中让幼儿讲述自己的经历，配上插图，认识并学会使用钟表、日历等记录时间的工具。健康、音乐活动中可以在指定时间内，比赛拍皮球、随着钟摆有节奏地跳动或拍手。语言活动中可以让幼儿讲述播种绿豆，记录并讲述绿豆的生长过程或者描述自己在幼儿园的一天。美术活动中用图画表示白天和黑夜，用图画表示一天中自己最喜欢的那段时间。

4. STEM 活动

大班幼儿打算自制钟表，首先了解钟表的结构、功能、作用以及钟表上面的数字，指针的含义，然后学习画圆，并寻找一些画圆的材料，利用已有的圆形描边。但是在找圆的中心的过程中产生了问题，经讨论决定，用一张白纸描出边，然后对折两次，最终确定中心。接下来围绕制作指针、连接部件、确定刻度、书写数字等方面开展一系列的活动。

[实践项目]

设计一套空间方位材料，帮助幼儿理解空间方位以及感知空间方位的几个特点。

主题自测

1. 学前儿童几何图形组合能力发展的几个阶段是什么？
2. 学前儿童空间方位的认知发展特点是什么？
3. 学前儿童时间概念发展的一般特点是什么？

主题六　学前儿童测量与统计活动的设计与实施

主题目标

该主题包含了量的认知、测量和统计活动，是数学在现实生活中实际运用的综合体现。通过本主题的学习，学习者应完成以下学习目标：

1. 掌握量的概念和关键经验。
2. 掌握量的认知的教学方法。
3. 掌握测量的概念和关键经验。
4. 掌握测量活动的教学方法。
5. 掌握统计的概念和关键经验。
6. 掌握统计活动的教学方法。

内容脉络

- 学前儿童测量与统计活动的设计与实施
  - 量的认知
    - 量的概念与关键经验
    - 学前儿童量的发展特点
    - 量的认知活动的设计与实施
  - 测量
    - 测量的概念与关键经验
    - 学前儿童测量的发展特点
    - 测量活动的设计与实施
  - 统计
    - 统计的概念与关键经验
    - 学前儿童统计的发展特点
    - 统计活动的设计与实施

模块一　量的认知

情境导入

李老师看到4岁的小明拿着一块橡皮泥在玩，就坐在旁边观察。小明把橡皮泥切成两份，并比较这两份的大小，从大的那一块捏下来一点补到小的那一块上，经过了几次调整，现在两块橡皮泥差不多一样大了，小明满意地笑了。李老师看到后说："小明，让我玩一块吧？"小明很大方地说："你要哪一块？哪一块都行。"李老师选了其中的一块，和小明一起玩。小明将橡皮泥搓成了圆球，李老师也把橡皮泥搓成圆球，和小明的放到一起，并问小明："你觉得哪一块大？"小明说："我刚才看了，我觉得它们一样大。"李老师把自己的那块压扁成了一个圆片，放到小明的圆球旁边，问小明："那现在哪一块大呢？"小明左右看了一会儿，拿起老师的圆片，说："老师，我跟你换一下，我玩大的。"

分析：这个阶段的幼儿尚不能理解量的守恒，因此小明不明白一样大小的橡皮泥虽然形状变了，但是总量是没有变的。

知识演绎

一、量的概念与关键经验

量是事物存在的规模、等级、范围、程度及内部组成要素的结构，是事物可以用数量来表示的规定性，量是指客观世界中物体或现象所具有的可以定性区别或测定的属性。它可以分为不连续量和连续量两种。不连续量也叫分离量，它是表示物体的集合元素多少的量，像书籍的本数、孩子的人数、苹果的个数等都是常见的不连续量；连续量也叫相关量，是表示物体属性的量，如长度、面积、体积等。学前儿童初步认识的是生活中的一些连续量，如多少、大小、长短、粗细、高矮、厚薄、宽窄、轻重、远近等。对学前儿童来说，量的内容包括量的比较、量的排序、量的等分、量的守恒和量的测量。

（一）量的比较

比较是儿童根据某些具体特征或属性在两个或两组物品间建立关系。一类属性是非正式测量，如尺寸、长度、高度或速度；一类属性是数量比较，比如哪个多哪个少。比较是排序和测量的基础。

基本的比较包括：

大	小	粗	细
长	短	宽	窄
高	矮	近	远
胖	瘦	晚一点	早一点
重	轻	旧一点	新一点
快	慢	高一些	低一些
冷	热	吵闹	安静
多	少		

（二）量的排序

量的排序是将两个及两个以上的物体，按某种特征上的差异或规则排列成序列，它是一种建立在两个及两个以上物体比较的基础上的连续排列。学前儿童的排序能力主要表现在对物体的量的排序方面。例如，按照物体的大小，将物体进行从小到大的排列；按照物体的高矮，将物体进行从高到低的排列。排序活动是联系学前儿童的数概念、数序及两个物体量的差异的认识等教育内容的操作活动，有助于儿童学习计数、建立数序及理解数的抽象概念。

在排序的物体中，每个物体的量具有下列三种属性：可逆性、传递性、双重性。排序中的可逆性是指按照物体量的差异排列成递增或递减的顺序，如从矮到高、从短到长，或从高到矮、从长到短。排序中的传递性是指物体量的序列中量 A 比量 B 大（高、长等），量 B 比量 C 大（高、长等），则量 A 比量 C 大（高、长等）的性质。排序中的双重性是指在正排序的物体序列中的任何一个元素量都比前一个元素大（高、长等），而比后一个元素小（低、短等）的性质，在逆序列中则相反。

量的排序的类型有以下三种。

1. 按数量差异的次序排列

按数量差异的次序排列，如对物体按从大到小、从长到短、从高到低的次序排列。

2. 按数量多少的次序排列

按数量多少次序排列，如按动物数量的多少，从多到少，或从少到多进行排序。

3. 按事件发生的顺序排列

按事件发生的顺序，如“打开冰箱门、取食物、关冰箱门”的逻辑顺序排列。

量的比较和排序是日常生活所需的最重要的数学技巧之一。生活中的多种情景都会用到这两个概念。比如小朋友坐小椅子，妈妈坐大椅子；幼儿园排队时按照由矮到高的顺序排；妈妈要把玩具放进整理箱，哪个整理箱可以装更多的玩具；两个盘子里装有食物，哪个更多；我的脚比你的脚大；粗一些的绳子更结实；站到更高的地方可以看得更远……量的比较和排序可以促进儿童其他数学认知能力的发展。儿童在进行量的比较和排序时，会涉及数字、数量、图形、空间等知识。量的比较和排序还是量的等分、守恒和测量的基础。量的比较和排序可以促进儿童思维的发展。儿童通过视觉、触觉、听觉分辨出物品量的差异，并将其按照量的差异顺序排列，这本身就是培养科学思维的重要组成部分，是人类认识世界、改造世界的重要前提，数量化思维是儿童思维发展的一个重要方面。

（三）量的等分

等分即等量划分，也就是把一个整体分成几个相等的部分。等分的份数越多，每一份就越小。等分可以分成形的等分和数的等分两种。形的等分涉及的量主要包括体积、面积、长度。数的等分涉及的是数量。在日常生活中，幼儿经常会遇到一些等分的问题，如一条线段、一件实物、一个几何形体等。因此，在涉及空间形体的相关概念中，等分也是一个在学前阶段就可以进行相应的初步概念感知与教育的重要内容。学前儿童只要求学习二等分和四等分，即把一个几何形体（实物）分成相等的两份叫二等分（二等分后每份是整个的一半）；分成相等的四份叫四等分（四等分后每份是整个的一半的一半）。儿童在日常生活中经常遇到等分问题，如将一块蛋糕切成相等的两块，将一张正方形纸折成一样的四个小正方形等。通过等分的教学，教师不仅可以帮助儿童学会有关等分的知识及技能，了解整体和部分的关系，同时也能为其将来学习除法和分数积累一些感性经验。在让儿童等分几何图形（实物）时应注意选择具有轴对称性质的图形（实物），如等腰（等边）三角形、正方形、长方形、等腰梯形、椭圆形、球体、正方体、圆柱体、长方体等都可进行二等分，其中除等腰三角形、等腰梯形外，其余的还都可以进行四等分。对于几何图形等分是否符合轴对称的性质，可以在具体的图例中让幼儿感知、判断。总之，等分的形式是多种多样的。让儿童掌握多种等分形式，有利于培养、提高儿童的判断和推理能力。

形的等分：最初阶段，等分一般跟生活情境是联系在一起的，儿童从自己所熟悉的物体来接触等分的概念。比如等分苹果、饼干、蛋糕、豆腐干、绳子等。最初是二等分，之后可以是四等分。比如，“家里来了一个小朋友客人，妈妈拿出一个苹果，如何分成相等的两份给自己和小朋友吃”，“一共有四个小朋友，一块圆形蛋糕如何分呢”，等等。在等分实物的基础上，儿童可以学习运用不同的方法等分直线、正方形、圆形、正方体等一些对称的形体，比如对角折、对边折、尺子测量、非标准单位测量等。

数的等分：最初阶段是小数量的二等分，之后数量逐渐变大，开始出现三等分、四等分。比如，“一共有 4 个苹果，怎么分给 2 个小朋友呢”，“一共有 6 个苹果，如何分给 3 个小朋友呢”，等等。

（四）量的守恒

量的守恒指儿童对客观事物的量有了稳定的本质的认识，不因物体的形状、摆放方式、摆放位置等外部因素的变化而变化。量的守恒是在学前末期，儿童了解了量的基本概念和能够比较两个物体量的基础上进行的一项教育内容。

学前儿童具体形象思维决定他们在比较量时，往往容易受到外在形式、视觉判断等方面的干扰而不能准确感知量。但是儿童经常接触量的守恒方面的学习经验，有助于他们掌握量的守恒这一概念。量的守恒包括体积守恒、面积守恒、长度守恒和数量守恒等。

体积守恒：儿童能够不因物体外形的改变而认为其体积发生改变。比如，教师让儿童比较大小相同的两个球形泥团，当着他的面把其中一个泥团搓成长条，幼儿能够不受这个外形变化的干扰，坚持认为这两个泥团是一样大的。

面积守恒：儿童能够不因物体外形的改变而认为其面积发生改变。

长度守恒：儿童能够不因物体外形的改变而认为其长度发生改变。教师将三根一样长的绳子，当着儿童的面把其中一根扭成 S 形的曲线，一根扭成非 S 形的曲线，另一根保持直线，儿童依然能够判断三根绳子是一样长的。

数量守恒：儿童能够不因物体外形的改变而认为其数量发生改变。比如教师将 9 颗红色纽扣排成较紧密的一排，9 颗黑色纽扣排成较疏松的一排，儿童能够不受这个排列外形的干扰，依然准确判断红色纽扣和黑色纽扣是一样多的。

二、学前儿童量的发展特点

1. 4 岁左右(小班)

儿童一般已能正确区分物体的大小差异，也能用一些简单的词汇来表示相应的量，并且感知物体大小的准确性有所提高。

但是，这一年龄段的儿童还不能认知其他量的差异，也不会用词语确切地来表示。他们对于高矮、粗细、长短、宽窄、厚薄等量的差别，往往都笼统地说成“大小”。因为物体的长短、高矮、宽窄、粗细、厚薄都涉及长度问题。长短是物体两端之间距离的长度；高矮是指物体在一水平线上从下到上距离的长度；宽窄是指物体横面的长的长度；粗细是横截面直径（半径）的长度；厚薄是指扁平物体上、下面之间的长度。这同时也说明儿童对量的认识还不具有相对性。他们把物体的“大小”看成物体的绝对物征（事物的名称）而非比较的产物。以后他们才逐渐地学会比较 4 以内物体的量。这一阶段的儿童对于轻重的感觉也有了初步的发展。他们能够感知和判别具有明显差异的两个物体重量的不同，并基本上能用正确词汇来表示。如儿童能用手掂量两个形状、颜色、体积相同而重量明显不同的瓶子，且有半数以上的儿童能用“轻”“重”词汇来描述。

2. 5岁左右(中班)

这一阶段儿童感知量的精确性有了很大的提高，具体表现在如下几方面。一是能对不同大小的物体依次作出区分和排列；二是能从一组物体中找出相同大小的物体，判别出“一样大”的物体；三是能比较精确地感知和区分物体的高矮、粗细、长短、厚薄等，并学会用相应的词汇来描述；四是虽然能判断相等量，但尚缺乏对物体量守恒的认识，如幼儿不易判断改变了放置形式的两个等长的物体的长度，若将等量的水分别倒在又高又细和又矮又粗的杯子里，他们较难作出准确判断；五是能按照递增和递减的顺序进行简单的排序，但数量一般在6以内，因为这时儿童仍依赖于感知和尝试错误而不是通过逻辑关系来认识量的关系；六是对轻重差异的感知、判别精确性有较大提高，从若干不同重量的物体中区别出同样重量物体的正确率及对轻重差异不大的物体的准确判别能力大大提高，同时基本具备了感知轻重相对性的能力。

3. 6岁左右(大班)

5—6岁的儿童能正确认识并用相应的词汇描述物体的量的各种物征，精确性大幅提升，同时对量的相对性有了较好的了解，如在正确认识物体大小、长度的基础上，能做到理解大小和长度的相对性质。在理解量的相对性的同时，他们也逐渐能在逻辑的基础上理解量的可逆性和传递性关系，表现在能完成数量在10以内的正排序和逆排序，并且能较明确地表述传递性判断的理由(儿童认识排序中传递关系的能力，不能以能否作出正确判断为依据，而应以能否正确说出理由为准)。

三、量的认知活动的设计与实施

(一) 教学活动

1. 要求

(1) 学前儿童量的比较与排序活动的教学目标。

根据儿童量的概念的认知发展水平及规律，各个年龄段的要求与目标如下①。

小班：能感知和区分物体的大小、多少、高矮、长短等量方面的特点，并能用相应的词表示。能通过一一对应的方法比较两组物体的多少。能在一组(3个)学具中找出最大、最小(最长、最

① 参考《3—6岁儿童学习与发展指南》；徐苗郎.我的幼儿园数学活动模式[M].2版.上海：上海社会科学院出版社，2011,7；罗莎琳德·查尔斯沃斯.3～8岁儿童的数学经验[M].5版.北京：人民教育出版社，2007.

短)的。能比较物体的大小(长短),能把 4—5 个物体按大小(长短)排序,并能找出最大(最长)和最小(最短)的。

中班:能感知和区分物体的粗细、厚薄、轻重等量方面的特点,并能用相应的词语描述。会将 4—5 个物体按高矮(粗细)排序。能通过数数比较两组物体的多少。

大班:比较宽窄,知道哪个宽,哪个窄或一样宽。认识星期,知道一星期有 7 天及排列顺序。比较远近,知道哪边远,哪边近或一样远,会按远近排序。学习操作天平,探索使之平衡的多种方法,能在比较物体轻重的基础上按物体轻重排序。

(2) 量的等分与守恒活动的教学目标。

根据儿童量的概念的认知发展水平及规律,各个年龄段的要求与目标如下[①]。

小班:这方面的要求较低。

中班:在数量的比较中,能不受物体大小、颜色、形状及排列位置、间距等影响,积累数量比较及数量守恒的经验。

大班:初步理解量的相对性。能感知整体与部分的关系,将对称图形二等分和四等分。能将 10 以内的小数量平分。对长度、面积、体积、容积等的认识能不受物体外部形状的变化或容器的影响而变化。

2. 设计要点

(1) 量的比较活动设计要点。

① 观察比较。认识物体的大小、长短、厚薄、粗细、高矮等特征时,都可以让儿童用视觉观察比较。

② 触摸比较。在比较两个球的体积区别时,教师可以让儿童用双手抱球,仔细地抚摸,感知球外形大小的区别。让儿童用拇指、食指等触摸自己的单衣和棉衣。感知其厚与薄的区别。

③ 运动觉感知比较。可让儿童用手掂一掂、提一提、举一举的运动来获取量的直接经验。例如,一大团棉花谁重谁轻呢? 眼睛看不准了,就可以用手掂掂或提提,来判断物体的轻重,使儿童知道不一样的物体,大的不一定重,小的不一定轻,同时用正确的词语表述。

④ 各种感官联合感知比较。两本大小厚薄不同的书,可让儿童观察书的大小,还可以让儿童用手摸一摸书,感知书的厚薄,用手掂一掂书的轻重,并用语言进行相应的描述,从而建立起对书的量的全面认识而不是单一的量的感知。可以使用的方法有:重叠法、并放法、情境探究法、寻找法。

(2) 量的排序活动设计要点。

① 教师示范排序,并引导幼儿自由排序。教师拿出大小不同的圆形卡片 3 个,在观察它们的大小不同以后,教师开始示范排序。儿童有了一定的排序经验后,教师应创造条件让儿童自

---

① 参考《3—6 岁儿童学习与发展指南》;徐苗郎.我的幼儿园数学活动模式[M].2 版.上海:上海社会科学院出版社,2011,7;罗莎琳德·查尔斯沃斯.3~8 岁儿童的数学经验[M].5 版.北京:人民教育出版社,2007.

由排序，进一步巩固排序经验，提高排序能力。

② 利用操作法探究和理解序列的属性。儿童对排序的可逆性、传递性、双重性的理解过程是逻辑思维提升的一个重要过程，因为理解了排序的这 3 种关系，也就理解了数之间的逻辑关系，它需要儿童思维上具有可逆性、传递性、双重性才可能做到，即具备抽象和推理能力。

③ 在儿童排序时，要向儿童说明排序的基本要求和方法。一是要明确排序的规则。要说明是逐一递增(先排最小的，然后一个比一个大地往后排)，还是逐一递减(先排最大的，然后一个比一个小地往后排)；儿童可以自定排序规则，自由排序。二是要明确排序的方向。应向儿童说明是横向排列还是纵向排列等方向要求，有的排序还要明确排序的起始线，因为有些量的排序需在同一个起始线上，才能做到正确排序。例如，高矮排序，告诉儿童注意下端要对齐；横向的长短排序，左边要对齐等。

④ 在排序教育中，要遵循由简到难、循序渐进的原则。要先进行小数量的排序，再进行大数量的排序。排序是以比较为基础的，而最简单的比较就是两两比较。排序最小的数量是 3，对于小班儿童来说，可从数量为 3 的物体开始排序，然后进行 4 和 5 的排序。

(3) 量的守恒活动设计要点。

① 运用观察比较法理解量的守恒。量的守恒教学中，教师先用同等量的两份物体进行比较，让儿童看到它们是一样的，然后将其中一份量的形式进行变化并提出问题。例如，在长度守恒教学中，先出示两根红色和黄色彩绳，通过重叠比较让儿童确认这两根彩绳等长，再将其中的红绳折成字母 V 形，并提出问题："这根红绳与那根黄绳一样长吗?"有的幼儿回答："不一样长。"有的回答："一样长。"当儿童有争议时，教师可以把红绳慢慢复原再和黄绳比较，让儿童看到两根绳子是一样长的，长度并未发生变化，只是外形变化了。

② 运用单位变化体验量的守恒。儿童学习量的守恒时，可以将物体的量进行不同单位变换来感知量的守恒。例如在表现面积守恒时，首先出示两个大小一样的正方形，要儿童比较其大小，确认它们是一样大的。然后，把两个大小一样的正方形分别分成 2 个相等的长方形(以长方形为单位)、4 个相等的小三角形(以小三角形为单位)。可以让儿童数数长方形和三角形的个数，然后要儿童来判断 2 个长方形构成的图形与 4 个小三角形构成的图形是否一样大。当儿童不能得出最后结果时，将图形恢复成大小相等的 2 个正方形，让儿童观察整个操作过程，体验面积的守恒。运用图形变式学习量的守恒，最大的优点就是直观明了，利于儿童的观察。图形变式主要有下面几种守恒变化。

图 6-1　长度守恒

图 6-2　面积守恒

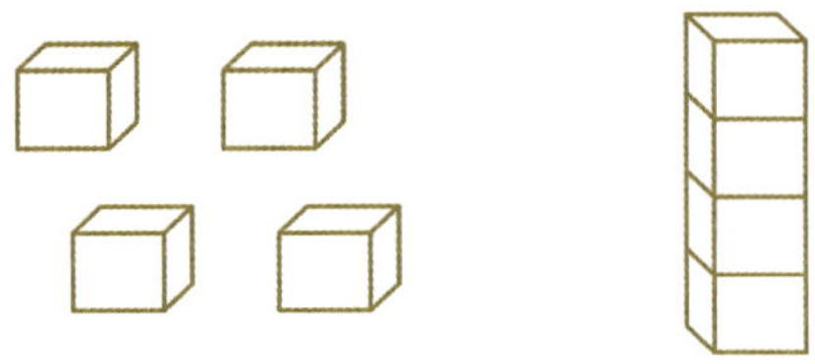

图 6－3　体积守恒

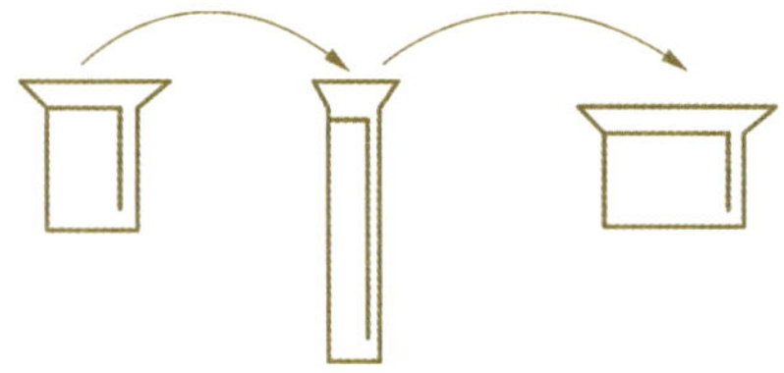

图 6－4　容积守恒

③ 通过比较或数数来理解量的守恒。比较时，先用等量的两份物体进行比较，让儿童看到它们是一样的，然后将其中一份量的形式加以变化并提出问题。如在面积守恒教学中，先出示两份正方形纸，通过重叠比较的方法让儿童确认它们是一样大小的，再将其中一份正方形纸分成 2 个三角形，并提出问题："这两个三角形与这个正方形是不是一样大?"儿童可能会回答不一样大了。最后，教师可以把这两个三角形再重叠到正方形纸上，让儿童明白它们是一样大的，量没变，只是外形变了。

帮助幼儿在量的比较中体验量的守恒是一项很重要的内容。幼儿受年龄和思维抽象性发展所限，在量的比较中容易受到外在形式、视觉判断等方面的干扰，而不能正确地意识到物体的量。因此，在教学中，这可以作为一个难点加以重点感知。尤其是在比较所呈现的物体量的特征方面，可以通过变换图式和添加干扰因素来帮助儿童感知、体验量的守恒。

3. 教学活动举例

案例研讨

大班数学活动　两瓶水一样多吗①

活动目标

通过选择空瓶，借助用瓶罐倒水的经验，证实将等量的水倒在大小不同容器内，依据水的容量来验证自己的猜想是否正确，在此过程中逐步积累容量守恒的经验，并继续尝试用不同方法进行验证探索。

活动过程

（一）创设问题情境

旅游团里小动物的饮料瓶全空了，河马队长将带来的大瓶无色和咖啡色的两种饮料逐个分发到小动物的两个不一样大的空瓶里，河马队长边分边说："我分给你们的两种饮料是一样多的。"但小动物们看了看分到的两瓶饮料，都觉得不一样多。河马队长和小动物们争论了起来，小朋友们，你们看看(出示两个不同形状的饮料瓶)这两瓶饮料，想想到底谁说得对。

（二）幼儿自由操作

建议幼儿自选空瓶，用玩水时倒来倒去的方法来比较两瓶水究竟是一样多还是不一样多

① 徐苗郎.我的幼儿园数学活动模式[M].上海:上海社会科学院出版社,2011:159.

(幼儿操作时选择的瓶的个数和种类各不相同)。

(三) 操作后的交流

1. 让幼儿操作后评判,到底河马队长和小动物谁说得对。(有的幼儿坚持原有看法,有的则改变了原来的判断,还有部分幼儿因为把饮料倒入了大小不一的两个瓶内,依然无法判断)

2. 交流操作方法,教师帮助幼儿归纳。

(1) 选择两个相同的空瓶,把装在大小不同的瓶内的饮料倒入其中,比较出饮料一样多。

(2) 选择与原来装饮料的两个瓶中其中一个大小相同的空瓶,将另一瓶饮料倒入,比较出饮料一样多。

(3) 任选一个瓶子,将一瓶饮料倒入,用笔画或粘贴纸条的方法做标记,把饮料倒出后再将另一瓶饮料倒入该瓶,看饮料位置与原来留下的标记是否一致,从而做出比较。

(4) 选两个不一样的瓶子,将两个瓶里的饮料分别倒入另外两个瓶中进行比较后,认为不一样多。

小结:每个人用的方法不同,得出的结果也不同,大家可以用不同的方法进行比较,也可以互相讨论。

点评:量的守恒对学前期幼儿来说,需要经过一个较长时间的感知操作、积累经验、逐步领悟的内化过程,才能逐步建构起来。幼儿本身对水又非常感兴趣,在倒水玩水过程中来积累这方面的经验非常适合。

活动刚开始设置了一个问题需要幼儿帮忙解决,设置的问题情景有助于儿童的兴趣调动和概念理解。幼儿在操作之后,教师带领幼儿总结归纳判断的方法非常重要,很多类似的活动,到最后成了幼儿单纯的玩水,到底如何判断是否"一样多"好像被忘记了,这个活动的这部分值得借鉴。

(二) 区域活动

利用各种形式的游戏,让幼儿练习判别物体的大小和长短。如规则游戏"看谁找得快又对",让两名幼儿按照教师的要求从一些物品中找出最长的和最短的、最粗的和最细的、最宽的和最窄的……看谁找得又快又对。选择比较的材料,应根据不同目标要求,突出某种量。例如为了认识物体的粗细,那么应选择高矮相同、粗细不同的材料;认识厚薄时,应选择长和宽一样、厚薄不一样的材料。而材料量的差异程度应随幼儿认识水平的提高而减少。一般情况下,小班幼儿认识量的差异程度明显的材料;中班和大班可适当减小其差异程度,以提高幼儿感知量的精确性,但应以幼儿能做出区别为限。

有些玩具本身就含有顺序的特点,即寓排序于玩具之中。幼儿玩这种玩具时,也就学习了排序。例如套碗、套桶、套塔、套娃、套房子,以及教师自制的一些序列玩具等。

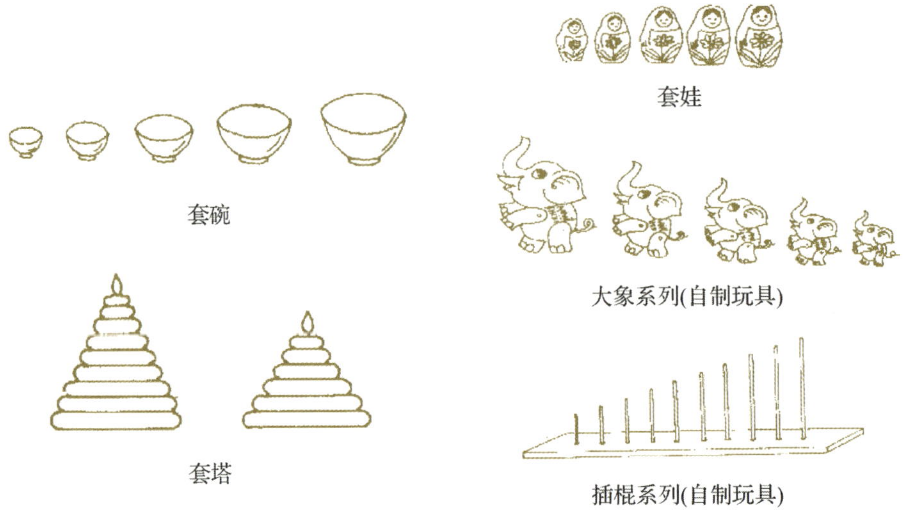

图 6-5 排序玩具

案例研讨

有趣的数字天平①

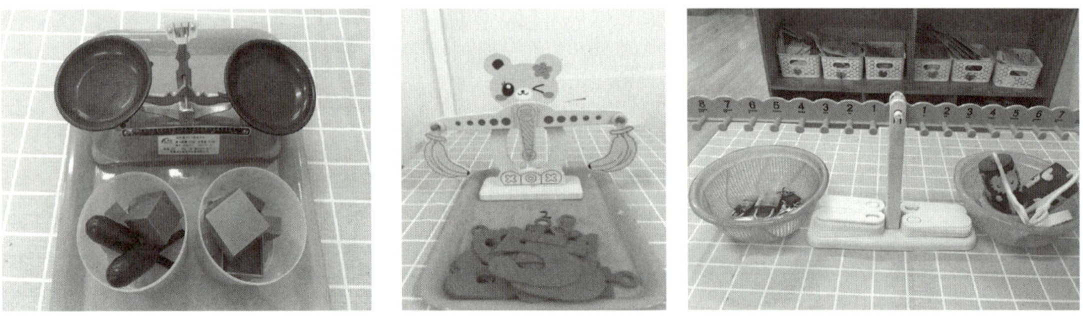

图 6-6 有趣的数字天平

活动目标

利用天平平衡的原理，通过在左右两个杠杆上放置体积相同的物体和体积不同的物体来比较轻重。

任务要求

让天平保持平衡。理解天平是一种等臂杠杆，知道天平两端物体的重量相同时才能实现平衡，在操作中发现物体的轻重与物体的大小没有直接关系。

(三) 其他活动

1. 游戏活动

教师可以设计各种形式的游戏，让儿童来区别物体的量，加深对物体大小、长短、粗细、高矮等的认识。例如，“反动作游戏”。教师做一个动作，并按动作说出一个词，要求儿童做与教

① 该案例由郑州市郑东新区实验幼儿园刘淑培老师提供。

师相反的动作并说出相反的词。教师用手做大的动作并说“大大”，儿童做小的动作并说“小小”；教师用手做拉长的动作并说“长长”，儿童用手做缩短的动作并说“短短”。这样可以强化儿童对大小、长短等掌握的熟练程度，加深儿童对相应词汇实际意义的理解，同时，也训练了儿童思维的敏捷性。

2. 生活活动

日常生活中，儿童的许多活动都涉及比较和排序。比如幼儿园老师说：“这个箱子太重了，你拿那个轻点的吧。”“你坐这把小椅子，那把大椅子是老师的。”儿童排队时，有时会按照由矮到高的顺序排队；区域活动时，会经常玩粉红塔、棕色梯、数棒等涉及量的排序的操作材料。儿童在这些非正式的教学活动中，通过观察、触摸、搬运、倾听等方式比较事物之间的相同和不同。日常生活中儿童也会有大量接触量的等分和量的守恒的机会，教师应该抓住随机教育的契机。比如：午点时间，3 个小朋友一个盘子，盘子里有 6 块小饼干，到底该怎么分？美工区，“老师，我用这个橡皮泥捏了个大大的圆饼”。刘老师回应：“好，你还能把这块橡皮泥捏成什么形状呢？”班里一个小朋友过生日，家长送来一个大蛋糕。老师问：“我们该怎么分这块蛋糕呢？”区域活动中，阳阳在玩水，老师问：“这瓶水倒到这个大瓶子里，会变少吗？”

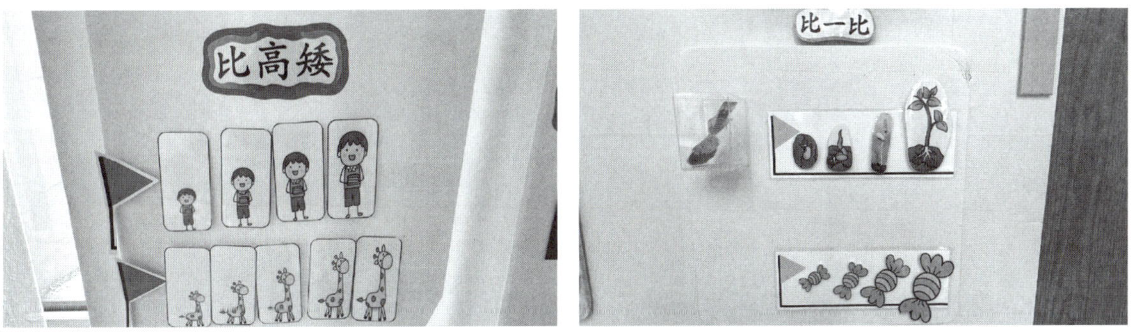

图 6－7　比较和排序①

3. 各领域渗透活动

在绘画中，色彩是一个基本的要素。无论使用单色还是彩色，除了表达思想情感以及表现风格外，可能最能恰当地反映事物复杂结构或质感的方式就是通过处理色彩块面的深浅度来表现了。如果教师在指导幼儿运用色彩前，能给幼儿提供一份深色的水粉颜料，鼓励他们自己调出深浅不同的色调来，那么幼儿一定会主动积极地试验用不同量的清水（白色颜料）与定量的颜料混合，然后仔细比较混合后产生的不同深浅效果。这是一个非常好的量的感知和量的比较学习机会！曾经看过一节关于量的比较活动，当幼儿对轻重缺乏记录策略时，教师提示用颜色的深浅来表达，帮助幼儿解决了表征的困难，同时又促进了幼儿对颜色深浅的理解。

---

① 该图片由郑州市郑东新区普惠路第二幼儿园提供。

美术活动中的手工，也渗透着数学概念和逻辑关系的学习内容。例如泥工塑造更有利于发展幼儿对形体的感知，对大小、粗细、轻重等量的比较。

歌曲《大皮球》的歌词为“大皮球，圆又圆，拍一拍，跳一跳，拍得轻，跳得低，拍得重，跳得高，我的皮球接住了。”其中就蕴含了“轻—低”“重—高”的对应关系以及“轻、重”“高、低”等量的关系。

4. STEM 活动

案例研讨

小班 STEM 活动　兔宝宝的家[①]

牛牛班门口的小草坪上有三只可爱的小兔子，为了方便饲养兔宝宝，后勤的胡爷爷为兔宝宝做了一个小栅栏，小栅栏是兔宝宝进食和活动的场地。小朋友们发现如果天气发生变化，尤其是下雨刮风的时候，胡爷爷还得提前把兔宝宝安置到一个新地方，否则，兔宝宝就会被淋湿。小朋友们喜欢兔宝宝，他们想为兔宝宝做一个温暖的新家，带着这份关心和爱护，牛牛班的小朋友们确定了班级的 STEM 项目活动为“兔宝宝的家”。在这个 STEM 活动中，小朋友们对遮阳棚的大小进行了多次探索。

图 6－8　兔宝宝的家

① 该案例由开封市实验幼儿园赵建华、朱柯老师提供。

模块二　测量

情境导入

大班的刘老师设计了一个测量活动——"好饿的毛毛虫"。她先给幼儿讲了《好饿的毛毛虫》的故事，然后就拿出长短不一的好几条毛毛虫，以及好多能够作为测量工具的物品：吸管、发卡、彩笔、回形针，还有尺子。第一个环节，她让幼儿观察不同长度的毛毛虫，并尝试用手比的方式来比较毛毛虫的长短。第二个环节，她引导幼儿用吸管来量毛毛虫。第三个环节，她让幼儿用一根吸管来量毛毛虫。第四个环节，她让幼儿用尺子来量毛毛虫。整个活动中，幼儿虽然按照老师的要求做了，但是量的过程中出现了很多问题。

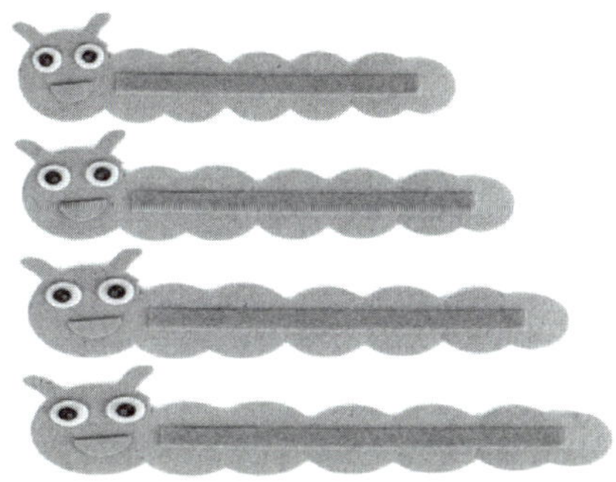

图 6-9　好饿的毛毛虫

分析：测量活动涉及单位的概念、使用非标准测量工具等较多因素，而该活动中教师利用一次活动的时间就将测量的概念全部呈现，这对于幼儿来说，内容太多，不利于幼儿对测量概念的理解。

知识演绎

一、测量的概念与关键经验

所谓测量(计量),是指把一个要测定的量同一个作为标准的同类量进行比较的过程。用来作为计量标准的量,叫作计量单位,或单位量。如用厘米作计量单位测定桌子的长和宽的过程就是计量。用一个计量单位去计量某一个量,结果得到这个量是计量单位的若干倍,这个数值叫作这个量的量数。同一个量,用不同的计量单位来计量,所得的量数不同。如桌子边长用厘米来计量,所得量数是80,用分米来计量,所得的量数就是8。一般常用的计量方法有两种,即直接计量和间接计量。如用尺量桌子的边长就是直接计量,而用尺量出桌子边长后,再计算桌子的面积就是间接计量。测量将几何、数这两个关键的领域联系起来,是数形结合的很好例证。

通常我们会看到:孩子翻出一根绳子,到处比画,模仿着成人量物体的动作——有的用手捏着软尺的两头,像系裤带似的在物体周围围上一圈,还打个结;有的在物体边缘一小段一小段地移动着直尺,还煞有介事地数着:"一尺、两尺……"实际上,儿童是在模仿成人的测量活动,但并不能真正理解测量的方法。幼儿阶段的测量,还不是使用标准量具和计量单位进行的测量,而是使用自然物作为工具的自然测量(非正式测量)。幼儿在自然测量过程中可以获得两种逻辑经验:一是知道整体由若干个部分组成;二是了解逻辑相加,进行易位和替换的过程,即把每次测量的一部分和另一部分连接起来,建立起一个以测量单位为基础的完整体系。

学前期儿童只初步学习直接测量,但是一般不使用常用的计量单位,而是学习自然测量。所谓"自然测量",是指利用自然物如小棒、绳子、笔、小勺、小瓶甚至是我们的臂长、脚印长、跨步等,作为量具来测量物体的长短、高矮、粗细等的测量方法。用这些计量单位去计量某一个量,得到这个量是计量单位若干倍的结果,这就是自然测量。

二、学前儿童测量的发展特点

1. 阶段一:长度的直接比较

处在发展阶段一的幼儿,测量长度的方法只是进行长度的视觉比较,并没有想到应用任何测量工具,如木棒。即使给他一根木棒,问他这根木棍对他是否有用,他也还是不会用。如一名4岁幼儿先瞧了瞧模型塔,然后就专心地去搭自己的塔,不再去看模型。搭着搭着他感到不满意,于是拆掉重搭,后来又拆掉重搭。研究者问他,他的塔是否与模型高度相同,他回答"是的"。给他一根木棒,问他这是否能帮助他量一量,他只是把木棒放在他的塔顶上作为装饰而已。

2. 阶段二：开始使用工具，进行长度的简单比较

在阶段二，幼儿使用了测量工具，但运用得不正确。在这个阶段，低龄幼儿仍然缺乏空间的协调观念，仍是通过视觉来判断。5岁幼儿还不能运用传递思想，6—7岁的幼儿已懂得等量关系的传递性。

3. 阶段三：测量是一种心智的或运算的测量

幼儿这时能够用任意长的物体作为普通的测量工具。

研究表明，在教育条件下，5—6岁幼儿能够理解长度测量的意义，并表现出很大的兴趣。如他们知道重量是用秤来确定的，教室的长度可以用尺量、用脚步量等。当问幼儿怎样才能知道口袋中的米有多少时，有的幼儿会回答“应该在秤上称一下”“放在秤上就知道了”，有的会根据自己已有的经验来回答，如“可以用茶杯来测量”。他们还知道要确定物体的长短就应该去量它们，知道自己的身高也是量出来的。不少幼儿还能用各种自然物，如小棒、绳子、纸条、瓶子等测量物体的长短、高矮、粗细等或目测大小、步测远近等。但是对于测量的方法，他们还常会说得不准确，如“用米尺量”“背靠背站着比”“在家里的门上做个记号”等。

4. 阶段四：向正式的测量过渡

幼儿随着年龄增长，逐渐萌发使用标准单位进行长度测量的需要。但是标准测量工具——尺子的使用对幼儿来说有两个障碍，一是尺子的起点通常不是零点，而且尺子上会有至少两个测量单位和读数，这些都影响了幼儿的正确使用。

对儿童长度测量能力发展的划分，基本上遵循从简单到复杂的原则，从物体长度的直接比较、间接比较，然后发展到长度的非标准测量，以及标准测量。面积测量的发展过程也与长度测量的发展类似，从知觉比较开始，经初步使用中介物进行测量的阶段，到最后真正的测量阶段。面积概念从一维空间扩展到二维空间，所以对儿童来说，面积测量更有挑战。

测量时要注意的问题：

① 要用测量工具；

② 刻度尺的刻度尽可能与被测物体接近，不能歪斜；

③ 读数时，视线应垂直于被测物体与刻度尺；

④ 正确读出刻度尺的零刻度、最小刻度、测量范围；

⑤ 除读出最小刻度以上各位数字外，还应估读最小刻度下一位的数字；

⑥ 记录的测量数据，包括准确值、估计值及单位（没有单位的数值是毫无意义的）。

根据这些测量的要点，可引导儿童学习用正确的方法来测量身高，并做成身高牌，再利用1米、10厘米和1厘米三种长短不同的纸条来测量，做好记录，看看每个人到底有多高。这些环节的设计既符合测量学的有关要求，又符合学前儿童的年龄特点及幼儿园阶段的数学教育目标。

总之，学前儿童测量，要降低难度，重在过程，鼓励体验和经历。

三、测量活动的设计与实施

（一）教学活动

1. 要求

（1）中班：用首尾相接摆放单位量的方式，进行长度的自然测量。

（2）大班：重复使用一个单位量进行长度的自然测量。理解测量同一长度时，单位长度的长短和所需单位数量之间的相反关系。

2. 设计要点

（1）运用示范讲解法使儿童理解自然测量的方法和操作要领。

儿童开始学习自然测量时，首先要明确测量对象和所使用的测量工具；其次教师讲解演示，教给儿童正确测量的方法，说明正确测量的要领。例如，教师用小棍作量具测量小黑板从左到右的长度，边示范边讲解：从黑板左边的顶端开始量，把小棍的一端与黑板左端对齐，顺着黑板下边线量。量一次，用粉笔在小棍的末端划一短线，表明是一个小棍的长度；拿起小棍从短线开始对齐黑板下边线再开始量，在小棍的末端再画线，表明是两个小棍的长度；依次往下量，直到黑板的右端为止。数一数一共有几个小棍长，如是 5 个，就表明黑板是 5 个小棍的长度。而后要儿童运用小棍或手掌等作为测量工具进行自然测量操作，如量一量黑板的高度、小床的长度、门有多宽等。让儿童通过操作，熟悉自然测量的方法和要领。

（2）运用实践操作法使儿童进一步巩固自然测量的经验。

在儿童了解了自然测量的基本方法后，要及时巩固提高这种技能，教师应当尽可能地创设环境和提供材料让儿童自己去感知和体验。自然测量的活动可以和日常生活相联系，结合生活中所遇到的有关测量的问题，在情境中学习和感知。例如，测量活动室里桌、椅的长度，儿童的身高等，都可以启发儿童用各种工具作为量具尝试着进行自然测量。在儿童操作、运用自然测量的方法去比较物体量的过程中，教师应当启发儿童注意比较不同的量具所带来的不同结果。例如，同样是量身高，用手掌作量具和用绳子作量具所测得的结果数量是不同的。通过这种量具不同而得到的不同测量结果，帮助儿童认识到不同量具测量同一物体可能得到不同的测量结果。在儿童学习自然测量的过程中，教师一是要明确测量对象及测量工具，二是要向儿童讲清测量的始端、终点、移动及其记号，算出量的结果，之后重复测量加以验证。

（3）在日常活动中或利用游戏练习自然测量。

儿童学习了自然测量后，可以多利用日常活动创造机会练习自然测量。例如，散步时，利用脚步测量花园的围墙有多长；用脚步量一量两个小朋友谁扔的沙包远；喝果汁时，用杯子量一量一共有几杯果汁；玩沙子时，用小桶将大桶装满沙子，看看要几小桶才能将大桶装满；等等。利用这些日常的活动都可以进行自然测量的练习。所以，大多研究者都认同，借助真实情境的设计可以让儿童更好地建构测量的概念。在解决实际测量问题时,儿童会自然地学会"单位""测量值"等基本概念。比如"乌龟找食物的路径有多长""老鼠公主的床到底定做多大的"等。

大多研究者还倡议教师应该将测量整合进教室的日常生活中去。比如早点时教师可以问:"我在这两个杯子里倒了一样多的豆浆吗?"教师必须了解儿童测量概念的认知发展规律,设计涵盖关键经验的活动,通过各种方法加强幼儿对测量的兴趣。当幼儿出现明显错误时,教师还应该抓住契机适时插入评论或问题来引起幼儿的反思。

(4) 教师要通过评论、提问或示范等,帮助幼儿发展对测量概念的理解。

通过分享信息,错误认识会减少,最终被逻辑思考所代替。教师适时的评论或提问,可以引导儿童关注到他们未关注的量的特征,引导幼儿进一步对解决问题的策略有概念化的理解。如在积木活动区,教师可以这样问:"你的塔比我的高。我需要加多少块积木才能和你的塔一样高呢?"这样的提问可以鼓励和引导儿童进行比较,把儿童的关注点引导到把积木作为测量单位的想法上来。此外,教师通过一些示范性的动作,能让儿童在观察中增进对正确的测量方法和测量要领的理解。如长度测量的要领包括:从被测量物体的一端开始,连续移动测量工具,并使前一次测量的终点成为下一次测量的起点;测量要沿着直线进行;测量一次,数一个数,计数出最后的量数。

(5) 教师要适时地引导幼儿理解测量单位与测量结果之间的关系。

测量单位与测量结果关系的建立是儿童在数与量之间构建数量关系的一种重要经验。在儿童学会正确测量之后,适时地引导儿童认识到用不同的测量工具测量同一个物体时,其结果是不同的。这样的经验对大班幼儿来说是十分重要而有意义的。如在"运粮食"的游戏活动中,引导幼儿关注到用大杯子运送的次数少,而用小杯子运送的次数要多一些。这种测量单位大小与测量结果之间的关系可以发展幼儿对相对性思想的理解,发展其思维的灵活性。

3. 教学活动举例

案例研讨

大班测量活动　桌子有多长?[①]

设计意图

《纲要》中提到:"让幼儿在生活和游戏活动中感受事物的数量关系并体验到数学的重要和有趣。"《指南》中也指出:"要引导幼儿感知和区分物体的粗细、厚薄、轻重等量方面的特点,发现生活中的数学,体会数学与人们生活的密切关系,初步尝试解决生活中的实际问题。"而测量是联系计算、空间几何等数学主题的重要途径,是数的知识和数的系统的实际运用,因此,本次活动关注幼儿在生活中遇到的需要解决的真实问题。

① 该案例由河南大学教育学部王梦琳老师提供,张亚杰、李晓敏指导。

幼儿已有用非标准的测量工具进行测量的经验，能够做到不留空，不重叠，本次活动借助测量桌子的契机，引导幼儿通过操作、观察、讨论与推理来感知不同测量单位与测量结果之间的关系，测量单位越大，测量结果的数量就越少，测量单位越小，测量结果的数量就越多。整个环节充分考虑大班幼儿的发展特点，幼儿能够在直接体验、实际操作中，经过层层递进的测量探究以及自己的推理与验证，逐步发现测量单位与测量结果之间的关系，发展了数学的过程性能力。

活动目标

1. 在操作、分析和讨论中，感知测量单位的大小与测量结果的关系，测量的工具越长（短），测量结果的数量就会越少（多）。

2. 能够学会使用不同长度的测量工具进行测量并学习记录。

3. 愿意与同伴合作交流，能够体验到测量活动的乐趣。

活动重难点

在操作、分析和讨论中，感知测量单位的大小与测量结果的关系，测量的工具越长（短），测量结果的数量就会越少（多）。

活动准备

1. 经验准备：幼儿已经能够运用非标准的测量工具进行长度测量，掌握了一定的测量方法（不留空，不重叠，找准起点，沿边线量，首尾相连）。

2. 物质准备：课件；6 根筷子（20 cm）、6 根吸管（10 cm）、24 块橡皮（5 cm）、6 支中性笔（15 cm）；60 cm×60 cm 的正方形桌子、边长为 120 cm 的置物架；白板、15 份记录卡片和笔。

活动过程

（一）导入部分：提出问题，引起兴趣（2 分钟）

【设计理由：本次活动在考虑大班幼儿发展特点、结合幼儿已有经验的基础上，关注幼儿在生活中遇到需要解决的真实问题，能够引起幼儿的兴趣，满足幼儿的需要。】

1. 观察桌子，目测长度。

图 6－10　观察桌子

【设计理由:幼儿的测量能力是由目测到自然测量再到标准测量的发展过程,通过目测幼儿可以初步感知物体的大小、长短等特征的差异。】

教师:小朋友们好,昨天我们在美工坊发现画笔的颜色都印到了桌子上,彤彤建议买一块桌布垫在下面,所以今天我们一起来量一量桌子有多长吧!

教师:请你们看一看,猜一猜,这张桌子多长呢?(幼儿观察后进行回答)

2. 讨论交流。

教师:我听到很多小朋友都在摇头说不知道。没关系,你们可以想一想,有什么办法知道桌子的长度有多少?我们讨论讨论。(幼儿讨论后举手回答)

教师:程程说我们可以像之前用长积木量教室一样,用一些东西量一量这张桌子。

(二) 基本部分:操作体验,感知关系(总时长26分钟)

【设计理由:幼儿是学习的主体,因此整个过程始终以幼儿为中心,教师引导幼儿在三个环节中经过层层递进的测量探究以及推理与验证,逐步发现测量单位与测量结果之间的关系,达成预设活动目标。】

1. 环节一:第一次测量,初步感知(10分钟)。

【设计理由:幼儿从目测无法得知桌子的长度,讨论后选择使用工具测量。在第一次测量中幼儿通过操作与观察发现使用同样的工具测量结果是一样的,使用不同长度的工具测量结果是不一样的。】

(1) 分组选择测量工具。

教师:上次我们用长积木量教室的时候已经讨论过测量时要用同一种工具量,工具不能混着用,量的时候不能留空,不能重叠。

教师:这次老师准备了4种不同的工具(筷子、吸管、橡皮、中性笔),现在我们分成5组,你们每组分别选择一种工具,有两组可以选择同样的工具。

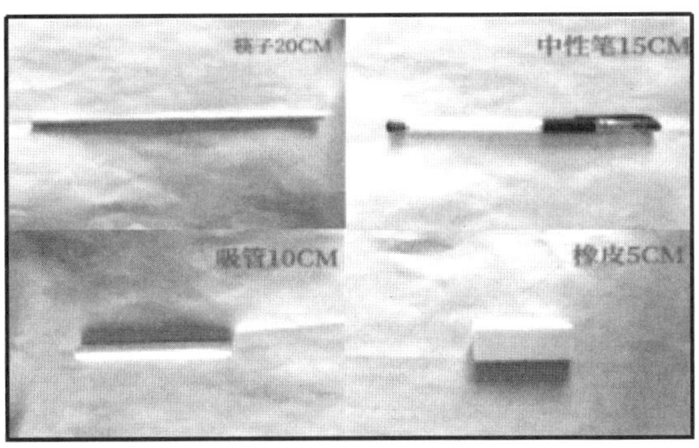

图6-11　测量工具

教师:好了,现在每组的小朋友都已经选好了。

(2) 操作记录。

教师:接下来小朋友们开始量一量吧,看看结果是怎么样的。量完之后把结果写在记录卡片上。(教师介绍记录卡片的使用方法:把你是第几组以及你们的结果写在这两个位置)(幼儿

开始进行测量，能够不留空，不重叠）

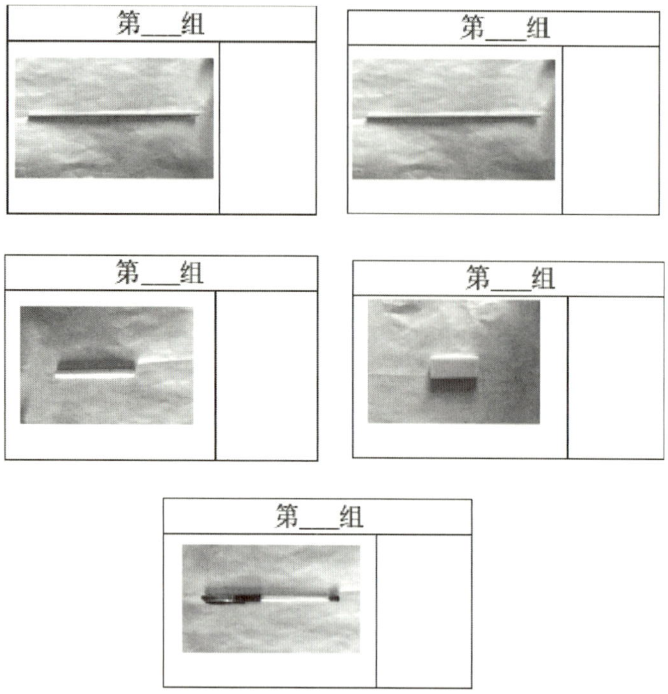

图 6-12　记录卡片

（3）讨论交流。

教师：好，现在先请第 1 组和第 3 组使用筷子的小朋友把结果贴在白板上。我们来看一看你们发现了什么。（幼儿观察之后进行回答）

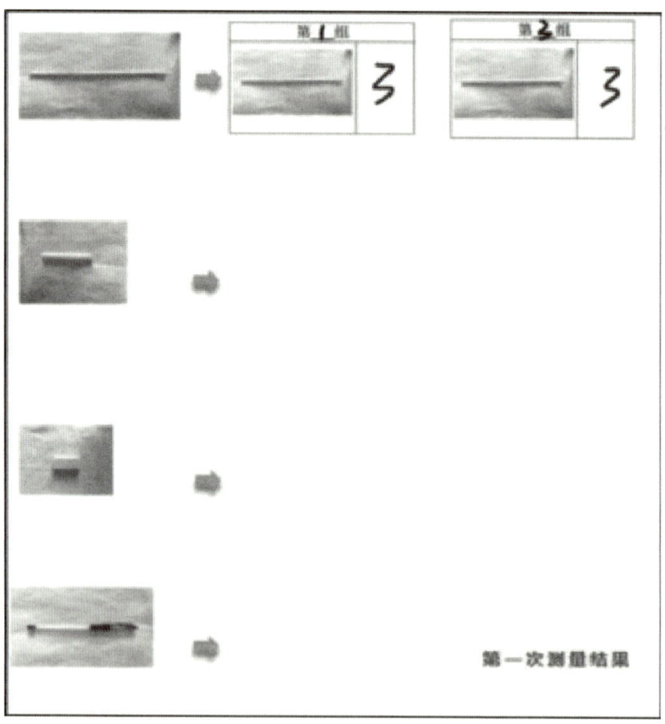

图 6-13　第 1 组和第 3 组的第一次测量结果

① 讨论相同工具。

教师：丁丁说他们测量的结果是一样的，这是为什么呢？

（幼儿经过思考和观察后举手回答）

教师（小结）：鑫鑫说得非常好，因为他们使用的工具都是一样的，筷子都一样长，所以用同样的工具测量出来的结果是一样的。

② 讨论不同工具。

教师：那现在请其他组的小朋友把结果贴在白板上，我们来看一看。

白板上的排列顺序：1 组筷子，3 组筷子，2 组吸管，4 组橡皮，5 组中性笔。（不按照工具的长度排列）

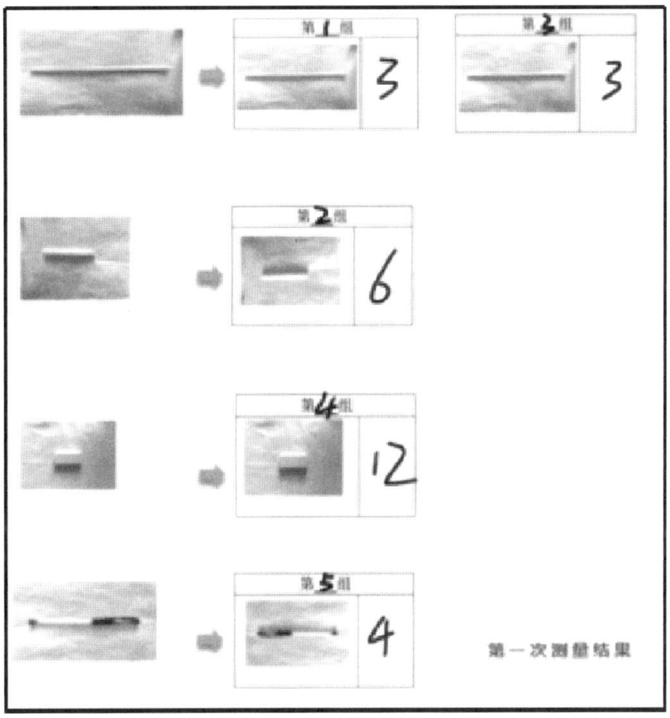

图 6－14　五组小朋友的第一次测量结果

教师：这一次你们发现了什么？（幼儿观察之后进行回答）

（4）提出猜想。

教师：嘉嘉说这三组结果都不一样。我们来看一看，为什么测量同一张桌子结果却不一样呢？（幼儿讨论后进行回答）

教师：真真说可能因为工具不一样才导致每组测量的结果不一样。那我们的工具有什么不一样呢？我们来看一看。（幼儿观察之后进行回答）

教师：轩轩观察得非常仔细，他发现白板上的工具不一样长，有的长，有的短，筷子是最长的，其次是中性笔、吸管，橡皮是最短的。现在老师想请一位小朋友按照工具的长短将物品进行排序，哪位小朋友想帮忙？

教师:小贺现在把工具按照它们的长度排好了,我们就更容易观察了。

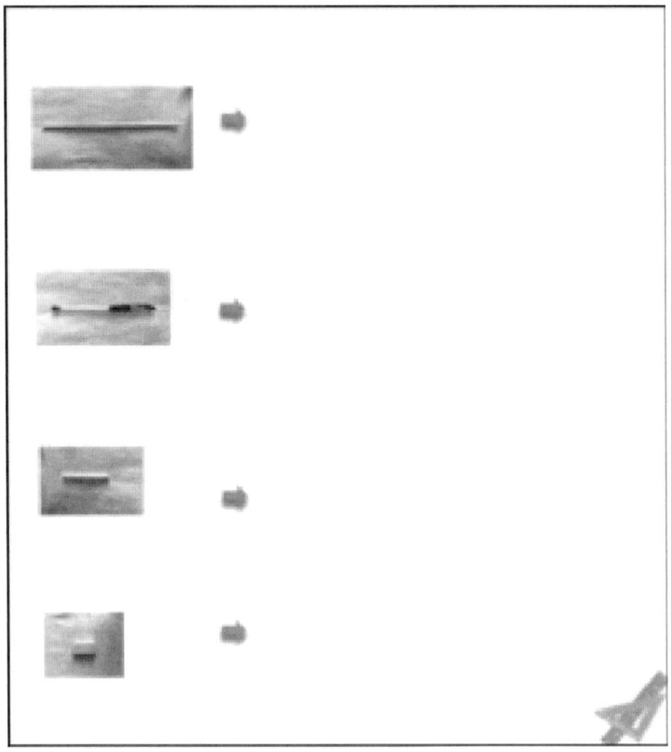

图 6-15 排序后的测量工具

教师:刚刚真真说可能因为工具不一样才导致每组测量结果不一样,既然这样,我们交换工具验证一下这个猜想、现在每组可以选择和上次不一样的工具。

教师:好了,现在已经交换完了,开始量吧。

2. 环节二:第二次测量,验证想法(8 分钟)。

【设计理由:在第二次测量中,幼儿在已有的第一次测量经验的基础上,通过操作、比较与推理进行猜想验证,逐步发现工具的长短会导致测量结果的变化。】

(1) 交换工具,进行验证。

教师:好,我们看看这次交换工具后测量结果是什么样子的。

白板上结果排列顺序:2 组和 4 组筷子,1 组中性笔,3 组橡皮,5 组吸管。(按照工具的长短排列)(白板上同时呈现第一次和第二次的测量结果)

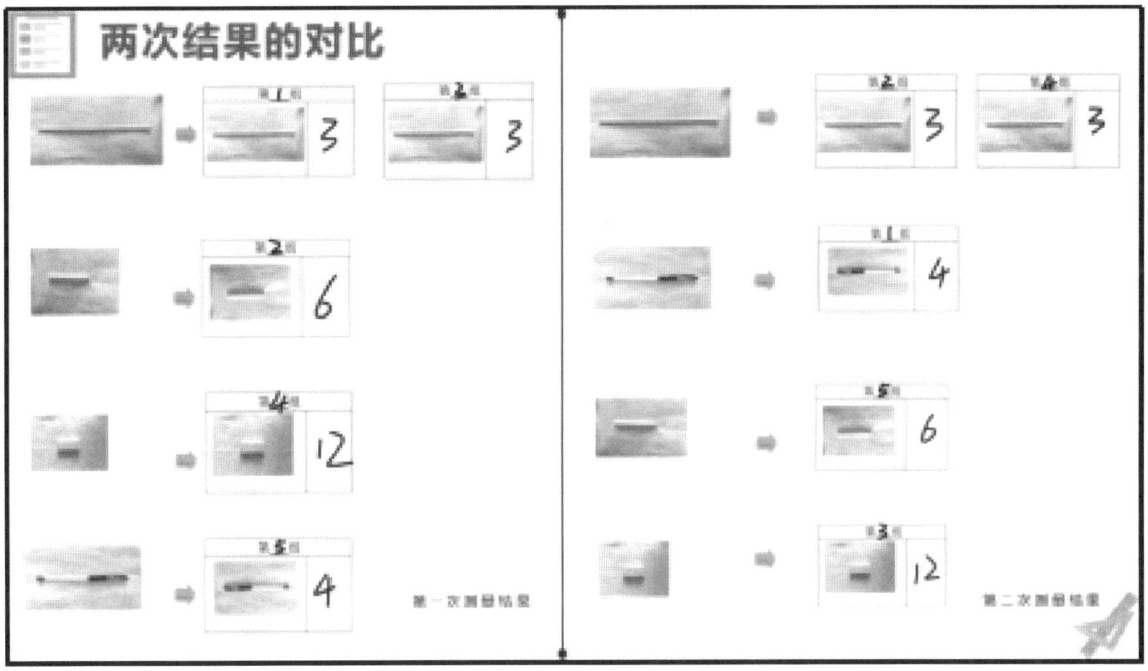

图 6－16　两次测量结果的对比

教师：你们发现了什么？（幼儿观察后进行回答）

教师：是的，用一样的工具筷子测量出来的结果是一样的，那不同的工具测出来的结果呢？（幼儿思考后集体进行回答）

（2）分享交流，比较推理。

教师：大家回答得很统一，都说一样。我们再仔细观察一下，相互讨论讨论，你们发现了什么？（幼儿相互讨论回答）

教师（小结）：嘉嘉说得非常好，测量工具越长，用的工具数量就会越少，工具越短，用的工具数量就会越多。

3. 环节三：第三次测量，经验迁移（8 分钟）。

【设计理由：在第三次测量中，引导幼儿猜想结果，看幼儿是否能够把在第二次测量中发现的关系进行经验迁移，加深幼儿对测量单位与测量结果关系的感知。】

（1）结果猜想，感知关系。

教师：你们非常棒！老师想要买一个新的置物架，请你们帮忙使用刚刚的工具量量我们班这个置物架的长度，量之前我们先猜一猜，结果会是怎样的？你们觉得用什么工具数量最多呢？

教师：我听到浩浩说用橡皮应该是最多的，这是为什么啊？

浩浩：因为橡皮的长度最短，所以使用的

图 6－17　置物架

橡皮数量最多。

教师:那你们觉得什么工具数量最少呢?(幼儿思考后进行回答)

教师:文文说筷子数量最少,这是为什么啊?(幼儿集体进行回答)

教师:是的,因为筷子的长度最长。现在我们量一量,看一看结果是不是这样。

(2)测量验证。

教师:量完之后,你们发现了什么?和我们的猜想一样吗?(幼儿操作后进行回答)

(三)结束部分:分享总结(2分钟)

【设计理由:对幼儿的经验进行梳理与总结,有助于巩固幼儿已获得的经验,帮助幼儿获得系统的知识经验。】

教师(小结):通过测量我们发现测量相同物体时使用的工具越长,测量结果的数量越少;测量工具越短,测量结果的数量越多。你们表现得都很棒,不仅能够使用不同长度的工具测量物体,还发现了测量工具的长短和测量结果是有关系的。

活动延伸

【设计理由:为了让幼儿获得完整连贯的数学经验,可以在活动延伸环节中引导幼儿思考桌子到底有多长,为下次开展测量活动使用标准工具——尺子做铺垫。】

教师:我们今天用不同长度的工具进行了测量,知道了每个工具测量桌子的长度是多少,但是我们买桌布时不能跟老板说桌子是3根筷子那么长,这样还是不清楚桌子的准确长度。所以现在请小朋友回去想一想,问问爸爸妈妈,怎么才能知道桌子到底有多长。(下次活动使用标准工具尺子进行桌子长度的测量)

活动反思

1. 创新之处。

整个活动中教师始终作为引导者和启发者,让幼儿自己发现并讨论测量单位与测量结果之间的关系,理解并运用关系。

2. 有待改进之处。

测量材料是教师提前准备再让幼儿进行选择的,为提高幼儿的积极性和参与性,可以根据实际情况让幼儿自己准备测量的材料。

(二)区域活动

投放原则:要注重实操。为幼儿提供区域材料时要注重让幼儿进行操作,在操作中获得测量概念。可以投放一些自然测量的材料,或者利用班里现有的材料开展测量活动。同一测量概念运用不同的测量材料,让幼儿运用多种材料进行操作,如测量桌子的长度时,可以为幼儿提供彩笔、吸管、橡皮等不同的材料,并将测量活动和幼儿的真实生活联系起来,让幼儿运用测量来解决生活中遇到的问题。

观察要点是幼儿对测量原则的掌握情况。观察幼儿是否理解要使用同一单位,不重叠、不留空；是否从起点量起；是否能够理解单位长度和量数之间的关系；是否能够运用测量来解决生活中的实际问题。为幼儿创设测量的问题情境，引导幼儿讨论并选择适宜的材料解决问题，观察幼儿是否能够选择适宜的材料。

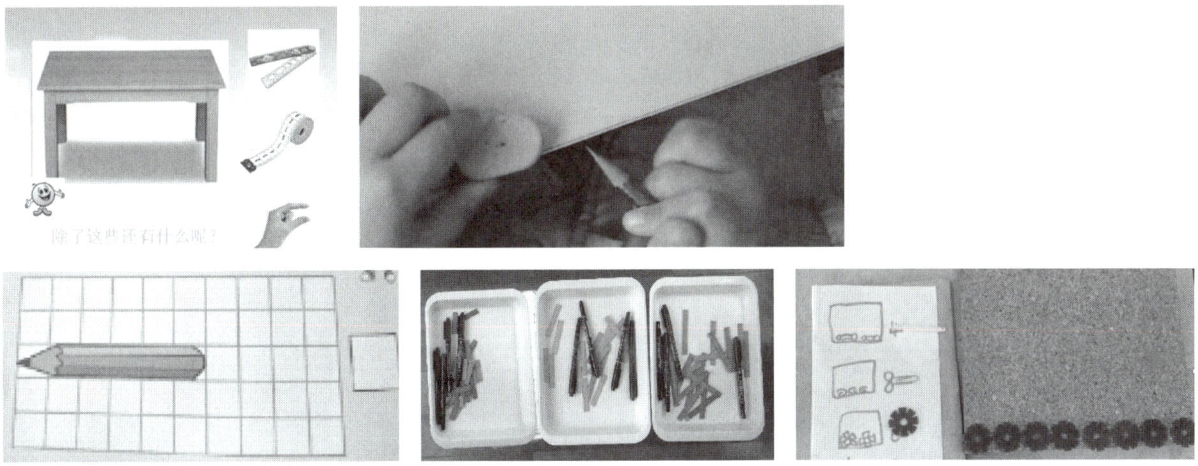

图 6－18　测量区域活动

（三）其他活动

1. 游戏活动

学前儿童要比较物体的质量，可使用装牛奶的盒子和橡胶带制作小天平。儿童收集一些物体并放在盒子中，观察并记录下天平两边的情况。在随后的几次活动中，教师帮助儿童在天平上加更多的盒子，引导儿童观察天平的左右两边并将物体按质量大小排序，说出一些有关质量的词语，如“重”“重些”“最重”，让儿童将成对的物体放在天平上测量，在图表上画出调查结果。

2. 生活活动

案例研讨

测量案例①

幼儿园有一个小竹园，小朋友会对竹子生长过程进行观察、比较和测量。教师为幼儿提供了长度相同的纸条、没有弹性的绳子、毛根三种既可以测量长度又可以测量粗细的材料。首先请幼儿想办法测量圆柱体积木的高度和粗细。在测量高度的时候，刚开始有的幼儿不知道要找准起点，在大家讨论、同伴示范之后了解了测量的方法：首先要找准起点，然后在终点处做标记。但是在用纸条进行测量后，幼儿发现很难分辨哪边是起点，于是提出要在起点处也画上标记。纸条可以画标记，但是绳子和毛根不容易画标记，怎么办呢？于是小朋友们想到毛根可以

① 该案例由焦作市实验幼儿园陈静老师提供。

用弯折和拧的方法做标记，绳子可以用打结的方法做标记。

了解了测量长度和粗细的方法后，孩子们分成了两个大组、六个小组，来到竹园进行测量。一大组在小西门处测量，另一大组在熊猫处测量。教师和保育员各带一大组。在测量的时候教师发现幼儿的问题主要有三个方面：① 任务意识弱。② 不了解测量的方法。③ 不知道如何记录。由于幼儿人数多，较为分散，教师指导存在难度。

图 6-19　测量活动案例

3. 各领域渗透活动

科学活动中可以利用测量来探索各种动物的尾长，探索各种测量温度的工具的使用方法，使用手、绳子等非标准工具测量桌子的长度，使用沙和水测量质量和体积。体育活动中可以测量幼儿一分钟内走的距离，测量幼儿投掷皮球的距离。在烹饪活动中称出所需的各种调料。美术活动中可以量出绘画中事物的比例。语言活动可以阅读并讨论绘本《一只脚有多大》。社会性学习时让幼儿合作一起测量教室的长和宽或测量各自的身高等。

4. STEM 活动

案例研讨

大班 STEM 活动　制作雨伞架①

发现雨伞架的使用功能，探索适合幼儿园使用的雨伞架。量一量不同雨伞的大小，设计一下雨伞架的大小多大合适。计划并画出雨伞架的样式以及雨伞存放的位置。

① 该案例由开封市翠园幼儿园王娟老师提供。

出示雨天家长放雨伞的照片和视频请幼儿观察，发现雨伞取放不方便的问题。请幼儿拿来自己家的雨伞并进行简单的比较，发现雨伞的不同(颜色、款式、长短)。幼儿说一说每种雨伞的放置和取放方法。请幼儿学习用自然测量的方法测量自己雨伞的长度，并说一说自己是用哪种自然材料测量的，方法是什么。请两名幼儿演示自己的测量方法并且进行对比，发现不同的测量材料同样的测量方法测量结果的不同，教师引导幼儿用同一种自然测量材料测量两把长度不同的雨伞，比较两把雨伞的长度。幼儿设计雨伞架，并对制作材料进行测量和组装。幼儿通过自然测量的方法比较雨伞的长度，从而设计制定雨伞架的高度。在最后的组装环节幼儿的动手能力有待提高，工具的使用还有待练习。最后为没有把手的雨伞设计雨伞架(需要挂钩等辅助材料)。幼儿对制作雨伞架兴趣很高，在设计和制作的过程中幼儿发现制作材料的选择可以再多元化一些。

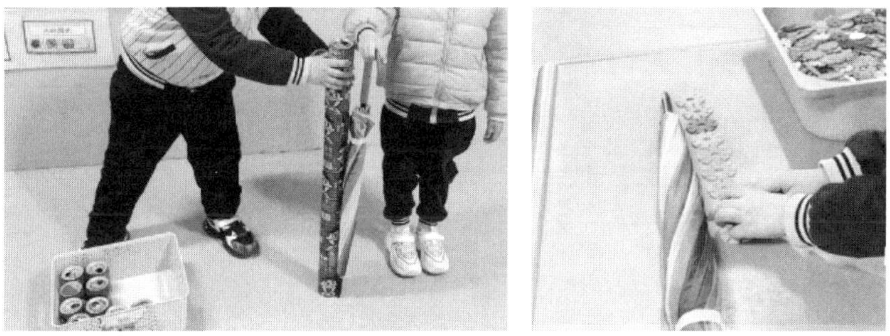

图 6-20　制作雨伞架

模块三　统计

情境导入

中班的教室里放着几个大大的土豆，土豆上面有很多地方已经发芽。一个小男孩对这些可爱的小植物感兴趣极了。只见他左手拿着放大镜，认真观察着每个土豆上面有多少个小洞洞发芽了，一个一个地数着，然后嘴里说着“有 15 个小洞洞”。接下来又数下一个土豆。然后，他拿起笔在纸上画起画来。画完之后才知道他在记录每个土豆有几个小芽芽。

图 6 - 21　发芽的土豆

分析：统计活动更多的是运用数学去解决问题，因此幼儿在日常生活中会自发地运用统计的方式去了解生活中常见的现象，解决一些问题。该案例中的幼儿想要了解土豆生了多少芽，因此主动去数，去记录。

知识演绎

一、统计的概念与关键经验

统计是人类对事物数量的认识。汉语中的“统计”有合计、总计的意思，指的是对某一现象有关数据的收集、整理、计算、分析、解释、表述等活动。一般来说，统计包括三个含义：统计工作、统计资料和统计科学。统计工作、统计资料和统计科学三者之间的关系是:统计工作的成果是统计资料,统计资料和统计科学的基础是统计工作,统计科学既是统计工作经验的理论概括,又是指导统计工作的原理、原则和方法。从人们收集数据的原始形态开始计算,统计工作已经有几千年的历史了,而它作为一门科学,是从17世纪开始的。英语中统计学家和统计员是同一个单词,但统计学并不是直接产生于统计工作的经验总结中。每一门科学都有其建立、发展的客观条件,统计科学则是通过对统计工作经验、社会经济理论、计量经济方法进行融合、提炼、发展而得到的一种边缘性学科。

对于统计概念,只要求学前儿童能理解统计意味着对数据(数字信息)进行收集、整理、描述和分析即可。学前儿童学习统计概念时,最初的统计问题应基于学前儿童的生活经验,统计学习应从具体的事物着手。所谓统计,一般是指根据从总体中随机取出的样本中所获得的信息来推断关于总体性质的一种方法。作为一种数学思维的方法,它能帮助我们对现实生活中的有关资料信息作出合理的解释和判断。[①]《指南》对大班儿童提出的目标包括了"能发现生活中许多问题都可以用数学的方法来解决,体验解决问题的乐趣。""能用简单的记录表、统计图等表示简单的数量关系。"《指南》的教育建议也指出:"鼓励和支持幼儿发现、尝试解决日常生活中需要用到数学的问题,体会数学的用处。"比如,"讨论春游去哪里玩时,让幼儿商量想去哪里玩?每个想去的地方有多少人?根据统计结果做出决定。"美国的数学标准中把数据分析与概率作为一项重要的内容,这项标准包括组织数据、解释数据,以及判断某件事物或关系可能发生的概率。把"问题解决"和"表征"作为其重要的过程标准。问题解决是数学学习的核心,而统计技能则是直接和问题解决有关的数学技能之一。统计是对数据的表征和分析的一种活动。因而,统计活动是幼儿数学学习的一项重要活动之一。

统计和数学其他领域的内容有着紧密的联系,这部分内容的学习为学前儿童提供了将各个领域的内容联系起来的机会。学习统计与概率的过程将会涉及问题解决、计算、推理以及整数、分数、比值等知识,这实际上是在学习新知识的同时复习和运用过去的旧知识,并以此发展儿童解决问题的能力。

二、学前儿童统计的发展特点

(一)幼儿统计技能的发展

统计是儿童收集、组织数据并描述和解释数据的一项活动。收集数据的主要目的在于解决一些答案不能立刻见分晓的问题。儿童提出的问题是数据的主要来源。逻辑分类活动、集合比较活动、测量活动等活动中已经包含了收集数据的初步形态。事实上,收集数据的活动早在儿童入园之前就已经发生了,他们从自己的真实生活经验中收集数据,并使用最简单的方法

① 黄瑾.幼儿园数学教育与活动设计[M].北京:高等教育出版社,2010:176.

来表现收集到的数据结果。统计活动中运用的各种表达方式帮助幼儿组织、显示和分析他们的数据。图表是对数据的系统表征，是帮助儿童从视觉上清楚地对数据进行组织、比较和分析的重要表征形式，也是儿童统计活动的一项重要内容。儿童在制作和分析图表的过程中，为了描述数据，会用到分类、计数、比较数量、测量、一一对应以及交流沟通能力。借助直观的结构或图表，可以表达各种类型的信息，并形象鲜明地表现不同的数量。绘制和分析图表使儿童有机会整合以前所学到的多种概念和技能。

不同年龄阶段的幼儿对统计的认知水平有明显的年龄特征。三到六岁儿童正处于理解象征的发展进程中。他们能理解简单的图表，能从理解实物图表发展到理解象征性图表。这个发展进程可以分为三个阶段。

1. 实物图表阶段

在这一阶段，儿童以实物为材料来制作图表，通常幼儿仅能考虑两个形成对比的物体类别。比较的基础是对长度和高度的一一对应和形象化。如让幼儿选择他们最喜欢的苹果类型：红苹果还是黄苹果。幼儿选择好后就分别到代表红苹果和黄苹果的老师那里去排队，幼儿通过一个真人图表表示他们最喜爱的苹果类型的投票结果。幼儿形成了两组队列，他们分别和旁边的小朋友拉手配对，就形成一一对应，比较出哪一组人数更多。

2. 图片式图表

在该阶段，幼儿能运用物体的图片来进行统计，也就是能够在图表中使用代表物体的图片。如幼儿可以通过在图表中粘贴红色卡片和黄色卡片来统计喜欢红苹果和黄苹果的人数。

3. 条形图表

在第三阶段，幼儿理解了用块状体或方形代表物体的条形图表。在条形图表中，幼儿用一个方形作为物品数量的象征，相当于我们使用的直方图统计图表。

绘制统计图表的活动给幼儿提供了一个运用基本数学技能的机会。儿童可以把分类、比较、测量、点数等活动的结果整合在一张统计图表中。儿童可以通过收集数据、分析数据和解释数据的活动逐步建立统计的思想。

（二）幼儿统计技能发展的年龄特点

1. 3—4 岁（小班）

小班幼儿能初步感知某些现象可能有多种结果；感知有两种可能结果的随机现象；会对混在一起的物体进行分类并通过目测、一一对应、点数等方式来比较和区分物体之间数量的差异。小班幼儿虽没有统计经验，但是他们在日常生活中和游戏中会表现出比较数量来给物体分组的行为。在实际生活中，对于发现的物体能按照不同特征进行分类，并进行计数：能按照二维特征进行分类，并进行计数，如在一堆水果中，把个头大的、绿色的苹果挑出来，数一下。

2. 4—5岁(中班)

中班幼儿已经可以感知事物和现象中可能结果的随机现象，并感知每种随机结果的不可预测性；能按照某种标准将物体分类并能通过比较发现量的差异；理解统计数据中的大小关系，并能用图形符号表征数据。

3. 5—6岁(大班)

大班的幼儿能按统计要求将物体分类(不超过10类)并按数量排序，能在老师指导下学习用统计图表征数据，能通过分析数据或图表，得出数量间的关系，能根据统计数据作出简单的判断和决策。

研究表明，中、大班幼儿的统计思维能力随年龄的增加逐步提高，经历了随意期、过渡期、量化期和分析期四个水平，从中班到大班有了较大的发展。① 中、大班幼儿的统计数据表征可分为四种类型，分别是图画型、数字型、图文结合型和初级图表型，每种类型可分为五个发展水平。随着年龄的增长，幼儿对统计数据的表征类型从图画型、数字型逐渐向图文结合型和初级图表型过渡。幼儿对表征方式的选择与其数概念理解能力、数字表征能力以及书面符号表征能力的发展都有关联。中班幼儿统计思维能力中表征部分的发展尚处于起步阶段，他们对表征方式的认识和理解还有较大的欠缺，让他们自发地使用较抽象的方式来表征数据则更加困难。大部分中班幼儿虽然已能意识到要用数字来表征集合的数量，但没有意识到在表征数据时还要将集合的种类也表达出来。因此，他们大多只标出了集合的数量，却不标明集合的种类。大班幼儿对表征方式的认识和理解相较于中班幼儿有了很大提高，表现出了从图画型、数字型向图文结合型和初级图表型的转变。这也表明大班幼儿已从具体形象思维向抽象思维转变。②

三、统计活动的设计与实施

(一) 教学活动

1. 要求

有关简单统计的教学活动一般适宜于在中、大班进行。具体的教学内容主要包括：通过资料的收集、整理过程，在分类、比较的基础上建立统计意识，学会简单的统计；能看懂和学习用实物图表、象征性图表和数符号等记录方式的统计；尝试用统计思想对生活和游戏中的有关资料信息进行数据的收集、整理、分析和解释，从而形成判断或预测。

(1) 中班。能根据事物特征分类统计；建立信息图表，如吃点心的时间；能制作儿童穿某种

① 夏娟.5—7岁儿童统计思维的发展研究[D].上海：华东师范大学，2011.
② 夏娟.中大班幼儿统计数据表征能力的发展[J].幼儿教育，2011(10).

款式鞋子的数量图表；能在幼儿园进行调查，了解其他小朋友喜欢的游戏器械的情况。

（2）大班。在教师的帮助下能制作表示走路、乘公共汽车或乘私家车来幼儿园的小朋友人数的图表；能为最喜欢的书投票，并用标签记录结果；能选择和分析相关主题（如出生日期等）的数据；能用图表表示1个月中多少小朋友吃过汉堡，多少小朋友吃过鸡腿；能记录小朋友早晨来幼儿园迟到的人数。

2. 设计要点

（1）在生活和游戏中感知统计的形式，形成统计意识。

幼儿对数据和概率很感兴趣，也能在日常生活和游戏活动中运用这些概念。数据的分析和概率也关系到数与运算、测量、分类、比较等活动。如今天有多少孩子来幼儿园了？男孩多还是女孩多？大家投票最多的喜欢吃的饼干口味是哪一种？儿童可能帮助统计不同口味的饼干的票数，通过观察或点数找出票数最多的一种。当幼儿分析数据时，他们不但通过属性进行分类，并且能进行量化。

统计活动中运用的各种表达方式帮助幼儿组织、显示、分析他们的数据。教师建立的表格有预定的分栏，可以帮助幼儿有效地组织数据。而为了让数据具有实际意义，统计活动必须与儿童的生活和游戏活动中的事物直接相关。比如，关于“鞋子统计”的活动，主要是调查孩子们穿的鞋子的类别。教师可以把表格制作到磁性板上，孩子的名牌也用磁条制作。孩子如果穿了不同的鞋子，每天还可以改变统计表。教师确定幼儿所穿鞋子的类型，从而确定哪些属性可以用于统计。这个活动对小班幼儿来说，是进行统计的一个良好开端，可以吸引幼儿参与到统计活动中来。

（2）通过实际操作活动体验统计过程，分享和交流统计结果，形成对数据的简单解释和判断。

儿童对统计意义的认识和对统计技能的掌握均需要通过亲身的参与和体验才能逐步建立和深入。在统计记录方式和对统计数据的分析与解释中，儿童一般是先认识和学会实物图表，慢慢才进入到象征性图表，进而发展到数符号图表。这就需要教师和成人有意识地引导和启发幼儿进行相应的探究性操作活动，让幼儿在自身参与和大胆尝试、积极思考的过程中，通过与他人经验的交流与分享，体验到统计对解决生活和游戏中问题的有用和有趣，获得和提升统计过程中收集数据、整理数据、分析数据、解释数据的相关经验和方法，并能适时地对某些结果作出简单的判断和预测。教师在和幼儿共同交流、分析统计方式和相关经验的过程中，应注意不时地鼓励和提示幼儿对自己的统计结果作出简单的判断和预测。如在前述的“鞋子统计”活动中，教师要适时地提问：“今天教室里小朋友穿得最多的一种鞋是什么？”这样可以引发幼儿解决问题的兴趣，“你知道哪种鞋得票最少吗？”可以引发幼儿的推理和论证，“今天穿带扣鞋的人多，还是穿没有带扣鞋的人多？”可以引发幼儿的交流和讨论，“如果两栏一样高的话，它们的票数一样多吗？”“多少人穿粘扣鞋，才能让这种鞋得票最多？”可以引发幼儿对数据的分析和预测。

（3）帮助学前儿童收集统计方面的信息。

从报纸、杂志、电视等媒体中获取有关的数据信息，将有助于学前儿童真正认识到学习统计的重要性和统计应用的广泛性，以及统计在信息社会中的重要作用，还可帮助儿童了解收集数据的方法。常用的收集数据的方法包括计数、测量实验等。例如，使用8—10个玩具或书桌抽屉里的东西。教师把这些物体分成组，告诉儿童仔细观察，要求儿童去思考物体的分类原则是什么，并要求他们想出后举手。当儿童举手时，让他们说出下面一个物体放在哪一组，但要求他们不要说出分类原则。当许多儿童似乎都知道这个原则时，让一些人解释他们的原则而其他一些人纠正。让儿童通过对分类依据的推理、分类经验的探讨，以及教师的指导来获得快速收集信息的方法。

（4）帮助学前儿童简单整理、描述和分析数据。

引导儿童学会验证某些预测，解释统计结果，根据结果做出简单的判断预测，并进行交流。例如，在读了《每个橘子有八瓣》之后，儿童可以自己动手清洗并用塑料刀分割一些橘子。同时可以引导儿童数每个橘子的瓣数，并记下这些数字。在以后的时间里，儿童会将注意力集中在水果的其他方面上——苹果有几个核、一小串儿葡萄有几颗和蜜柑有几部分。这样儿童通过阅读和体验感受到了许多关于水果的数据。

（5）帮助学前儿童尝试练习画图表，制作简单的图表。

解决“城市的天气如何?”“城市的气温如何?”之类的问题。在对这些问题进行思考的过程中，让儿童自由建立图表来探索，拓展解决实际问题的能力。比如儿童正在学习动物，让儿童阅读翻看各种书上的图片，然后画一张有趣的、有想法的画。他们若无法在图片上写字，教师可以记录下儿童口述的内容；在儿童分享之后，建议儿童观察能否按这个有趣的内容——动物的外表、习性、饮食或其他方面来划分。儿童把图片进行分类，然后按班级装订成一本书，就完成了一次统计的操作。

实物图表要求儿童按一定类别排列实物，如4岁儿童会把他们护手的东西放成一堆，如手套和连指手套，并比较多少。在任何季节里，每位儿童都会脱掉鞋子放成一堆，并比较各种鞋子的多少，如运动的、平底的或其他专用的。

当儿童把实物图片放在实物图表上时，应该从起始线开始而不是根据类别随意排列。将成组的数据从左到右或从上到下排列，有助于培养儿童解释图表的能力。教师为儿童提供画纸，让儿童各自画自己的类别，帮助儿童排列，并与以前制作的实物图表做比较。由此来说明，数据图表表达了与他们的实物图表同样的信息。

（6）帮助学前儿童解释数据。

通过收集数据，学前儿童可以认识到数据和图表能够提供信息。当整理好的数据展示出来以后，教师应引导儿童发现图表或别的表征方式传递的是什么样的信息，以及这些信息是否有助于解答相关的问题。例如，让儿童观察一个月内每日的温度，并记录在月历表中，最后可以看到一个月的天气变化情况。联系实际，解释本地季节的气温变化特点。

3. 教学活动举例

案例研讨

大班数学统计活动　我和小伙伴做调查①

设计意图

《指南》中指出："针对5—6岁的幼儿，能用简单的记录表、数字、图画或统计图等进行计划和记录，并与他人交流和分享。"而统计图表是对数据的系统表征，可以帮助幼儿从视觉上清楚地了解数据的一种重要表征方式，也是儿童统计活动的重要内容。

幼儿已经有运用实物、图画＋数字进行统计表征的经验。此次活动源于搭建帐篷的STEM主题活动，幼儿通过查阅资料发现存在多种类型的帐篷，因此开展本活动，来调查小朋友们想搭什么样的帐篷。活动中，幼儿通过操作、观察、讨论与交流理解如何用直方图来表征统计的结果，感知统计数据的变化，从而确定搭哪一种类型的帐篷。整个活动环节充分考虑大班幼儿的发展特点，让幼儿能够在亲身体验与实际操作中，从具体的实物表征、图画＋数字的表征方式过渡到理解抽象的直方统计图的表征方式。

活动目标

1. 在操作、观察、讨论与交流中理解如何用直方图来表征统计的结果，直观感知统计数据的变化。

2. 能够学会用直方图表征统计的结果。

3. 愿意与同伴合作交流，感受统计在实际生活中的运用，体验统计活动的乐趣。

活动重难点

1. 重点：在操作、观察、讨论与交流中，直观感知数据的变化，理解如何用直方图来表征统计的结果。

2. 难点：能够学会使用直方图的方式表征统计的结果。

活动准备

1. 经验准备：幼儿已经会使用实物、图画＋数字的方式进行统计表征。

2. 物质准备：金字塔形帐篷、双三角帐篷、四角帐篷、长方形帐篷图片各一张；长方形积木若干块、长方形贴纸若干张；直方图图表8张，带有四种帐篷类型的白板一个；小花贴纸28张；PPT课件。

---

① 该案例由河南大学教育学部王梦琳老师提供，张亚杰、李晓敏指导。

图 6－22　金字塔形帐篷

图 6－23　双三角帐篷

图 6－24　四角帐篷

图 6－25　长方形帐篷

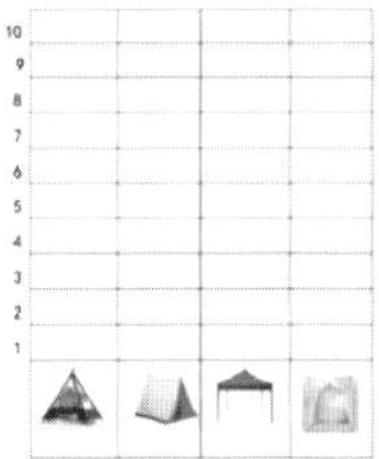
图 6－26　图表

图 6－27　长方形积木

图 6－28　长方形贴纸

图 6－29　小花贴纸

活动过程

（一）导入部分：提出问题，激发兴趣（2 分钟）

【设计理由：本次活动在考虑大班幼儿发展特点、结合幼儿已有经验的基础上，关注幼儿在生活中遇到的需要解决的实际问题，能够引起幼儿的兴趣，满足幼儿的需要。】

教师：小朋友们好，上次在户外，有小朋友想搭帐篷，大家都非常感兴趣，经过调查，我们发现帐篷有很多样式，我们可以搭的有这么几种：金字塔形帐篷、双三角帐篷、四角帐篷和长方形帐篷。那我们要搭一个什么样的帐篷呢？

（个别幼儿回答）

教师：明明说他想搭一个四角帐篷，还有哪位小朋友想说一说？（个别幼儿回答）

教师：丽丽说她想搭一个长方形的帐篷。我听到有些小朋友意见不统一，到底搭什么样的？（幼儿回答）

教师：轩轩思考后说让每个人发表一下自己的意见，同意哪一种的多，我们就搭哪一种，这个主意怎么样？

教师：大家都同意了，那我们来投票吧。

（二）基本部分：操作体验，解决问题（24 分钟）

【设计理由：为了充分发挥幼儿学习的主动性和积极性，在活动的基本部分的设计中始终围绕着幼儿，引导幼儿在三个环节中通过不同方式和不同难度的统计表征方式，逐步了解直方图图表的统计表征并学会如何使用，达成预设活动目标。】

1. 环节一：统计调查，发现结果（8 分钟）。

【设计理由：通过发放贴纸让幼儿进行选择，其目的是唤起幼儿使用图片统计表征的经验，得知图片的统计结果，引出新的统计表征方式。】

（1）分发小花贴纸，进行选择。

教师：老师这块白板上有四种帐篷的图片，这里有一些小花贴纸，每个人发一张。一会儿小朋友们想搭哪一种帐篷，就把自己的贴纸贴在哪一种帐篷的下面。但是大家在选择的时候要想一想，我们能不能把这种帐篷搭起来，要考虑搭建的可行性。现在从我们班 1 号小朋友开始。(幼儿进行选择)

(2) 观察白板，分享统计结果。

教师：好了，大家都贴好了，现在一起观察一下。

图 6－30 投票结果

教师：有哪位小朋友愿意说一说，你选择了哪种帐篷，为什么选这一种？

(幼儿个别回答)

教师：丽丽说她觉得这种金字塔形的最好搭。那有多少个小朋友选择这种帐篷呢？(幼儿个别回答)

教师：文文说一共有 9 个人，他选择的也是金字塔形帐篷。还有哪位小朋友愿意分享？(幼儿举手回答)

教师：浩翔说他选择的是双三角帐篷，选择这种帐篷的一共有 6 个人。那现在大家一起来看一看四角帐篷和长方形帐篷，分别有多少人选择呢？(幼儿集体回答)

教师：是的，大家回答得没错，选择四角帐篷的有 5 个人、长方形帐篷的有 8 个人。

2. 环节二：观察讨论，用积木由下往上搭(6 分钟)。

【设计理由：在幼儿得知图片统计结果的基础上，引导幼儿在操作、观察与讨论中，通过搭建长方形积木初步感知由下往上的统计方式。】

(1) 提出新的统计方式，进行操作。

教师：大家看我们贴的小花，有的堆到一起，有的分得很开，我们能不能很快看出谁多谁少呀？(看不出来)下面我们用一样的积木来试一试。

教师：每组小朋友桌子上都有长方形积木，还有四种帐篷的图片，我们把结果用积木在图片上垒垒高，搭一搭。

(2) 分享结果。

教师：好了，小朋友们，我们来观察一下你们搭的积木，你们发现了什么？有哪位小朋友说

一说？（幼儿举手进行个别回答）

教师：鑫鑫小朋友说哪种帐篷选择的人数越多，积木搭得就越高，人数越少积木搭得就越低。

3. 环节三：讨论交流，使用直方图图表进行统计。（10 分钟）

【设计理由：在幼儿已有长方形积木统计表征经验的基础上，逐步引导幼儿先通过使用实物长方形贴纸感知直方图图表里由下往上的统计方式，之后再在直方图图表里由下往上进行涂色统计，循序渐进地引导幼儿从具体表征过渡到抽象表征。】

（1）在直方图图表里贴长方形贴纸进行统计。

① 出示直方图图表，进行操作。

教师：小朋友们，我们用小木块就能很直观地看出谁多、谁少，但是很多时候我们手边没有小木块，怎么办？怎么在纸上呈现我们的结果呢？大家想试一试吗？

（幼儿集体回答）

教师：看来大家都很想尝试。现在看这张表，我们可以使用长方形贴纸来进行统计，一个小朋友贴一张贴纸，有几个小朋友就贴几张贴纸。

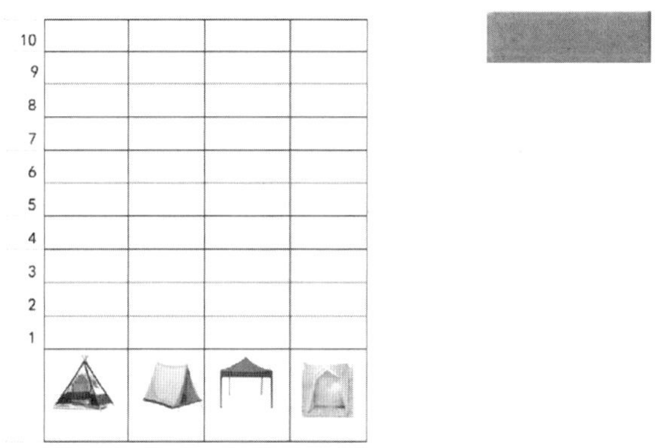

图 6－31　统计表格和贴纸

教师：现在每组选择一位小朋友按照之前统计的结果，把贴纸贴进这张图表里。

② 观察讨论。

教师：小朋友们贴得很好，大家看，这样我们是不是一下子就能从这张表中看出哪一种帐篷选择的人数多，哪一种帐篷选择的人数少了？

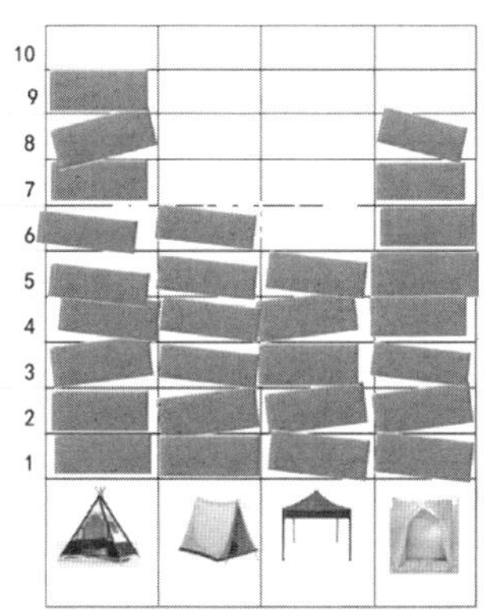

图 6－32　统计结果

(2) 在直方图表格里进行涂色统计。

① 讨论交流。

教师:那你们互相讨论一下,想一想还有什么方法可以在这张图表里面进行统计呢?一会儿小朋友们举手来回答。(幼儿讨论后举手进行回答)

教师:好了,哪位小朋友有想法?(幼儿回答)

教师:程程小朋友说可以涂色,因为她之前画画的时候就涂过小方格。一个小朋友就涂一个小方格,这样更简单,更方便。

② 实际操作。

教师:那你们觉得程程的想法可以吗?(幼儿集体进行回答)

教师:既然大家都觉得这个想法很不错,那我们就按照之前统计的结果来涂一涂吧。

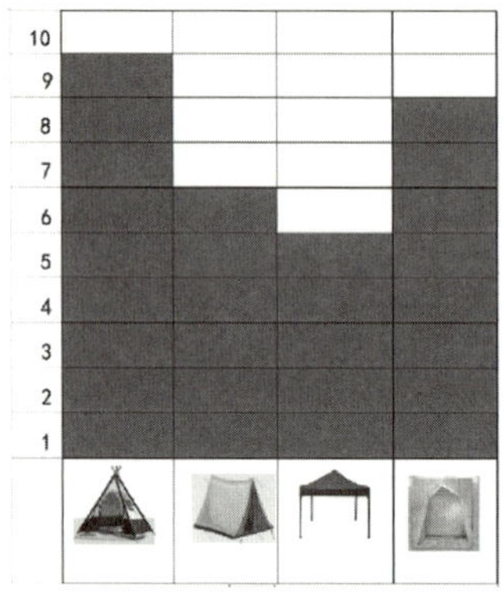

图 6-33 统计结果涂色

(三) 结束部分:分享总结(4 分钟)

【设计理由:教师对幼儿已获得的经验进行梳理与总结,有助于帮助幼儿获得系统连贯的知识经验。】

教师:刚刚看了大家利用涂色的方式进行统计,大家的表现都很棒!

教师:明明刚刚说,这张图叫什么名字?大家觉得这张图叫什么呢?我们可以想一想,给它起个名字。

教师:峻霖小朋友说可以叫方块图。

教师:鑫鑫小朋友说可以叫楼房图。还有哪位小朋友有其他的想法?

教师:婷婷说可以叫长方图。我们观察一下,这个图确实方方的,它的名字叫直方图。这张直方图图表是由小方块组成的。那老师有一个问题,刚刚我们是怎么使用直方图图表进行统计的呢?哪位小朋友说一说?(幼儿举手进行个别回答)

教师:轩轩小朋友说有几个小朋友选择帐篷,就在直方图图表里涂几个长方形的格子。你们觉得他说得怎么样?(幼儿集体进行回答)

教师:那我们最后的统计结果是什么啊?哪种帐篷的数量最多?(幼儿集体进行回答)

教师:是的,金字塔形帐篷的数量最多。

教师(小结):我们今天通过统计知道了该选择哪一种帐篷,还知道了如何使用更加清楚、方便的直方图图表呈现我们的统计结果。

活动延伸

教师：今天小朋友们都很棒，现在还有一个问题需要大家解决，我们选择好了搭建哪种类型的帐篷，那我们要搭建什么颜色的帐篷呢？请大家进行调查统计，然后使用直方图进行统计。

（二）区域活动

统计活动一般和其他活动相结合，和问题解决相结合。在活动中，幼儿有需要共同解决的问题，可以通过投票、统计来解决，比如说需要确定吃什么水果，可以投票、统计，然后再讨论决定。充分发挥幼儿的自主性。统计活动由实物统计向书面的表格统计过渡。在小班、中班可以通过口头统计的方式，逐步转向统计实物，到大班，帮助幼儿理解书面的表征，同时学习运用表格的方式记录统计的结果。观察要点是幼儿是否理解统计记录。在引导幼儿运用表格来记录统计结果的时候，看幼儿的记录方式，以及对记录数据的解释，判断幼儿是否能够理解统计的记录。幼儿进行统计记录后，教师要观察幼儿是否能够运用统计结果去解决实际问题，并理解统计的意义。

案例研讨

区域活动　玩具大盘点①

幼儿每天都要接触各种大大小小的玩具，如果每周能进行一次玩具大盘点，不仅可以使班级环境更有秩序，而且能使幼儿从中学会用统计的方法清点玩具。这首先需要将玩具进行分类，这个任务对于小班幼儿来说，也并不十分困难，因为每天玩玩具，幼儿已经拥有了相当丰富的关于玩具"类别"的经验，将玩具分类的过程只不过是对平时经验的运用和提升。在动手分类之前，请幼儿讨论按什么标准来分，最后统一意见，定下分类标准并请幼儿设计标记（小班可以由教师设计）。

接下来是分别点数每类玩具各有多少个（件），小班教师可以带领幼儿一起来点数，而中、大班则可以请幼儿用各自不同的方法对玩具计数，最后记录计数的结果，并将统计结果记录在一张大纸上。教师可以根据需要，每间隔一段时间（一个月左右）进行一次玩具盘点，盘点时的分类标准可以由幼儿讨论后决定，每次务必将结果记录下来。

此外，图书同样应该经常清理。图书可以按照大小、外形、内容等标准进行分类。因为图书是易耗品，经常清理盘点还可以及时发现破损的书，从而提醒幼儿爱惜图书。通过一个学期的玩具、图书盘点，幼儿对于统计的方法、过程都会非常熟悉，而他们的数学能力也会随着这个过程得到提升。

---

①　本案例由河南大学幼儿园闵益洁老师提供。

（三）其他活动

1. 游戏活动

在游戏活动中涉及需要统计同伴数量、玩具数量等情境时，就可以将统计运用于游戏中。

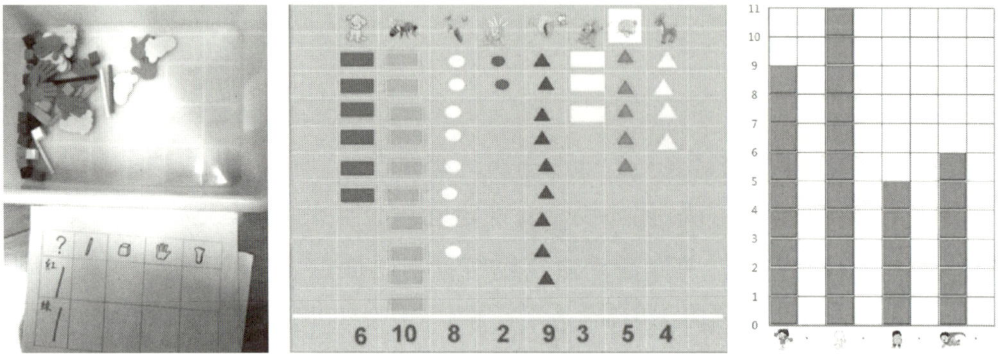

图 6－34　游戏活动中的统计

2. 生活活动

（1）利用生活中的事物进行简单的统计。

统计是对数学知识的综合运用，它不仅需要分类、计数等数学技能，还涉及数据的整理、分析和解释等环节，因此较为复杂。但如果教师能利用生活中的事物让幼儿学习统计，就很容易为幼儿所接受。

（2）“最近天气怎样”。

天气和人们的日常活动密切相关。风和日丽时，幼儿可以在阳光下撒欢；刮风下雨时，他们就只能待在室内玩游戏了。因此，幼儿对于天气通常是很敏感的。我们可以通过做天气记录的方法引导幼儿关注天气变化，还可以使幼儿知道随着气温的升降应穿适量的衣服，养成生活自理的好习惯。在室内可布置一块墙面给幼儿，用天气符号来记录每周的天气，中、大班还可以加上记录每天的气温。每个周末进行一次小小的统计：“这一周有几个晴天？几个阴天、雨天？最高气温和最低气温分别是几度……”四周之后，再统计一次：“这一个月里有几个晴天？几个阴天、雨天？最高温和最低温是哪一天……”在统计结果的呈现方式上，除了用数字外，也可以尝试用统计图表，例如将每天的气温变化情况绘成曲线图，这种更为直观的呈现方式会进一步引起幼儿对统计的兴趣和关注。

（3）“最受欢迎的卡通形象评比”。

幼儿喜欢将自己的卡通图书或玩具带到幼儿园玩，基于此我们可以组织一次“最受欢迎的卡通形象评比”活动，相信幼儿一定会热情参与。具体流程为：先将幼儿带来的卡通玩具和图书进行分类，分类标记即为卡通形象本身；然后请几位幼儿分别对每种卡通玩具及图书进行计数并记录结果。卡通形象数量最多的便是最受欢迎的。此时，教师可请幼儿谈谈自己为什么喜爱这个卡通形象。此外，还可以引导幼儿探究他人喜好与自己不同的原因。让幼儿明白对于自己不喜爱但他人喜爱的卡通形象也不应排斥，因为每个人都有自由选择的权利。这个过程使幼儿体会到理解和包容。通过这一统计活动，对各个集合中的元素进行计数和整理，并用数字或图表的形式呈现，能让幼儿更清晰地了解事物的类别及数量关系。此过程需要幼儿运用多种数学能力，同时也有助于其相关数学能力的提升。

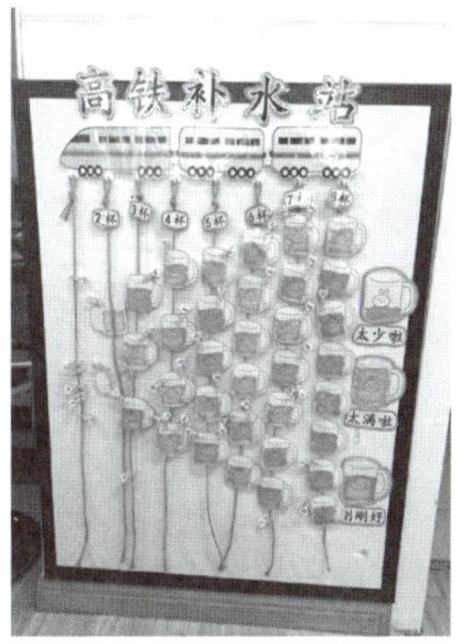

图 6-35　喝水统计①

3. 各领域渗透活动

语言活动里统计大家各自喜欢的绘本、动物形象等。科学活动中可以统计使用的材料、天气变化等。体育活动中可以统计使用的篮球、跳绳等。美术活动中可以统计颜料、画笔等。音乐活动中可以统计幼儿操作的乐器等。

4. STEM 活动

案例研讨

大班 STEM 活动　暖气片护栏②

在一次关于安全的主题班会上，有幼儿提出暖气片很热，很容易发生烫伤。为了避免此类事故的发生，小朋友们想了许多好办法，如可以离暖气片远一些，在地面上贴上红色警戒线，在暖气片贴上安全标识……其中有一位小朋友说可以做一个护栏，这样就能避免小班、中班的弟弟妹妹在不注意或贪玩的情况下烫伤自己。

图 6-36　统计暖气片的数量，统计结果的记录

［实践项目］

设计一个 STEM 活动，并到幼儿园中实施，撰写活动实施报告及反思。

---

① 该案例由郑州市郑东新区普惠路第二幼儿园提供。
② 该案例由开封市实验幼儿园赵建华、李融融老师提供。

主题自测

1. 学前儿童量的排序活动设计要点是什么？
2. 学前儿童测量活动的设计要点是什么？
3. 学前儿童统计技能的发展阶段是什么？

主题七　学前儿童数学教育的评价

主题目标

1. 了解评价在学前儿童数学教育中的意义。
2. 了解儿童数学教育评价的内容。
3. 掌握数学教育中评价儿童数学能力的主要方法。
4. 掌握评价数学教育活动的方法。

内容脉络

- 学前儿童数学教育的评价
  - 学前儿童数学教育评价概述
    - 评价的意义
    - 评价的主体
    - 评价的对象和内容
    - 评价的方法
  - 学前儿童数学能力的评价
    - 学前儿童数学能力评价的内容
    - 学前儿童数学能力评价的方法
  - 学前儿童数学活动的评价
    - 学前儿童数学教育活动评价的内容
    - 学前儿童数学教育活动评价的方法

模块一　学前儿童数学教育评价概述

情境导入

今天大班的芳芳老师组织了一次数学活动“认识图形”。芳芳老师精心准备了相关的活动材料，包括三角形、长方形、正方形、圆形 4 种图形的房子，每个房子里又套着几个小的图形。活动开始前，芳芳老师将这些图形贴在了展示板上。活动开始后，芳芳老师先后请不同的小朋友来讲一讲，大家观察不同图形的房子时，能看到每个房子里分别装着哪些小的图形。整个活动过程中，小朋友的兴趣都不高，在 4 个小朋友介绍完四个小房子以及房子里的图形之后，就没有人看展示板了。这次数学活动也在 5 分钟之内就匆匆结束了。为此，芳芳老师十分不解，到底是为什么呢？

点评：认识长方形、正方形、三角形、圆形等图形，对大班幼儿来说完全没难度，因此小朋友对这次活动不感兴趣。而芳芳老师组织这次活动失败的原因在于她在前期设计活动时，并没有对幼儿的已有经验、能力水平、兴趣和最近发展区进行充分的了解。此外，芳芳老师完全不了解，如何才能设计和组织一次高质量的数学活动。因此，对于幼儿教师来说，了解如何评估幼儿的能力，以及评估数学活动质量的关键点有哪些，是幼儿教师开展数学教学活动和提高数学活动质量的重要前提。

知识演绎

教育评价是依据一定的教育价值观，采用科学的方法，对教育现象、教育事件进行价值判断的过程，它在整个教育系统中起着自我监测和调节的作用，这种评价有利于教师认识和调整自我的教育教学工作。

学前儿童数学教育的评价，是以学前数学教育为对象，对其效用给予价值上的判断。也就是依据儿童发展的相关理论、《纲要》、已有的关于学前儿童数学教育的研究结果，参照各国数学教育评价标准，对数学教育的目标、内容、环境、教师、儿童发展乃至整个数学教育活动的过程和效果等进行评价。

一、评价的意义

数学教育评价是为了更好促进幼儿的数学认知发展及提高数学教育的有效性进行的一项重要活动。依据评价目的、对象和实施范围、条件等因素，可以体现出不同层面的数学教育评价。对学前数学教育进行评价，也有不同层面的意义。

（一）鉴定与检测教育教学质量

通过针对数学活动、教师、儿童等的评价，可以使评价者获取基本的信息，对教育教学活动中的诸多要素以及在活动中各要素相互关系和功能的发挥等做出鉴别与判定。这种鉴别和判定包括对教育活动目标定位和达成程度的鉴定，对教育活动中师幼互动以及幼儿活动状况的评定与鉴别，对教育活动中教师利用环境与材料运用有效程度的鉴别与判定。

（二）引导与促进教育教学的反思

教师的专业反思是教师专业成长与发展的重要方面，也是促进数学教育质量提升的重要推动力量。教师的反思是在对儿童、对自身以及对教育活动中的环境、材料、过程等其他各个要素作出评价的基础上展开的，及时而有针对性的评价，可以有效地促进教师的自我反思，从而促进教育活动的有效性、合理性。

（三）诊断与改进教育教学效果

对学前儿童数学教育进行评价的目的和价值更多在于通过评估发现问题，改进教学，促进儿童发展。主要价值不在于对教育活动的结果做横向比较，而在于对教育活动做纵向的、动态性比较，在比较中发现问题，诊断问题，提出进一步解决问题的方案，以便于在找到问题症结的基础上，进行针对性的改进。

二、评价的主体

《纲要》指出：评价主体应多元化，“评价过程是各方共同参与、相互支持与合作的过程”。与幼儿园利益相关的主体均可以作为评价主体。评价主体多元化，可以帮助我们更加客观、全面、多视角地审视幼儿园的各方面工作，诊断质量现状，查找问题，提出改进措施，更好地促进幼儿园办园质量的整体提升。

管理人员、教师、幼儿及家长均是幼儿园教育评价工作的参与者。但从以往幼儿园评价来看，更多的是管理者或教育行政部门进行评价，关注更多的是评价结果。评价主体多元化强调教育行政部门、管理人员、社会、教师、幼儿、家长均是评价工作的参与者，这也成为当今一种主导的评价模式，尤其是幼儿、家长应该成为重要的评价主体。与此同时，评价人员首先应该具备正确的儿童观、教育观和评价观，才能更好地促进儿童的发展、教师的进步以及课程实施的改善。

（一）管理人员

管理人员包括学前教育行政管理者、幼儿园园长以及在制定政策时起重要作用的人。管理人员对幼儿园教育整体质量进行评价，比如幼儿园环境创设、幼儿园课程设置、幼儿园卫生保健工作的开展等等，可以全面了解情况，获得一手信息，帮助他们检查以往决策的正确性，论证未来决策的现实性和科学性，减少决策上的失误。

（二）教师

教师是幼儿园教育活动主要的实施者，理应成为幼儿园教育活动最重要的评价主体。教师一方面可以通过日常的观察对幼儿的学习与发展状况进行评估，增强对幼儿能力水平、学习风格等方面的个体差异的了解，也可以通过自我评价与反思，运用专业知识审视自己的教育观念、教学实践，发现、分析、研究、解决问题，此外，还可以对幼儿园的办园目标、课程设置、教学计划、活动实施、幼儿园管理等方面进行评价。教师参与评价，既可以为教师更有效地设计和组织班级教学工作奠定基础，真正实现“以评促教”的功能，同时还可以促进幼儿教师自身专业发展。

（三）幼儿

幼儿是幼儿园教育活动的最直接感受者和受益者，幼儿具有评价幼儿园教育活动质量的权利。美国学者丽莲·凯茨指出，通过自下而上的视角即幼儿的日常经验评价教育质量具有潜在的价值。在对幼儿园教育质量进行评价时，我们可以通过观察和访谈等方式了解幼儿的日常经验，参考幼儿的表现情况，倾听幼儿的看法和意见，进而对班级教育活动的质量进行评价，这有助于今后在制订班级教育活动计划时考虑幼儿的自身需要和兴趣，提高教育活动的质量。

（四）家长

家长参与幼儿园的评价工作对于提升幼儿园教育质量，形成促进幼儿健康成长与发展的合力意义重大。家长作为评价主体，主要是通过对幼儿园或班级组织和实施的活动中的某些内容和状况的了解，进而对幼儿园教育质量作出评价。幼儿园应该通过家园合作的方式让家长参与幼儿园班级管理质量的评价，如通过“家长志愿者”“家长助教”、亲子活动、家园联系栏等方式让家长了解幼儿园教育活动的相关工作，并通过多种渠道为家长参与评价提供机会。

三、评价的对象和内容

（一）学前儿童数学发展状况

1. 学前儿童数学能力的发展

学前儿童数学能力的发展主要是数概念、运算、空间与几何、测量、模式等方面的数认知发展，这是儿童数学能力发展的基础，也是儿童解决实际问题的能力和数学推理能力发展的重要前提。教师对幼儿这些方面能力的了解，是教师有效开展数学活动和促进幼儿进一步发展的重要前提。但是，要准确地判断幼儿的能力并不容易，幼儿能够熟练地唱数“1、2、3、4、5……10”并不代表理解数字的含义；幼儿数完一组物体的最后一个物体，重复说出所数的最后一个数字，也不一定就表明幼儿理解最后一个数字就是该集合的总数。教师通过“按数取物”的任务，如“你可以拿 8 只小熊给我吗？”如果幼儿能够准确地完成任务，就可以知道幼儿知道数字 8 是集合中小熊的总数，代表的是 8 只小熊。

2. 幼儿对数学的态度和情感

除了掌握数学概念、形成数学思维外，更重要的是幼儿通过学习数学形成积极的态度和情感。幼儿在学习数学时体会到快乐，能自信地参与数学活动，对数学方面的问题产生好奇，对操作活动和解决问题注意力集中且有一定的坚持性等，都是良好的学习态度和习惯的体现。这些品质与能力对于幼儿小学的数学学习和长远的学习与发展至关重要。因此，对于幼儿数学学习的评价，不应只局限在对于数学知识内容的掌握和技能的练习，还应该包括幼儿在数学学习活动中表现出的学习风格、学习习惯以及参与数学活动的兴趣和对数学在生活中的重要应用价值的认识等。

（二）学前儿童数学教育活动的评价

对于学前儿童数学教育活动的评价包括活动的目标、内容、方法、过程、教师、幼儿、环境以及课程等内容。进行评价的目的在于：及时了解教学效果，帮助教师改进教学，使教师的行为能更好地促进幼儿发展。

对活动目标的评价包括：活动目标是不是和学期目标、儿童的年龄特点、儿童发展的总目标一致；是否符合本班幼儿发展的整体水平和已有经验；目标构成是否包含情感态度、科学的思维方式和知识经验。

对教育内容的评估包括：教育内容是否与教育目标一致；活动内容是否贴近幼儿生活，并在幼儿的最近发展区内；活动有没有为幼儿提供直接参与的机会等。

对教育方法的评价包括：活动采用的教育方法是否因材施教、适合幼儿年龄特点。比如，小班幼儿还处于直观形象思维阶段，教师活动中应多采用实物或者实物的图片，而不能直接出示抽象的符号或者数字。

对教育过程的评价包括：活动过程的结构是否严密、层层递进；活动是否充分考虑到幼儿的个体差异；活动环节间的衔接是不是流畅、自然；活动中有没有充分体现师幼互动；教师在活动中所表现出的教育智慧是怎么样的，比如，有没有很好地处理活动中的意外情况等。

对教育环境的评价包括：活动的氛围是不是和谐、宽松、安全、自由；教师是不是以积极的态度为幼儿创造良好的心理环境；活动过程有没有提供相关的活动场景和材料等。

学前数学教育评价的内容主要有两个方面：一方面是对于学前儿童数学学习与发展状况的评价，另一方面是对学前儿童数学活动的评价。以往的评价中，对这两个方面的评价各有侧重，比如儿童学习与发展的评价更关注学习的结果，不关注学习产生的过程，对教学过程的评价更关注师幼互动和教师教学行为。现在的评价越来越强调两个方面的融合，即将对幼儿学习与发展的评价置于复杂的学习情境中且关注教学活动中幼儿知识建构的过程。

四、评价的方法

（一）诊断性评价

诊断性评价是在开展数学教育活动之前进行的，是对幼儿进行预测性评价，具有诊断功能。可以在学期开始时进行，也可以在一个活动或一系列活动开始时进行。进行诊断性评价，可以帮助制订出有针对性的教育计划，确定活动的教育重点，实施过程也可以因材施教，针对不同幼儿的具体特点进行个别教育。

（二）形成性评价

形成性评价是渗透在教育活动过程中进行的，教师用得比较多。评价者随着教育活动的进行而开展的。形成性评价的目的在于了解教育内容和教育策略是否妥当，教育目标是否容易达到，幼儿表现如何，以便及时调整教育策略，优化教育过程。形成性评价的优点在于：它比较灵活，能够很快做出评价后的调整，使教学活动能随时适应幼儿的反馈；缺点在于：它不是正式的评价，评价者需要不断地积累经验才能够开展有效的评价活动。

但是形成性评价对教师的要求较高，需要教师在教育活动中，对自己的态度、言语、行为有比较好的监控，以使幼儿能最大程度从教师的教育中，激发兴趣、得到启发、敢于尝试、不断探索。

（三）终结性评价

终结性评价是在完成某个阶段的教育活动之后进行的评价。其目的在于了解这一阶段的教育效果，对达成教育目标的程度做出总结和鉴定，主要发挥鉴别功能。终结性评价通常是对幼儿的学习结果进行评价，同时也能够在一定程度上检测教师教育活动的效果。终结性评价可以通过对幼儿的检测、调查进行，也可以直接评价幼儿的作业和作品。

（四）其他评价方法

整体评价和个别评价。整体评价能够对幼儿园的整体状况和全体幼儿的发展特点进行一个总体的了解，但是不能针对个别方面、个别现象或问题，或者个别幼儿具体的情况有详尽的了解，在指导和改进教育实践时针对性不强。个别评价能够收集某一方面、某一现象或问题或者个别幼儿更为具体的资料，通过对这些资料的分析，能在改进教育实践中发挥作用。

量化评价和质性评价。量化评价可以通过观察项目快速地在较大范围内收集数据，其中包括教师和幼儿的表现。质性评价多采用观察的方法，通过详实地描述教育活动的环境，观察师幼互动的过程，访谈、了解教师的教育观念以及教师对自己教育行为的反思和解释，这样的资料更加细致、全面。但是通过质性研究方法进行评价耗时耗力，在大范围内收集数据比较困难。

（五）学前儿童数学教育活动评价的发展趋势①

1. 评价理念上：从“为个别儿童选择适当教育”向“促进所有幼儿的全面发展”转变

早期学前儿童数学教育评价认为，教育评价有利于甄别幼儿在数学学习过程中智力和能力的发展。因而那些达不到教学目标的儿童，被定义为“智商发展不全儿童”。相反，现在的学前儿童数学教育评价更强调创造出适合儿童的教育方式，在教育平等的情况下，通过创造良好的教育环境和形式，形成多样的教育模式，为儿童尽可能提供更全面、更有效的教育。

2. 评价对象上：从“为儿童”向“儿童数学学习因素”转变

在传统的学前儿童数学教育评价中，儿童作为单一的对象，教师只关注儿童学习的结果，即儿童获得了多少知识，并将儿童当前的学习水平作为衡量教学效果的唯一标准。然而学前儿童数学教育是各种因素共同作用的结果，比如，教育目的、教育方法、教育过程、教师、家长、幼儿等。因此，只要涉及影响学前儿童数学教育的因素都应该被作为考虑和评价的对象。

3. 评价主体上：从“单一”向“多元化”转变

早期的学前儿童数学教育评价忽略主体多元化的重要性，并不注重学前儿童、幼师、幼儿家长、幼儿专家等共同参与合作的作用。当代学前儿童数学教育更强调通过幼儿和幼儿教师的自我评价，让教师找到最佳途径来进行自我意识的培养以及帮助儿童更好地形成和发展自我意识，从而提高教学质量。

---

① 林泳海，徐宝良. 学前儿童数学教育[M].北京：北京师范大学出版社，2015.

模块二　学前儿童数学能力的评价

一、学前儿童数学能力评价的内容

学前儿童数学能力的发展包括两个方面：第一，从小就形成一个坚实的数学概念基础，强调形成解决实际问题的能力和数学推理能力的发展。第二，幼儿学习数学时的情感、态度、意志。对于幼儿数学发展的评价：既要评价幼儿的测算结果，还要评价幼儿的数学思维；既要评价幼儿的数学能力，又要评价幼儿的情感态度；既要评价幼儿早期正式的数学知识，又要评价非正式的数学知识。

二、学前儿童数学能力评价的方法

(一) 观察法

观察法就是在自然状态或实验室条件下，对评价对象的行为进行现场的观察，并根据观察结果进行分析、做出评定的一种资料收集方法。观察法包括行为检核表和事件详录两种具体的方法。

1. 行为检核表

行为检核表就是在观察之前，依据评价的内容，确定观察的目标，制成一份观察行为检核表，将要观察的行为列在表中。实际观察时，观察者只要对照行为检核表中的各个项目进行逐条检核，并在符合的项目上作记号。使用行为检核表的优点在于：对观察者的要求并不高，实施起来比较方便，教师可以同时对几名幼儿进行观察和记录。观察结果以数量化的形式呈现，便于教师进行整理和比较。

下面的例子就是一份行为检核表，如表 7－1 所示。教师可以使用该检核表，对大班幼儿(5—6 岁)一段时间以内(比如近 1 个月)的数学知识技能的学习与发展进行观察。教师可以依据某一观察要点上观察到的幼儿表现的水平，在相应的选项上打钩。使用该检核表，教师可以同时对多个幼儿的数学学习进行评价，也可以对某一个幼儿的表现进行长期追踪，比如对幼儿学期初、学期末的表现进行对比，或者对幼儿学年初、学年末的表现进行对比，了解幼儿学习表现的变化。通过行为检核表上的记录，教师就可以比较清晰地把握幼儿的行为表现，为针对该幼儿计划接下来的教育活动提供可靠的事实依据。

表 7-1　5—6 岁儿童数学学习与发展观察评定表(数学知识技能部分)①

指标	观察要点	儿童行为表现
集合比较	1. 数量大小	□ 1—5　□ 6—10　□ 11—20　□ 20 以上
	2. 比较的方法	□ 目测　□ 一一对应　□ 计数
	3. 计数策略	□ 一个一个数 □ 多个一数(2 个、3 个或 5 个一数等)
数字符号比较	数字大小	□ 1—10　□ 11—20　□ 20 以上
加减运算	1. 结合情境，选择恰当方法解决问题	加法　□ 否　□ 5 以内　□ 10 以内　□ 10 以上
		减法　□ 否　□ 5 以内　□ 10 以内　□ 10 以上
	2. 策略的使用	加法　□ 全部数　□ 第一个加数接着数 □ 从大数接着数　□ 心算
		减法　□ 拿走(数余数)　□ 倒着数　□ 心算
几何拼图	1. 图形的种类	□ 1—3 种　□ 4—5 种　□ 5 种以上
	2. 图形的数量	□ 5 块以下　□ 5 块以上
	3. 拼搭策略	□ 试误　□ 边角对齐　□ 有目的地旋转 □ 有目的地翻转　□ 局部组合
方位	1. 方位种类	□ 上下　□ 前后　□ 中间　□ 里外　□ 远近　□ 左右(自身) □ 左右(客体)
	2. 示意图的呈现方式	□ 实物图或形状轮廓线　□ 平面几何图
	3. 任务完成情况	□ 不能完成取放物品任务 □ 看懂部分示意图但不能完成取放物品任务 □ 看懂示意图并完成取放物品任务
模式(至少 3 个单元)	1. 模式的类型	□ 重复型　□ 发展型(递增型)
	2. 组成模式单元的元素个数	□ 2 个　□ 3 个　□ 3 个以上
	3. 模式单元的维度	□ 一维　□ 两维　□ 三维及以上
	4. 表征方式	□ 视觉　□ 动作　□ 声音
	5. 完成情况	□ 无法完成　□ 复制　□ 扩展　□ 创造
非标准测量	1. 测量的方法	□ 不会测量　□ 使用相同单位测量 □ 从基线开始测量　□ 首尾相接测量
	2. 正确说出测量结果	□ 是　□ 否

2. 事件详录

事件详录就是详细记录某种特定行为或时间的完整过程，并作评价。事件记录具体的做法有两种：一种是按照一些表格的项目，详细记录幼儿在项目中的表现；另一种是没有现成的

① 李美芳，周欣，黄瑾，等.5—6 岁儿童数学学习与观察评估工具的适宜性研究——基于幼儿教师实际使用效果的分析[J].数学教育学报，2021，30(4)：92.

记录表格，既可以临时对时间进行速记，也可以有计划地进行观察记录。事件详录的优点在于：一是教师灵活记载观察到的幼儿行为；二是翔实记录能收集丰富的过程性资料，与行为检核表相比，这些资料更加生动、具体、完整，更能全面反映幼儿行为的面貌和幼儿学习发生的过程。

下面的案例是基于平时在集体活动中的观察所做的记录，有关洋洋的活动内容都被一一记录下来，经过一学期的观察和分析，汇总得到在自然情境中洋洋表现的客观资料。

案例研讨

数学活动观察记录片段①

日期：3月14日

在活动开始10分钟内，洋洋积极举手，情绪状态好……10分钟后，他把手放在小桌子旁边玩，不过他还能完成老师的提问，有时小声说出答案，有时默默计算。又过了一会儿，他开始左摇右摆坐不住了……

日期：3月26日

今日洋洋一开始注意力集中，积极举手。被老师叫起来回答问题时，他表现得很放松、自信，回答也正确。但是，下面的活动，他似乎心不在焉。不过，他的情绪、做事控制力很好，依然在老师提问后，很快说出答案。操作也很早完成了……

洋洋数学活动观察分析报告②

一、洋洋是课堂上的积极参与者、活动的主导者

洋洋在课堂上积极参与，他通常能保持良好的、放松的情绪状态，积极、自信、专心听讲，有较强的独立性，并运用策略来学习数学，比如默念、主动反复操作。他有很好的抗干扰能力，明确知道自己喜欢什么。他尤其很在乎自己的行为能不能引起老师的注意。他能够积极地回答老师的提问，甚至有时会意识到老师出题的顺序和动机。在课堂的小组活动中，洋洋表现出许多主导行为……

同伴和老师对他几乎全是积极的评价，课堂上举手后，被老师叫到的机会很多。即使没有举手，老师也会叫他站起来试试。老师有时会把他的作品贴到墙上。他做出一个作品后经常有老师和同伴关心、询问，同伴还会投去羡慕的目光……

二、消极表现

很多时候，洋洋是否注意力集中，取决于老师的重视，在老师不重视的时候，他便放弃努力，热情也逐渐降低。有时在课堂上他坐不住，注意力不集中(老师提问难度低造成的)，与他人的合作较少，排斥和拒绝其他小朋友……

以上案例报告是通过对观察记录的分析得到的，每一个分析的点都能够在观察记录中找到

---

① 黄瑾.学前儿童数学教育与活动指导[M].4版.上海：华东师范大学出版社，2021：277.

② 黄瑾.学前儿童数学教育与活动指导[M].4版.上海：华东师范大学出版社，2021：278.

支撑资料。观察法容易操作，因此成为幼儿教师在评价幼儿时常用的方法，但是进行观察和做翔实的记录，会占用教师较多的时间和精力。教师要想很好地运用该方法，一方面要对幼儿数学领域的学习内容非常熟悉，对于幼儿数学学习与发展的规律比较了解，另一方面要比较熟练地掌握观察、记录的方法，并能对所获资料做有效的分析和准确的评价，然后在此基础上，有针对性地调整教学。

(二) 测查法

测查法，或称测试法，就是通过测试题目对幼儿的发展水平进行调查。测试的内容方面，测查法可以对幼儿的逻辑思维能力、空间想象能力、分析和解决问题能力进行综合评价。测查法的关键是确定评价标准，核心是试题的编制，最后依据标准和幼儿回答试题的表现，来确定评价等级。

测查法的优点在于：第一，可以对大量的对象进行标准化的测试；第二，能在较短时间内获得大量的反馈信息；第三，便于进行量化的统计分析。

运用测查法包括以下两个方面的工作。

1. 测查准备

(1) 编选测试题目。

评价者需根据评价的目的，拟定测试的内容和题目。拟定题目时需要注意：题目的数量要适当，以不引起儿童的疲劳为标准；要拟定相应的指导语，测试员的指导语要一致；测试的问题及指导语都要明确、简练、易懂。

(2) 准备测试材料。

幼儿数学教育评价所用的测试题，需要为幼儿提供操作实物材料，如纸、笔、实物、卡片等。准备的这些材料，是评价者用以测试幼儿的工具，同时评价者可以观察儿童对材料的操作过程，以此了解其思维过程。

(3) 设计记录表格。

记录表格一般用来记录儿童在操作过程中的行为表现或语言回答，是统计分析的原始材料。评价者可依据已有的研究文献中对幼儿该方面能力发展特点或水平的划分，对幼儿可能出现的行为表现和语言进行归类。记录表格中，也要增加备注一栏，用于记录测试中幼儿的具体表现或出现的其他情况，以便做更进一步的分析。

(4) 拟定评分标准。

拟定评分标准是为了做数据统计而设定的，对不同测试题目，需拟定恰当的评分标准。

如有研究者为了评价小班幼儿的数数能力，设计了有关幼儿数数和理解数概念的三个测试任务。[①] 为了让幼儿有可能表现出不同的发展水平，数数的集合数量的设定超出了小班幼儿

① 周欣，郭力平，左志宏，等.教师对幼儿数数行为的观察、评定和回应的个案分析[J].幼儿教育（教育科学），2010(12)：24－25.

的一般水平。在如下所述的测试任务中，有下划线的部分为指导语，其余部分为评价人员的动作。评价人员在说出指导语的时候，不能做更多的解释，这样才能保证测试的公平性，即每个幼儿的测试条件相同。

任务 1(说出总数)：出示一排 12 只小熊，对幼儿说“我想请你数一下这些小熊。从这个开始(指着左边第一个小熊)，一直数到最后”。

任务 2(按数取物)：呈现一个装有小熊的盒子，对幼儿说“请你从盒子里拿出 5 只小熊”。

任务 3(集合复制)：先摆出 5 只红色小熊，摆成一堆(不排成一排)。然后出示一个装有黄色小熊的盒子，对幼儿说“先看看，这里有几只红色小熊。然后，我想请你从这个装有黄色小熊的盒子里拿出和红色小熊一样多的黄色小熊”。

依据测试题目，研究者制定了如表 7－2 所示的幼儿数数任务评分记录表，该记录表中，包含任务名称、表现水平和备注三栏。在测试过程中，评价者可在备注中对幼儿在每个任务中的表现进行记录，在测试完成之后，依据表现水平(评价标准)对幼儿表现进行评分。

表 7－2　幼儿数数任务评分记录表①

任务名称	表现水平	幼儿表现(备注)
任务 1 说出总数	水平 5：正确点数到 12，说出总数	
	水平 4：正确点数到 12，说不出总数	
	水平 3：正确点数到 4—5	
	水平 2：不数，随意报数	
	水平 1：不数，无回应	
任务 2 按数取物	水平 4：(正确点数到 12)按数取物 5 正确	
	水平 3：(正确点数到 12)按数取物 5 不正确	
	水平 2：(点数到 12 说不出总数)按数取物 5 不正确	
	水平 1：(点数 5 个以下或不会点数)按数取物 5 不正确	
任务 3 集合复制	水平 4：(正确点数到 12)集合复制任务正确	
	水平 3：(手口一致点数到 5)集合复制任务正确	
	水平 2：(正确点数到 12)集合复制任务不正确	
	水平 1：(点数到 12 不正确)集合复制任务不正确	

2. 测试过程

测试过程可以集体进行，也可以单独进行。集体进行测试的优点是速度快，可以在短时间获得大量数据，但是不容易看到每个幼儿的表现。在学前阶段，用得多的是一对一进行的测试。单独测试时，需要将测试地点选在幼儿熟悉的场所，比如幼儿园的某个活动室。评价者提出任务后，观察、记录幼儿操作的过程、方法以及结果，幼儿的结果是对是错没有关系。一对一的测试过程中，评价者可以直接发现一些特殊的信息。

---

① 周欣，郭力平，左志宏，等.教师对幼儿数数行为的观察、评定和回应的个案分析[J].幼儿教育(教育科学)，2010(12)：25－26.

比如，在一一对应的测试中，主试要求3岁的凯特对4个碟子和4个杯子进行匹配，凯特很容易就完成了。接下来主试要求凯特对5个杯子和6个碟子进行匹配，他对凯特说："这里有一些杯子和碟子，看看能不能为每个杯子准备一个碟子。"凯特在每个杯子下面放了一个碟子，但最后还多一个碟子，凯特将多出来的一个碟子放在了已经放过碟子的杯子下面，这个杯子下面有两个杯子。主试看到这样一个过程，才知道凯特"一个杯子底下放两个碟子"的来龙去脉。①

（三）临床法（访谈法）

临床法是皮亚杰独创的一种研究儿童思维发展的方法。皮亚杰发现在标准化测试中，很少能了解到幼儿是如何思考的。比如测查法中，不能对不同幼儿提不同的问题，幼儿听不清时，评价者只能重复测试任务，不能有更多的解释或追问。临床法可以弥补这方面的不足，它能够较好地测试幼儿的数学思维，并能提供丰富的反馈信息。

临床法目的在于了解幼儿数学思维。运用该方法时，第一，设计的问题要灵活、易引起幼儿的共鸣，是开放的问题。比如开始时提出的一般性问题，"你怎么做出来的？""你刚才和自己说了什么？""你怎么把这个解释给朋友？"这样可以鼓励幼儿表达。之后，评价者可根据幼儿的回答，灵活决定接下来问哪些问题，怎样问。但由于幼儿不能像成人那样清晰表达自己的想法，评价者不太容易了解幼儿思维的局限性。第二，在评价中，评价者不要急于教给幼儿什么，首先应该研究幼儿，特别是研究他们的错误，这可以使我们获得很多有价值的信息。

具体到实施过程，运用临床法时要做到：评价者要观察幼儿的动作，倾听幼儿的语言；事先准备好多样的问题，这些问题都要配合具体的实物；用不同的问题，采用不同的形式检验同一个概念；提醒幼儿大声地说出自己是怎么想的；无论幼儿的回答正确与否，评价者都必须保持接纳的态度，以微笑、动作鼓励幼儿。

临床法的优点在于它能够给我们提供幼儿思维的很多丰富、生动而真实的情况，幼儿在平等和轻松的方式中谈话，没有任何顾虑，能真实地进行表达。但临床法对评价者要求较高，评价者不仅要对评价内容非常熟悉，还需要具有较高的语言技巧和敏锐的洞察力，善于引导对方，倾听对方和理解对方，但不能用自己的观点影响对方。

如果是由幼儿教师自己做评价，教师应和幼儿强调这个活动的特殊性："今天我要花一些时间和你们每人做一个特殊的活动，每个人都有一次参与的机会。"下面是一个临床评价的案例，如表7-3所示。②

---

① 引自 Rosalind Charlesworth. Experience in math for young children(4th ed)[M].Stamford:Thomson Learning, 2000:42，转引自黄瑾.学前儿童数学教育与活动指导[M].4版.上海:华东师范大学出版社，2021:278.此处稍作改动。

② Rosalind Charlesworth Karen K. Lind.幼儿数学和科学教育[M].李雅静，等译.北京:北京师范大学出版社，2011:53.

表 7-3　临床评价案例

迈瑞兹老师：	鲍伯的反应：
你多大了？	我 4 岁了(鲍伯举起 4 根手指)
鲍伯,请你数出 1—10 来	1,2,3,4,5,6,7,8,9,10……我也能数得更多,11,12,13,20
这里有一些木块,你能告诉我有多少木块吗？(迈瑞兹老师拿出了 10 块)	(鲍伯一边指一边数)1,2,3,4,5,6,7,8,9,10,11,12(有的木块数了 2 次)
好的,鲍伯,你数完了所有的木块(迈瑞兹老师拿出了 5 块木块)	(鲍伯开始数并且把数过的推到左边)1,2,3,4,5
(迈瑞兹老师把木块放到看不见的地方,然后拿出了 5 匹塑料马和 5 名骑手)看看,是不是每名骑手都有一匹马？	(鲍伯看了看这些马和骑手,他把马排成一排,然后把每名骑手放在每匹马上)行,可以了
好,鲍伯,你为每匹马找到了一名骑手(迈瑞兹老师把马和骑手推到一边去,拿出了一些小方块,分成两堆:5 块黄的、2 块橘黄的)	
哪一堆多？	这堆(鲍伯指着黄色的那堆)
行(迈瑞兹老师拿出 4 块蓝色的和 3 块绿色的) 哪一堆少？	(鲍伯指着绿色的木块)
做得真好(他拿出 5 个不同大小的熊) 你能找出最大的那个吗？	这儿呢(鲍伯拣出了最大的)
你能找出最小的那个吗？	(鲍伯拣出了最小的)
你能把熊从小到大排成一排吗？ (迈瑞兹老师笑了)鲍伯,你做得真不错！你真努力	(鲍伯慢慢地、小心地排着)排完了(有两只中等大小的熊放颠倒了)

评估任务的数量并不是一定的。对于一个处于前运算阶段的幼儿来说,教师可以从匹配活动开始,一次呈现一个概念和技能。如果有必要的话,访谈的时间可以缩短。

以下是各年龄段的幼儿可以参加活动的时间的最大限度：

(1) 2 岁幼儿可进行 15 至 20 分钟。

(2) 3 岁幼儿可进行 30 分钟。

(3) 4 岁幼儿可进行 45 分钟。

(4) 5 岁幼儿可进行 1 小时以上。

(四) 作业分析法

作业分析法是指通过对幼儿的作业进行分析,来了解幼儿的发展水平,或检测教学活动的效果。具体做法包括:设计“作业取样系统发展检核表”,如表 7-4 所示,进行全面评价;或者针对教师的教学重点进行评价,以了解教学效果。

表 7－4　作业取样系统发展检核表(4 岁)①

幼儿姓名_______　　年龄___岁___个月　　幼儿性别_______　　填写日期________

数学思考	发展水平			
（一）数学思考方式		开学	学期末	学年末
对数、量感兴趣	尚未发展			
	发展中			
	熟练			
（二）规律与关系		开学	学期末	学年末
能发现简单的规律，并能复制	尚未发展			
	发展中			
	熟练			
能依据一或两种属性将物体分类	尚未发展			
	发展中			
	熟练			
能依据一种属性将物体依次排序	尚未发展			
	发展中			
	熟练			
（三）数概念与运算		开学	学期末	学年末
对算与数感兴趣	尚未发展			
	发展中			
	熟练			
（四）数与空间关系		开学	学期末	学年末
能辨认说出几种不同形状的名称	尚未发展			
	发展中			
	熟练			
了解并能使用几个位置词	尚未发展			
	发展中			
	熟练			

作业分析法的优点在于：可以很方便地记录和了解幼儿学习的状况；教师有充分的时间分析幼儿的发展水平，并能及时反映教学中存在的问题，可以充分发挥评价的改进功能。

作业分析法的不足之处是：较多地反映了当前教学的影响，而不是幼儿稳定的发展水平。为避免这个问题发生，可采用多种不同的作业形式，比如熟悉的作业和不熟悉的作业，具体形象的作业和比较抽象的作业。因为不同作业形式，幼儿的表现会有所不同，不同形式相结合，能够比较全面地了解幼儿真实的能力水平。此外，作业评价还可以与观察法、测查法结合使用。

① S J Meisels. Parson Early Learning[M]. London: Person Education, 2002: 4－5.

（五）展示法

展示法就是让幼儿展示、交流其学习的过程和成果。展示法是在实际生活情境下进行的评价，它和教学情境紧密结合。

展示法评价主体是幼儿，作业分析法的评价主体一般是教师。幼儿作为评价主体，能够更多地促进同伴之间的交流。幼儿能够展示和表露出区别于成人的价值观和思维方式，这种交流能够促进幼儿的思考和对话，以更好地完善作品。

展示法的优点在于：其一，可以真实、完整地记录幼儿的学习过程和成长历程；其二，使幼儿的学习过程暂时地暴露在自己和同伴面前，增加了同伴间的交流，使学习形式多样化；其三，它充分发挥了幼儿的主动性和积极性，促进幼儿在反思中学习。幼儿停下来，总结和欣赏自己的作品，比较自己作品和他人作品的区别，形成了评价的激励作用。

（六）自我评价法

幼儿参与评价，它的价值在于：尊重了幼儿的话语权，了解幼儿的感受，提醒幼儿进行学习的自我监控。幼儿可以通过语言提示，比如“你这样算，对吗?”“你认为这是最好的办法吗?”“你认为你今天的表现怎么样?”等这样自我反问的过程不断学习。

幼儿的自我评价：可以帮助幼儿更加自主地学习，反思活动中自己的表现；幼儿自评过程中，不自觉地要和同伴比较，有时也会积极和同伴、老师、家长探讨问题，这有利于幼儿形成积极的求学态度和良好的行为习惯；可以培养幼儿的任务意识。

（七）建立档案袋

建立档案袋是一种综合性的评价方法，它包括对幼儿较长时间内的发展进行观察与记录，收集并分析幼儿的作品，经过整理后进行评价，以反映幼儿在一段时期内的学习过程和成长轨迹。幼儿的作品、作业评价、访谈的结果、测查的结果、和家长沟通的资料等，都可以作为档案袋的内容。

建立档案袋的优点在于：有助于全面评价幼儿的数学概念基础、解决实际问题的能力和数学推理能力的发展，以及幼儿学习数学时的情感、态度和意志。

小结：在使用评价方法来评价学前儿童的数学能力时，应注意以下几点：一是要考虑评价目标，根据评价的目标选择评价方法；二是要考虑到幼儿学习的特点和数学学科的特点；三是所有的评价应该以了解和促进幼儿发展为根本宗旨；四是不同的评价方法相互补充、相互印证。

模块三　学前儿童数学活动的评价

一、学前儿童数学教育活动评价的内容

（一）对数学教育活动目标的评价

学前儿童数学教育活动目标的评价应该与幼儿的年龄特点以及儿童发展的总目标、学期目标一致。为幼儿提供更具体、更合理、更全面的活动目标，既要结合数学自身特点来满足儿童掌握相关学习技能的需求，又要关注对儿童进行数学素养、数学情感、数学态度的培养。因此在制定活动目标时需要注意以下几点。

1. 是否符合当前儿童发展水平和个体差异

在学前儿童数学教育活动中，活动目标的设定应该考虑当前儿童的发展水平和他们已有的知识经验，并且兼顾到不同发展水平的儿童的不同需求。比如，同样是中班儿童，有的已经能够进行 20 以内的唱数，有的熟练掌握 10 以内的倒数，因为他们对数的理解不同，所以他们在解决数学问题时使用的方法也不同。因此，对教师而言，必须考虑不同幼儿的水平和需求，使每个儿童获得适宜的发展。

2. 活动目标是否包含清晰的数学概念与技能的学习与掌握

儿童知识技能的掌握是学前儿童数学教育的重要目标，也是开展数学教育活动的重要意义。教师在设计和开展数学教育活动时，首先应该有明确的活动目标，也就是通过这样一次数学教育活动，可以使幼儿获得哪些有益的数学核心经验，并在活动中引导儿童学习数学并获得初步的数学概念。

3. 是否着眼于儿童数学思维的培养

儿童在初步获取数学知识之后，通过掌握数学技巧和学习如何解决实际情境中的数学问题的过程，也可以很好地培养儿童初步的逻辑思维能力，数学逻辑思维能力的发展对幼儿今后长远的数学学习乃至其他领域的学习都至关重要。

4. 是否重视儿童数学交流能力的培养

数学交流能力是指儿童可以与自己的同伴、教师或者其他人进行数学方面的交流和讨论，

用规范的语言表达自己的想法和数学思维过程，并对其他人的数学思想进行比较和评价的能力。幼儿交流和表达可采用语言、符号、动作、图表等形式。在数学教育活动中重视幼儿的交流和表达，可以促使幼儿进一步厘清和梳理自己的思维过程，也能够提高幼儿灵活转换和使用多种方式沟通交流的能力。

5. 是否致力于培养儿童积极的数学学习情感态度

活动目标应该包括情感态度、科学的思维方式、方法以及知识经验。学习知识固然重要，但更重要的是在儿童学习数学的过程中，体会到学习数学的乐趣，感受到数学的有用和重要价值。通过积极情感的培养，让儿童主动加入到数学学习中，激发儿童的好奇心和创造能力，使幼儿树立对数学的兴趣和信心。

（二）对数学教育活动内容的评价

1. 活动内容应该与活动目标相一致

活动内容应让幼儿有更多直接参与的机会，亲身参与、积极探索尝试，合理地选择相对灵活的方法来促进全面发展。

2. 活动内容应该适合幼儿的最近发展区

最近发展区是指儿童可以独立完成的学习任务水平和在教师或同伴帮助下完成的学习水平之间的区域。儿童数学教育活动内容的设定应建立在对幼儿的实际需要和现有发展水平了解的基础上。

3. 活动内容应该和幼儿的生活联系

儿童对于数学的学习始于他们的日常生活经验。事实上，儿童早已从生活经验中体验到了很多与数学有关的概念，比如儿童知道一天包括早上、中午、晚上，这实际上就是儿童对于周期时间顺序的理解。教育活动要密切联系生活实际，帮助儿童获得丰富的感性经验，从而更好地为他们发展抽象概念打下基础。

（三）对数学教育活动过程的评价

1. 对数学教育活动环境的评价

学前儿童数学教育活动环境包括心理环境和物质环境。二者作为有效地组织活动的基础和保障，缺一不可。儿童的心理环境是指教师提供的心理活动环境是不是宽松的、和谐的、安全和自由的，幼儿是否在这里可以放松地表达和倾诉，不压抑、不紧张，开心地交流，体验数学活动的乐趣。物质环境是指教师在时间上和空间上保证幼儿自主开展活动；创设对幼儿有激发性的环境，使环境成为课程的组成部分；活动过程要尽可能充分地利用好活动环境，给幼儿以足够的时间和空间与环境和材料进行互动，让幼儿在感性经验积累的基础上获得相应的数概念。在活动过程中，教师提供适宜的活动材料，并注重材料的丰富性和功能性，有助于幼儿自由选择、探索、发现。

2. 对数学教育活动环节的评价

儿童数学教育活动中，教师应注重活动结构的逻辑性、完整性和合理性。活动与活动之间的过渡要自然、过程要流畅、层次要清楚。此外，教师应根据自己在不同活动环节中不同的作用，合理地增减与儿童的互动，互动要和谐融洽。

3. 对数学教育活动中师幼互动的评价

在学前儿童数学教育活动过程中，应充分体现教师与幼儿之间的互动，教师充分尊重和接纳幼儿的个体差异，幼儿在活动水平、方法、适应性、节奏、强度和心理阈限等方面都存在差异，在教育过程中要关注、尊重来自幼儿的信息，并能做出相应的反馈。教育活动应既符合大多数幼儿的发展水平和需要，又要顾及幼儿的个体差异，使每个幼儿都能获得进步和成功的经验。

4. 对数学教育活动方法的评价

首先，活动方法应该适应幼儿的年龄特点，方法应直观、形象、生动，多借助于具体的物体。其次，活动方法要因地制宜，密切联系生活。再次，活动要体现幼儿的主体性。最后，教育教学过程的设计，要能引发幼儿生动活泼、积极主动的活动，促进幼儿自主探索与思考。

5. 对数学教育活动效果的评价

活动效果主要是指儿童的行为表现中反映出来的教育效果，通常可以从以下几个方面来进行评价：是否让幼儿达到了数学知识技能、操作方法、情感态度上的三维目标，是否帮助不同的幼儿在不同的水平上有所进步，是否让幼儿获得了积极的情感体验等。

下面将结合幼儿园教师设计的数学活动，对学前数学活动评价的要点进行具体分析。

案例研讨

小班数学活动　毛毛虫吃树叶

设计意图

《毛毛虫吃树叶》的故事既有趣又富含教育意义，孩子们非常喜欢。故事中包含的数学小知识，如 4 只毛毛虫，吃 4 片树叶，正好符合小班幼儿的认知水平。于是我设计了本次活动，通过请 4 只毛毛虫吃树叶这一情境，幼儿在数一数、做一做、玩一玩中，加深对 4 以内数的认识。

活动目标

1. 感知 4 以内物体的数量，练习手口一致地点数 4 以内物品，能说出总数。
2. 能根据点卡上的数量找到相对应的物品。
3. 喜欢参与数学活动，感受活动的乐趣。

活动重难点

1. 重点：手口一致地点数 4 以内物品，能说出总数。

2. 难点：根据点卡上的数量找到相对应的物品。

活动准备

1. 经验准备：幼儿已感知过 3 以内物体的数量，有点数经验。

2. 物质准备：毛绒毛毛虫玩偶 4 个，绿色卡纸做的树叶若干，白色小卡片，勾线笔。

活动过程

（一）导入

教师：小朋友听了《毛毛虫吃树叶》的故事，想一想，故事里有几只毛毛虫？

（二）环节一

教师（出示 4 只毛毛虫）：数一数，有几只毛毛虫？（从左往右数，点一个数一个，不能重复，也不能漏数，最后用手圈一下所数物品，说出一共有几个）

（三）环节二

1. 准备树叶。

教师：一共有四只毛毛虫，需要几片树叶呢？

2. 用绿色卡纸做四片树叶。

3. 给树叶贴上不同数量的圆点（从 1 到 4）。

（四）环节三

教师：数一数圆点有几个，有一个就在白色卡片上画一个圆点，制成点卡，并跟树叶对应。

（五）游戏

吃树叶。把点卡放在一个小盒子里，两人石头剪刀布对决，谁赢了可以去盒子里拿一张点卡，根据点卡找到相应的树叶（可以自己“吃”也可以选择给玩偶“吃”），最后谁的树叶多谁就赢了。

活动延伸

可以把玩偶投放到区域，准备贴有 1—4 点卡的小篮子，幼儿根据点数帮忙买水果蔬菜等。

活动反思

本活动作为一次线上活动，幼儿在家长的陪同下，有充足的时间与材料进行互动，效果比较好。从家长反馈的视频中，可以看出多数幼儿能够熟练掌握 4 以内物品的点数。如果是线下活动，可以和班级区域游戏相结合，把集体活动中操作的材料，投放到区域中，满足不同幼儿探索和操作的需求，有利于进行个性化的指导。

表 7－5　对小班数学活动“毛毛虫吃树叶”的评价

项目	评价
活动目标	对于小班幼儿来说，本次活动的活动目标过多，包括手口一致点数、说出总数、匹配、认识抽象的点子符号、按数取物。因此目标需要进一步聚焦，在观察儿童、了解儿童水平的基础上，确定目标
活动重点	手口一致地点数 4 以内物品和说出总数，对幼儿来说难度并不一样 幼儿能够手口一致地点数 4 以内物品，包含两种能力：一是在数词和实物之间建立一一对应的关系，在数的过程中不漏讲数词、不漏点物体、不重复说数词；二是数数时使用数词的顺序固定，即幼儿无论按怎样的顺序数，总是按照 1、2、3、4 的顺序使用数词 幼儿理解用于数某个集合的最后一个数词同时又代表了这个集合的总数，称为数数的基数原则。很多时候，幼儿手口一致点数 4 以内的物品后，说出最后一个数词，是因为对最后一个数字记忆最清晰，或者是在模仿家长、老师和同伴的做法，并不一定表明幼儿能够理解数数的最后一个数字，也是所数物体的总数。在活动过程中，教师一定要通过与幼儿的互动和对话，来观察幼儿对基数概念的理解
活动难点	本次活动的难点是根据点卡上的数量找到相对应的物品 活动设置了环节三、游戏部分来帮助幼儿在实物和点卡之间建立对应关系。环节三是从实物中抽象出点卡的过程，游戏部分是找出与点卡对应的实物。有关研究表明，幼儿在实物情境下表现出的数学能力要好于传统测试条件下（比如点卡）的表现。因此，幼儿对点卡中数量特征的理解要难于对实物数量特征的感知和把握。环节三和游戏部分的数学学习内容，对小班幼儿来说，不太容易在一次活动中掌握，应在今后的个别活动或生活环节等多种情景下，反复和幼儿开展对话，使幼儿真正理解符号表征（如点卡）所代表的实际意义
活动过程	活动情景的设置要贯穿始终。导入部分，通过故事，让幼儿熟悉了 4 只毛毛虫，活动环节一、环节二还是在上述情景中，环节三和游戏部分，与情景关联不大。可以思考一下，如何设置问题，让幼儿依然沉浸在 4 只毛毛虫的情景里，通过解决问题，获得相关的数学经验
活动反思	这是线上活动，因此教师无法了解孩子的真实操作情况。且活动和手工结合在一起，可能孩子的关注点会更多的集中到手工制作上，而数学活动的目标实现可能会打折扣。建议改为亲子活动，设置不同难度的任务。教师可设计详细的记录表，让家长做记录，记录孩子的表现。教师也能够更好地把握儿童的能力水平 此外，活动反思，还可以补充幼儿对活动是否感兴趣，个别幼儿的典型行为，教师和幼儿互动的过程等内容，这样能够更清楚本次活动中幼儿学习的过程，幼儿收获的经验，本次活动对幼儿的价值，以及活动设计还有哪些不足，这样对接下来的活动计划和设计才会有所启发

二、学前儿童数学教育活动评价的方法

（一）教师自我评价

《纲要》中提到，评价的过程是教师运用专业知识审视教育实践，发现、分析、研究、解决问题的过程，也是其自身成长的重要途径，教师通过设计自评卡或反思笔记的方式，对自己的教学理念、教育行为、教育态度等进行分析，并贯穿于整个教育过程之中。教师的自我评价与他人评价（园长、教师、专家、家长）一起，共同促进教师的成长。

（二）观察法

观察法就是在自然状态或实验室条件下，对评价对象的行为进行现场观察，并根据观察结果进行分析、做出评定的一种资料收集的方法。

1. 质性观察法

质性观察法强调详细记录观察资料，与质的研究中的一些方法相似。质性观察可以分为

参与型观察和非参与型观察。

参与型观察要求观察者与被观察者密切接触，直接体验、倾听、观察他们的言行。这种观察比较自然，观察者能得到被观察者具体的感性认识，还可以深入被观察者的文化内部，对他们的行为进行有意义的解释。

非参与型观察强调观察者在活动之外，在条件允许的情况下，运用多种方式记录，比如借助录音或录像。这种观察可以较客观地观察，操作容易。

观察的具体内容：观察谁？他(她)在做什么？发生的时间？(开始和结束的时间，频率如何)事件发生的具体地点，进展如何？事件的起因是什么？

质性观察方法可以根据需要，选择性地记录与观察与目标相关的内容。比如观察教师回答幼儿提问的模式，就需要记录所有教师和幼儿的对话，然后从观察记录中选取不同的回答模式，分别列出来。

2. 量化观察法

量化观察法使观察的材料更加容易做出统计分析，相应的数据可以直观地展现教师活动组织的过程。比如研究师幼互动的观察系统：弗兰德尔互动分析系统(Flanders interaction Analysis System，简称 FIAS)。表 7－6 是由 FIAS 改编而成的，可以用于评价学前数学教育活动中的师幼互动。

表 7－6 学前数学教育活动中师幼互动的评价

园所： 班级： 教师： 时间段： 日期：		
教师及幼儿的言语表现		次数
教师的谈话	1. 接受情感 2. 夸奖或鼓励 3. 接受或运用幼儿的想法 4. 发问 5. 讲解 6. 指令 7. 批评或辩护权威	
幼儿的谈话	8. 幼儿反应性言语 9. 幼儿主动性言语	
安静	10. 安静或混乱	

通过对数学教育活动中以上方面的言语表现进行记录，就可以对教师、幼儿的言语特点和师幼互动的过程进行分析。

(三) 问卷法

问卷法由评价者向调查对象提供书面材料，调查对象填写后，再由评价者进行分析的一种评价方法。其优势在于简便易行，能在较短时间内获得大量的反馈信息，便于统计分析。然而，与其他方法相比，它缺少面对面的沟通，获得信息的深度不足。

以下是幼儿园教师对学前教育活动的想法和做法的调查问卷。下面节选了问卷的部分内容。[①]

1. 你是否有幼儿发展的总目标?

   ① 没有　② 有自定的　③ 有参考省级或国家级标准制定的

2. 你对幼儿进行认知感知和数学教育注重的是什么?

   ① 用讲授的方式教给幼儿知识

   ② 让幼儿通过自主探究获得知识

3. 你制定教育活动目标的顺序是什么?

   ① 先选教材,查看教材能实现何种目标

   ② 依据教育计划中的教育目标

   ③ 兼顾幼儿兴趣与教育目标

4. 你在选择教育内容和教育材料时的依据是什么?

   ① 教材顺序　② 教育目标　③ 教育目标以及幼儿的兴趣和发展水平

5. 当你在维持班级常规或秩序时,你会想到什么?

   ① 今天幼儿不太配合,和你过不去

   ② 目标和内容太难或太容易,幼儿没有办法学或不感兴趣

   ③ 预想的内容不能引起幼儿兴趣

6. 回忆本周你所进行的教育活动,有几次活动是在幼儿兴趣上生成的?

   ① 没有　② 有一次　③ 有两次以上

7. 你在投放材料时,是否考虑过各区域材料之间或单个活动材料之间的连续性和层次性?

   ① 没有考虑　② 有过考虑　③ 经常考虑

8. 你在组织幼儿活动时,是否利用了周围自然环境和社区、社会教育资源?

   ① 很少利用　② 利用过一些场合　③ 尽可能充分利用各种场合

9. 你能根据幼儿的兴趣和需要增加或变换活动材料吗?

   ① 基本没有　② 偶尔　③ 经常

10. 你在与幼儿说话时采取什么样的方式?

    ① 总是严肃地站着

    ② 态度温和、亲切,但没有考虑与幼儿保持身高一致(蹲下或弯腰)

    ③ 态度温和、亲切,并设法与幼儿保持身高一致

编制问卷时,应注意问卷的基本结构、问题及答案设计。

问卷的基本结构包含标题、介绍词、填表说明、调查项目、结语五个部分。标题即调查的主题;介绍词主要介绍调查单位和调查者的身份,简要说明调查的内容和目的,说明调查对象的选取方式和调查结果的保密措施;填表说明包括填表的方法、要求、注意事项,语言要简明易

---

① 教育部基础教育司.《幼儿园教育指导纲要(试行)》解读[M].南京:江苏教育出版社,2002:278.

懂;调查项目主要涉及调查对象的基本情况、行为表现、态度倾向;结语是简短地对调查对象的真挚合作表示感谢。

问题和答案设计是问卷的主体。问题的形式有开放式、封闭式和半开放式。问题设计需围绕调查项目进行,具体、明确,避免复合性的问题,不直接提问敏感性问题。在问题表述上,要考虑调查对象的知识背景,杜绝暗示性和倾向性。答案设计应符合实际情况,具备穷尽性和互斥性,且只能按一个标准分类。问题呈现时需注意:① 题目排列要从简单到复杂,自然且有逻辑顺序。② 题目与答案要集中、靠近,防止漏答。③ 指示语放在明显的位置。④ 同类性质的问题可以排在一起,便于调查对象思考。⑤ 问题可以相互检验。⑥ 问题必须隔开,否则起不到互相检验的作用。

(四)访谈法

访谈法是通过访谈来了解教师对教育活动的认识,进而开展评价的一种方法,属于质的研究方法。其优点在于:相较于观察法,访谈可以了解受访者的所思所想、情绪反应以及行为隐含的意义;与问卷(调查)法相比,它具备更高的灵活性,可针对不清楚之处及时追问。

访谈法的实施步骤主要有以下几个。

1. 明确访谈目标

这部分旨在确定一个访谈所要发现和挖掘的客观现象背后的意义。与量化研究需预先设计研究假设不同,访谈中的问题虽会在实施过程中不断调整、变化,但核心的研究主题是确定的。

2. 选择访谈对象

根据研究主题,确定合适的访谈人选。为确保所选对象对于你所关心的问题有足够的认识和关联度,选择提前设计一个抽样标准并根据这个标准去筛选显得至关重要。

3. 确定访谈形式

选择个别访谈,还是座谈会、焦点小组等形式,这不仅关系到时间和成本问题,还关乎获取访谈资料的翔实性、可靠性、适用性。

4. 设计访谈提纲

根据访谈主题设计访谈提纲时,无需追求面面俱到。因为在与受访者的交流过程中,调查者会发现一些和研究主题密切相关的新问题,从而完善访谈问题。

5. 进行访谈

访谈前,一是要营造适宜的访谈氛围。陌生人之间的深度交流要建立在信任的基础上。访谈者在沟通过程中要诚心、谦虚、平等地进行提问,给受访者充分的表达自由,在关键节点引导和把握好访谈的方向即可。二是要详尽介绍访谈事项,包括访谈目标、内容范围和时间要求等,还可以告知受访者被选中的原因及筛选方式。这一部分的价值是提前确定好访谈方向,让受访者对深访的大致轮廓有一个初步认知,避免跑题。

正式访谈过程中，可以先按照提纲进行，问题应简单具体，每次只问一个问题且表述清晰，避免含糊。访谈者要成为一个积极的听众，领会对方表达的意思，及时捕捉言外之意。当受访者语言不明或者似乎弦外有音时，可以及时地追问，请受访者澄清。同时，要仔细分辨受访者的表达节奏，不要轻易打断，容许对方沉默，给对方思考时间。

记录访谈内容时，提倡用两种方式，以免出现资料丢失、缺漏的情况。一是现场速记，通过记录关键词，方便后续回想；二是完整录音，录音前须征得受访者同意，并且做好学术伦理和隐私保护的承诺。

6. 结合理论编码

收集完所有资料后，结合理论编码归类或根据内容进行“深描”。深度访谈法作为诠释性的研究方法，更侧重于对现象的解释。因此，理论建构不是必需的，理论只是工具，重要的是回归对研究问题的意义阐释。

7. 反思访谈内容

完成访谈报告的初步撰写后，我们需要反问自己：所获得的经验材料能否回答之前所提出的访谈问题？在提问过程中发现了哪些之前忽略的内容？这些内容是否已经在进一步的交流中得到了解决？答案是否概括了所有问题的细节，并还原了整个研究主题的意义？

［趣味研究］

请设计一份调查问卷，对目前幼儿园内开展数学教学活动的状况进行调查，并对调查结果进行分析。

［实践项目］

请设计一次数学活动，并对活动过程进行记录。活动结束后，参照本章内容，对开展的数学教学活动进行评价。

主题自测

1. 学前儿童数学教育评价的基本内容有哪些？
2. 对学前儿童数学能力发展状况的评价包含哪些方面？
3. 学前儿童数学教育评价的一般方法有哪些？
4. 以测查法为例，评价一名幼儿10以内加减计算的能力。
5. 对学前儿童数学活动的评价主要包含哪些方面？
6. 尝试采用一种评价方法，对一个数学教学活动进行分析评价。

附录：幼儿园数学各领域关键经验

集合			
子领域	关键经验	活动形式	参考学期
感知集合	认识和辨别“1”和“许多”，感知和体验“1”和“许多”之间的关系	教学活动 生活活动 游戏活动	小班上
	知道集合的数量可以用大、小、多、少或者相等来表示	区域活动	
	将相关联的物体一一对应、匹配	区域活动 游戏活动	
集合比较	将两组物体一一对应比多少（3 以内）	区域活动 生活活动	小班上
	感知和使用“多”“少”“一样多”等词语表达比较的结果	区域活动 生活活动	
	用一一对应的方法比较两组物体（5 以内）的多少	教学活动 区域活动 生活活动	小班下
	用添一、去一的方法使两组物体（5 以内）变成一样多	区域活动 游戏活动	
	用一一对应的方法比较两组物体（6—10）的多少	区域活动 生活活动	中班上
	用添一、去一的方法使两组物体（6—10）变成一样多	区域活动	
	初步运用数数的方法比较 5 以内的两组物体数量	区域活动 生活活动	中班下
	初步感知集合的交集、并集关系	区域活动	大班上
	运用数数比较两组物体数量	区域活动 生活活动	
	初步感知集合的包含关系	教学活动 区域活动 生活活动	大班下
	熟练运用数数比较两组物体数量	区域活动 生活活动	

续 表

<table>
<tr><th></th><th>分类</th><th></th><th></th></tr>
<tr><th>子领域</th><th>关键经验</th><th>活动形式</th><th>参考学期</th></tr>
<tr><td rowspan="17">分类</td><td>按照物体的一个特征(颜色、形状、大小)进行分类</td><td>区域活动
生活活动</td><td rowspan="2">小班上</td></tr>
<tr><td>根据物体的数量(3 以内)进行分类,将相同数量的物品放在一起</td><td>区域活动
生活活动</td></tr>
<tr><td>按照物体的一个特征(用途)进行分类</td><td>区域活动
生活活动
游戏活动</td><td rowspan="3">小班下</td></tr>
<tr><td>观察、发现物品的异同,找出不一样的物体</td><td>区域活动
生活活动</td></tr>
<tr><td>根据物体的数量(5 以内)进行分类,将相同数量的物品放在一起,学习一些常用的量词</td><td>区域活动</td></tr>
<tr><td>按照物体的两个、三个特征(大小、颜色、形状)进行分类,并计数每类物体的数量</td><td>教学活动
区域活动
生活活动</td><td rowspan="2">中班上</td></tr>
<tr><td>学习概括事物的两个特征</td><td>区域活动</td></tr>
<tr><td>学习按物体某一特征的肯定与否定进行分类</td><td>教学活动
生活活动
游戏活动</td><td rowspan="2">中班下</td></tr>
<tr><td>学习按事物的数量特征进行分类,还要用语言表达“为什么要把它们放在一起”</td><td>区域活动</td></tr>
<tr><td>自己确定标准,从两个以上角度对物体进行分类</td><td>教学活动
生活活动</td><td rowspan="3">大班上</td></tr>
<tr><td>能根据较为本质的特征对常见事物进行归类,并用表示概念的词来表示,如交通工具、水果、鸟等</td><td>区域活动
生活活动</td></tr>
<tr><td>能按事物的两个特征对同一类物体进行逐级分类</td><td>教学活动
区域活动</td></tr>
<tr><td>根据多种特征选择物体</td><td>区域活动</td><td rowspan="3">大班下</td></tr>
<tr><td>根据标记在三级分类板上进行层级分类</td><td>教学活动
区域活动</td></tr>
<tr><td>初步理解类(集合)与子类(子集)的关系</td><td>教学活动
区域活动
生活活动</td></tr>
</table>

* *

<table>
<tr><th></th><th>模式</th><th></th><th></th></tr>
<tr><th>子领域</th><th>关键经验</th><th>活动形式</th><th>参考学期</th></tr>
<tr><td rowspan="2">模式</td><td>观察、发现物体排列的简单模式(AB 模式),根据范例进行复制、拓展</td><td>区域活动
生活活动</td><td>小班上</td></tr>
<tr><td>在生活中观察、发现物体排列的简单模式(ABB 模式),并能够根据范例进行复制、拓展</td><td>区域活动
生活活动</td><td>小班下</td></tr>
</table>

续 表

模式			
子领域	关键经验	活动形式	参考学期
模式	按 ABC、AABB 模式排列物体 观察、发现物体排列规律(AB、ABB),推测、判断空缺部位应摆放的物体	教学活动 区域活动	中班上
	进行二维排列,初步理解排列中行、列的意义 观察、发现物体排列规律(ABC、AABB),推测、判断空缺部位应摆放的物体	教学活动 区域活动	中班下
	运用实物、绘画、动作等手段拓展、创造模式(ABB、ABC、AABB),并能对模式进行描述	区域活动 生活活动	大班上
	运用实物、绘画、动作等手段拓展、创造模式(二维排列的模式、旋转的模式),并能对模式进行描述	区域活动	大班下
	观察、发现物体排列的发展性模式(ABABBABBB 模式),根据范例进行复制、拓展	教学活动 区域活动	

* *

数概念			
子领域	关键经验	活动形式	参考学期
数概念	唱数 1—10	生活活动 游戏活动	小班上
	根据物群卡片上物体的数量或点数,匹配相应数量(3 以内)的实物	区域活动	
	学习手口一致地点数 3 以内的物体并说出总数	区域活动 生活活动	
	会按实物范例和指定的数(3 以内)取出相等数量的物体	区域活动 生活活动	
	根据物群卡片上物体的数量或点数,匹配相应数量(5 以内)的实物	区域活动	小班下
	学习手口一致地点数 5 以内的物体并说出总数	区域活动 生活活动	
	会按实物范例和指定的数(5 以内)取出相等数量的物体	区域活动 生活活动	
	20 以内口头数数	生活活动 游戏活动	中班上
	学习手口一致地点数 10 以内的物体并说出总数	区域活动 生活活动	
	学习 10 以内的基数:顺数、倒数、目测数群	区域活动 生活活动	
	学习 5 以内序数,知道数字能表示事物排列顺序和位置	教学活动 区域活动 生活活动	
	认识数字 1—5,理解数字的含义,会用数字表示物体的数量	区域活动 生活活动	
	日常生活中分辨一只、一双,能正确使用个、辆、台、架、块、本、扇等量词	区域活动 生活活动 游戏活动	

续 表

数概念			
子领域	关键经验	活动形式	参考学期
	50 以内口头数数	生活活动 游戏活动	中班下
	能通过比较 10 以内数量的多少，感知、体验相邻两数大 1 或小 1 的关系	教学活动 区域活动 生活活动	
	学习不受排列形式和大小形状的影响，正确感知 10 以内物体的数量	区域活动 生活活动	
	学习用观察、识别部分物体的数量，再接着数另一部分物体的数量等方法进行计数	区域活动 生活活动	
	按 10 以内物体数量进行分类，并给每类物体匹配相应的数字	区域活动 生活活动	
	学习 10 以内序数，知道数字能表示事物排列顺序和位置	区域活动 生活活动	
	结合日常生活与游戏活动，用序数辨别物体摆放前后的位置，以及辨别事情发生的前后顺序，体验按顺序做事，又快又好	教学活动 区域活动 生活活动 游戏活动	
	认识数字 6—10，理解数字的含义，会用数字表示物体的数量	区域活动 生活活动	
	100 以内口头数数	生活活动 游戏活动	大班上
	学习 10 以内相邻数，感知相邻三数之间大 1 或小 1 的关系	教学活动 区域活动 生活活动	
	认识并区分 10 以内单数和双数，说明推测的理由	教学活动 区域活动	
	会 10 以内计数的倒数、顺接数和倒接数	区域活动 生活活动 游戏活动	
	学习按群数(2 个 2 个数、5 个 5 个数、10 个 10 个数)30 以内物体的数量	教学活动 区域活动 生活活动	
	学习 5 以内数的组合与分解，并体验“数越大，组合方法越多”	教学活动 区域活动 生活活动 游戏活动	
	能根据参考量估算物体的数量(30 以内)	区域活动 生活活动	
	学习按群数(2 个 2 个数、5 个 5 个数、10 个 10 个数)100 以内物体的数量	区域活动 生活活动	大班下
	学习 10 以内数的分合，体验总数与部分数之间的包含关系，部分数和部分数之间的互补、互换关系	教学活动 区域活动 生活活动	

续 表

	数概念		
子领域	关键经验	活动形式	参考学期
	能根据参考量估算物体的数量(100 以内)	区域活动 生活活动	
	认识 0,知道“0”所表示的实际意义	教学活动 区域活动 生活活动	
	学习书写数字“0—10”,有书写兴趣,初步养成良好的书写习惯	区域活动	
	* *		

	运算		
子领域	关键经验	活动形式	参考学期
加减	情境中运用实物体会 3 以内的分合	区域活动 生活活动	小班上
	情境中运用实物体会 5 以内的分合	区域活动 生活活动	小班下
	情境中运用实物体会 10 以内的分合	区域活动 生活活动	中班上
	借助实际情境和操作实物(如合并或拿取)学习 3 以内的加减法	区域活动 生活活动	中班下
	认识等号、大于号、小于号,用它们表示两组数量的多、少、一样多	教学活动 区域活动	中班下
	借助实际情境(或口述应用题)和操作(如合并或拿取)学习 5 以内的加减法	教学活动 区域活动 生活活动	大班上
	初步理解加号、减号、等号以及算式中每个数字表示的意义	教学活动 区域活动	大班上
	借助实际情境(或口述应用题)和操作(如合并或拿取)学习 10 以内的加减法	区域活动 生活活动 游戏活动	大班下
	理解加减法之间的互逆关系	教学活动 生活活动 游戏活动	大班下
许多对 1	能够运用数数的方法解决许多和 1 的对应问题	区域活动 生活活动	大班上
	能够运用重复加的方法解决许多和 1 的对应问题	区域活动 生活活动	大班下
数的平分	运用轮流的方式解决数的平分问题	区域活动 生活活动	大班上
	运用加法解决数的平分问题。如 5+5=10,一人分 5 个	区域活动 生活活动	大班下
	* *		

续 表

几何形体			
子领域	关键经验	活动形式	参考学期
图形认知	感知和认识圆形、正方形的显著特征，并能用自己的语言描述	生活活动 游戏活动	小班上
	能寻找和发现环境中的圆形、正方形	生活活动 游戏活动	
	感知和认识圆形、正方形、三角形的显著特征，并能用自己的语言描述 能寻找、发现环境中的圆形、正方形、三角形	教学活动 生活活动	小班下
	感知和比较正方形、长方形的特征，寻找和发现环境中与长方形相似的物体	生活活动 游戏活动	中班上
	认识半圆形	生活活动 游戏活动	
	认识三角形的各种变式	教学活动 区域活动 生活活动	
	感知和认识梯形、椭圆形的特征，寻找、发现环境中的相似物，并分类	生活活动 游戏活动	中班下
	认识并命名球体、长方体、正方体、圆柱体，能根据形体特征进行分类，能在周围环境中寻找到与这些形体相似的物体	生活活动 游戏活动	大班上
图形组合	在认识基本图形的基础上，尝试将两块基本图形进行组合形成新的图形	区域活动	小班上
	在认识基本图形的基础上，尝试将三块基本图形进行组合形成新的图形	区域活动	小班下
	在认识基本图形的基础上，尝试将四到五块基本图形进行组合形成新的图形	区域活动	中班上
	用相同的平面图形（如三角形、正方形、长方形）组合成其他图形（如大三角形、大正方形、大长方形），感受其中的组合替代关系	区域活动	中班下
	进行创意拼搭，感知一些较复杂物体的形体结构特征，画出或拼搭出该物体的造型（5 块以内）	区域活动	
	在图形拼搭与拼拆中感受整体与部分的关系及数量关系之间的联系。如：分割片大，分割块数就少；分割片小，分割块数就多	教学活动 区域活动	
	学习平面、立体图形的二等分及还原	区域活动 生活活动	大班上
	用相同的立体图形（如小立方块）组合拼搭简单的三维造型	区域活动	
	学习平面、立体图形的四等分及还原	区域活动 生活活动	大班下
	用常见的几何形体有创意地拼搭和画出物体的造型	区域活动	
	用常见立体图形组合拼搭较复杂的三维造型，培养儿童在二维与三维间转换的能力，体验平面图形和立体图形之间的关系	区域活动	
	根据轮廓提示，完成较复杂的拼图	区域活动	

* *

续　表

空间方位			
子领域	关键经验	活动形式	参考学期
	感知物体基本的空间位置与方位，学习以自身为中心区分上下、里外的空间方位，判断两个物体之间明显的上下关系	生活活动 游戏活动	小班上
	用尝试错误的方法完成填充拼图，感知相邻的位置关系，理解相应的方位词	区域活动	小班下
	学习以自身为中心区分前后的空间方位	生活活动 游戏活动	
	认识前后关系，能使用方位词上下、里外、前后描述物体的位置和运动方向，理解方位词表征的空间关系	生活活动 游戏活动	中班上
	认识旁边、中间的位置关系，能使用方位词上下、里外、前后、旁边、中间描述物体的位置和运动方向	生活活动 游戏活动	中班下
	学会按指定方向，向上、向下、向前、向后运动	生活活动 游戏活动	
	感知、理解二维坐标行、列的意义	教学活动 区域活动 生活活动	大班上
	以自我为中心辨别左右关系，会向左、向右运动	教学活动 生活活动 游戏活动	
	认识方向箭头，能按箭头行走，根据方向箭头所指路径确定物体方位	教学活动 区域活动 生活活动 游戏活动	
	能根据物体方位，用方向箭头设计路径	区域活动 生活活动 游戏活动	
	以客体为中心辨别左右关系	教学活动 区域活动 生活活动 游戏活动	大班下
	能读懂平面示意图，理解平面示意图所表征的三维空间关系	教学活动 区域活动 生活活动 游戏活动	
	能预期拼图操作的过程和结果，有计划地完成拼图	区域活动	
	比较远近，知道哪边远，哪边近或一样远，会按远近排序	生活活动 游戏活动	
	* *		

续 表

	时间		
子领域	关键经验	活动形式	参考学期
	根据生活经验，初步理解早上、晚上、白天、黑夜，学习使用这些时间词语	生活活动	小班上
	理解早上、晚上、白天、黑夜，学习使用这些时间词语，知道早、晚有代表性情景的日常变化	生活活动	小班下
	初步理解昨天、今天、明天等时间词语及其关系，并学习正确运用	生活活动	中班上
	日常生活与游戏中，辨别事情发生的先后顺序和学习安排先做什么再做什么的顺序	教学活动 生活活动	
	理解昨天、今天、明天等时间词语及其关系，并学习正确运用	生活活动	中班下
	认识年历的内容，发现年历中不同数字表示的意义，能在年历上找到相应的月份	生活活动	大班上
	学习、认识一个星期7天的名称和顺序	生活活动	
		生活活动 游戏活动	
	认识年历的内容，发现年历中不同数字表示的意义，能在年历上找到相应的日期	生活活动 游戏活动	大班下
	了解生产日期和保质期	教学活动 区域活动 生活活动	
	认识时钟，能辨认整点、半点，了解时间的不同表示方式	教学活动 区域活动 生活活动	
	* *		

	量的认知		
子领域	关键经验	活动形式	参考学期
量的比较	感知和区分两个（组）物体的大小、多少、高矮、长短等量方面的特点，并能用相应的词表示	区域活动 生活活动 游戏活动	小班上
	感知和区分物体的粗细、厚薄、轻重、高矮等量方面的特点，并能用相应的词语描述，对物体进行区分比较	区域活动 生活活动 游戏活动	中班上
	在数量的比较中，能不受物体大小、颜色、形状及排列位置、间距等的影响，积累数量比较经验	区域活动 生活活动	中班下
量的排序	学习按物体量（大小、长短）的差异进行3个以内物体的正、逆排序；学习按物体的某一特征进行排序	区域活动 生活活动	小班上
	学习按物体量（大小、长短、高矮、多少）的差异进行4—5个以内物体的正、逆排序	区域活动 生活活动	小班下
	学习按物体的某一特征进行排序	区域活动 生活活动	
	学习按物体量（粗细、厚薄、高矮等）的差异进行7个以内物体的正、逆排序；学习按照特定的规则排序	区域活动 生活活动	中班上

续 表

量的认知			
子领域	关键经验	活动形式	参考学期
量的排序	能按物体多少、大小、长短、高矮、粗细、轻重、厚薄(数量为10以内)进行正、逆排序，学习按照特定的规则排序	区域活动 生活活动	中班下
	学习按长短、大小、粗细、厚薄等差异给10个物体进行正逆排序，体验其中的传递性和可逆性，理解量的相对性特征	教学活动 区域活动 生活活动	大班上
量的等分	初步感知二等分及还原	区域活动 生活活动	大班上
	初步感知四等分及还原	区域活动 生活活动	大班下
量的守恒	能不受物体大小、颜色、形状及排列位置、间距等影响，初步感知数量守恒的经验	区域活动 生活活动	中班下
	初步掌握数量守恒和长度守恒	教学活动 区域活动	大班上
	结合计数，初步理解面积、体积、容积守恒 体会守恒的可逆性、补偿性、同一性	教学活动 区域活动 生活活动	大班下

* *

测量			
子领域	关键经验	活动形式	参考学期
	活动区提供丰富的待测量材料，开展游戏活动。主要用目测来解决问题	区域活动 生活活动	小班上
	活动区提供丰富的待测量材料，开展游戏活动	区域活动 生活活动	小班下
	投放测量工具，让儿童作为游戏材料来探索使用，感知测量工具的用途。如尺子、天平、量杯等	区域活动 生活活动	中班上
	引导儿童感知测量的必要性，讨论哪些可以作为非标准测量工具	生活活动	
	引导儿童关注测量工具和待测量之间的关系及测量工具的使用方法等	区域活动 生活活动	
	运用非标准单位，如脚步、小棍、手臂、手掌来测量物体量的大小	区域活动 生活活动	中班下
	学习用多个相同实物首尾相接的方法测量物体的长度，注意要从头量起，不重叠、不留空，并记录	教学活动 区域活动 生活活动	
	学习用多个相同的实物首尾相接的方法测量物体的面积，注意要从头量起，不重叠、不留空，并记录	教学活动 区域活动 生活活动	大班上
	鼓励使用不同工具测量同样的物体。感知测量单位与结果之间的关系	教学活动 区域活动 生活活动	

续　表

	测量		
子领域	关键经验	活动形式	参考学期
	学习使用一个自然物交替移动的方法测量长度，发现单位量具不同，结果也会不同，做记录	教学活动 区域活动 生活活动	大班下
	学习使用一个自然物交替移动的方法测量面积，发现单位量具不同，结果也会不同，做记录	区域活动 生活活动	
	感受测的数量随着测量单位的大小而不同的规律	教学活动 区域活动 生活活动	
	* *		
	统计		
子领域	关键经验	活动形式	参考学期
统计	情境中运用实物体会 3 以内的统计	生活活动	小班上
	情境中运用实物体会 5 以内的统计	生活活动	小班下
	情境中运用实物体会 10 以内的统计	生活活动	中班上
	学习调查统计，并在表格中运用实物表征进行记录，能初步对调查表进行简单的分析	教学活动 区域活动 生活活动	中班下
	学习调查统计，并在表格中运用数点表征进行记录，能对调查表进行简单的分析	教学活动 区域活动 生活活动	大班上
	学习调查统计，并在表格中运用数符号表征进行记录，能对调查表进行分析。理解直方图等统计图表	教学活动 区域活动 生活活动	大班下
	* *		
	数学学习品质		
子领域	关键经验	活动形式	参考学期
	听懂老师的话，学习按照游戏规则进行活动 大胆地回答问题，初步学习用适当的语言讲出操作活动的过程和结果 愿意参加数学活动，喜欢摆弄、操作数学活动材料；能在老师帮助下学习按要求去拿取、摆放操作材料		小班
	听懂老师的话，能按照要求进行活动，并学习按照要求检查自己的活动 观察、比较、判断 10 以内的数量关系，逐步建立等量观念；运用已有的知识经验，解决新的问题，学习新的知识，促进初步的推理和迁移能力的发展 学习用数学语言表述自己的数学操作活动过程和结果 能自己选择小组活动，在日常生活中，喜欢选择数学游戏活动 能主动、专心地进行数学操作活动，并对自己的活动成果感兴趣；在老师的引导下，能注意和发现周围环境中物体的数量差异，物体的形状以及它们的空间位置关系等		中班

续 表

	数学学习品质		
子领域	关键经验	活动形式	参考学期
	能听清楚若干操作活动的规则，能按照规则进行活动，能按照规则检查活动的过程和结果，并能参加较多小组的活动 能用数学语言清楚讲述自己的数学操作活动过程和结果 能在老师的帮助下归纳、概括有关的数学经验；学习从不同角度、不同方面观察和思考问题；能通过观察、比较、类推、迁移等方法解决简单的数学问题 能积极、主动地参与数学问题的讨论；学习有条理地摆放、整理活动材料 能与同伴友好地进行数学游戏活动，能采取轮流、适当等待、协商等办法协调与同伴的关系		大班
	* *		